土壤污染治理责任研究

TURANG WURAN ZHILI
ZEREN YANJIU

王欢欢 著

复旦大学出版社

目录 CONTENTS

引言 ... 1

第一章　土壤污染治理责任基本概念辨析 ... 6
　第一节　土壤与土壤污染 ... 6
　第二节　土壤污染治理责任 ... 9
　第三节　土壤污染治理的附属责任 ... 16

第二章　我国土壤污染立法及治理实践的发展 ... 19
　第一节　我国土壤污染治理责任的早期立法及实践 ... 20
　第二节　全国性统一行动及地区性的率先立法与实践 ... 28
　第三节　《土壤污染防治法》及配套立法的逐步健全 ... 32

第三章　建设用地土壤污染治理责任制度 ... 36
　第一节　建设用地土壤污染及责任概观 ... 36
　第二节　责任制度构建中的主要冲突与目标 ... 38
　第三节　建设用地土壤污染治理责任的基础 ... 43
　第四节　我国建设用地土壤污染的治理责任制度 ... 49

第四章　农用地土壤污染治理责任 ... 64
　第一节　农用地与农用地土壤污染 ... 64
　第二节　农用地土壤污染治理责任制度构建中的主要冲突 ... 67
　第三节　农用地土壤污染治理责任制度的目标与立法现状 ... 74
　第四节　我国农用地土壤污染治理责任制度的基本框架与完善 ... 78

第五章　土壤污染治理责任的性质 ... 89
　第一节　土壤污染治理责任性质的争议 ... 89

第二节　土壤污染治理责任性质的界定　　95
　　第三节　土壤污染治理责任的一般性义务来源　　101

第六章　土壤污染治理责任的原则　　108
　　第一节　土壤污染治理责任原则确立的基本思想　　109
　　第二节　土壤污染治理责任的归责原则　　113
　　第三节　土壤污染治理责任的溯及既往原则　　119

第七章　土壤污染治理责任范围的技术准则　　145
　　第一节　我国土壤污染治理标准制度的现状　　145
　　第二节　土壤污染治理标准的制度功能定位　　151
　　第三节　我国土壤污染治理标准制度的完善思路　　154
　　第四节　完善我国土壤污染治理标准制度的路径　　158

第八章　土壤污染治理责任的追责机制　　163
　　第一节　土壤污染治理责任的行政认定　　163
　　第二节　土壤污染治理责任的司法解决　　167
　　第三节　土壤污染治理责任行政实施与司法诉讼的关系　　174
　　第四节　土壤污染治理责任与生态环境损害赔偿责任的关系　　176

第九章　污染土壤信息管理制度　　181
　　第一节　污染土壤信息管理制度的基本界定　　181
　　第二节　污染土壤信息管理制度的功能　　184
　　第三节　污染土壤信息管理制度的境内外发展现状　　187
　　第四节　我国污染土壤信息管理制度的构建　　192

第十章　土壤污染治理责任的社会化承担机制　　202
　　第一节　土壤污染治理的基金制度　　202
　　第二节　土壤污染治理责任的保险制度　　209

结论　　215

参考文献 217

附录 231
  附录一　《土壤污染防治法》立法大事记　231
  附录二　土壤污染治理责任典型案例　233
  附录三　土壤污染防治政策、法规、标准一览表　251

引 言

伴随着"镉大米""毒蔬菜""毒地开发"等公共危害事件的频发,土壤污染已成为全社会关注的重大问题。与大气、水污染问题不同,土壤污染治理的法律制度不是通过单纯的对现有或未来行为的规制,而是主要通过对治理与修复责任、程序及保障性举措的界定达到立法目的,即"治"重于"防"。可以说,责任制度是构筑整个土壤污染法律制度的核心与重要基石。本书所称的土壤污染治理责任,是指通过直接排除、清理或阻断污染物的迁移转化路径,将应修复的污染土壤恢复到未被污染或法律确认清洁的状态,避免危害或风险的进一步扩大,消除或减少土壤污染物对人体健康、财产或生态环境不利影响的法律责任。本书拟解决的是何人基于何种缘由,应就土壤污染治理与修复中的何种义务承担责任及其责任实现的问题。

土壤污染相关责任具有复合、多面向的特点,包括围绕着土壤污染的预防、风险控制和治理等一系列法律责任,土壤污染造成人身、健康受损和土地等不动产价值贬抑的赔偿责任,以及行政机关的监管责任和监管失职的法律责任等。本书的研究对象是最为关键、最为特别、最为繁重、争议最大,或者对已有责任制度冲击最大的治理责任(即针对已污染土壤中应当修复的部分由责任者承担的治理与修复责任,以及为确保责任者修复及相关义务履行的行政监管责任和附属于土壤污染治理修复责任的民事损害赔偿、信息披露等相关责任),以及规范变动及土地流转带来的责任的转移、保护机制等问题。

为解决这一问题,本书的研究将主要围绕以下五个维度展开(见图0-1)。

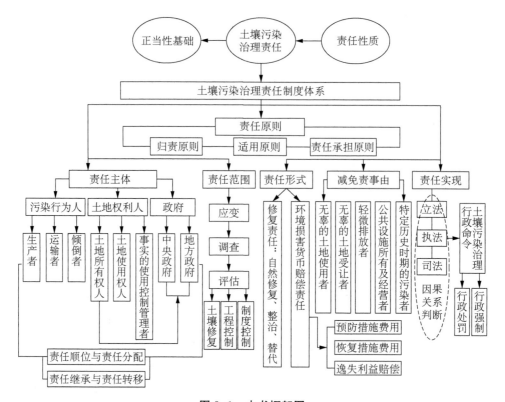

图 0-1 本书框架图

第一，土壤污染治理责任基本范畴研究。本部分主要界定本书所指的土壤污染治理修复责任及其附属责任的一般内涵、责任类型、责任内容等基本范畴。事实上，土壤污染治理修复的责任是一系列法律义务的集合。为此，我们将在考察理论界、各国立法及我国已有相关立法对土壤污染治理修复责任的定义和修复程序规定的基础上，结合污染土壤的初步评价、场地调查、场地分级、修复调查、可行性研究、修复方案确定、修复及必要的后期运营和维护等环节，讨论其中应上升为法律责任的部分，准确界定相关的应变、调查、评估、修复等责任，以及基于土壤污染治理修复义务的行政强制执行、行政处罚和民事责任。

第二，土壤污染治理责任性质研究。责任性质认定不仅会影响土壤污染治理责任的主观要件和客观要件的安排，亦会对责任的追究方式（行政命令，行政机关参与的民事赔偿，行政机关索赔和其他公益诉讼的方式）及其顺位等程序法问题产生根本性影响。以美国《综合环境应对、赔偿与责任法》（Comprehensive Environmental Response, Comprehension, and Liability Act, CERCLA）为代表的土壤污染责任制度发源于普通法的侵权责任理论,本部分在探讨侵权责任时,将分析我国已有的土壤污染治理责任追究的不同案例,指出其暴露出的对责任性质认定的不一致以及进而导致的问题,并在此基础上分析不同国家的责任的理论来源。美国创设出的责任制度以普通法的侵权责任理论为基础,从侵权行为的概念出发,将污染行为认定为类似于侵权的行为从而责任人须负担起清除义务及费用。我国台湾地区对于土壤与地下水污染整治的有关规定则在公私二元体系思维下,奉行以行政法和行政管制理论为基础的责任。本部分将在借鉴已有理论的基础上,比较土壤污染治理责任与民事损害赔偿、行政处罚等概念,结合我国特有的土地制度、法律体系、土壤污染问题特点与环境保护领域积极行政的思想,确定土壤污染治理的法律性质。

第三,土壤污染治理责任正当性基础研究。本部分主要研究土壤污染治理责任得以产生的一般义务来源,将起承上启下的作用。一方面,承接前部分对责任性质的研究,解决土壤污染治理责任追究的正当性问题,即基于何种正当的理由,课予人民一定的作为或不作为的义务,而不能满足于"一经法律规定,义务即已产生";另一方面,对正当性基础这一前端性概念进行研究,通过比对可能的义务主体与法律义务之间合理的关联,厘清特定化的义务人,有助于土壤污染治理责任主体的认定。

第四,土壤污染治理责任法律制度框架研究。本部分将尝试构建我国的土壤污染治理修复责任制度,是本书研究的核心内容。主要包括:(1)责任原则,即土壤污染治理责任的归责原则、法律适用原则和责任分配原则,本部分将在前述责任性质的基础上,探讨是否应当施行过错/无过错/混合、全面/部分/不溯及既往、连带/按份的责任。(2)责任主体,即"谁应当负有责任",本部分将在分析土壤污染形成和治理中的主要利益冲突的基础上,结合土壤污染治理责任的一般义务来源,在划定的责任主体的大致范围内,分析不同主体各自角色及应承担责任的事由,确定土壤污染治理责任的责任主体。(3)责任范围,即基于不同责任主体各异的可归责依据,特别是在同时存在多个责任主体时,确定其责任承担的顺位或分别应承担责任的范围。在政府作为土壤污染治理责任者时,划分其作为监管者的职责和治理责任的范围。(4)减/免责事由,即责任者可以获得责任减轻或豁免的事由,我们将主要探讨无辜的土地使用者、无辜的未来土地受让者、土地承包经营权人、轻微的排放者、小微企业、公共场地设施的责任减免问题。(5)责任的继受。由于土壤污染往往持续的时间较长,在污染过程中往往会发生自然人或法人的变更(分立、合并、变更等)、消灭,那么,权利义务的继受者能否以及如何基于对原义务人的继承而自动地承担从原义务人处脱离出的土壤污染治理责任,是在原责任主体发生消灭、变更时责任(特别是行政责任)认定的关键问题。(6)附属责任,即附属于土壤污染治理修复责任中的民事损害赔偿、信息披露等相关责任。

第五,土壤污染治理责任法律制度实现路径研究。本部分主要解决如何在立法中设定土壤污染治理责任,以及责任在行政执法、司法权力运行、自愿性实施等层面的实现。这主要涉及责任规范的立法建议,行政机关在确定土壤污染治理责任主体、修复活动的监管和违反责任的行政强制、行政处罚等方面权责的设置,治理责任的行政决定与司法判决间的顺位、司法实现,土壤环境修复司法判决执行与行政监管之间的衔接,以及自愿性修复的模式和路径等问题。具体而言,包括:(1)立法实现,由于我国正处在构建土壤污染防治法律制度的起步阶段,我们将率先研究责任制度的构建目标和目标间的优先序列,随即结合已有土壤污染防治的立法工作,提出针对责任制度的立法建议。(2)行政执法,即行政机关在确定土壤污染治理责任主体、治理修复活动的监管和违反责任的行政强制、行政处罚等方面的权责。(3)司法实现,涉及土壤污染治理责任的行政决定与司法判决间的顺位、土壤污染治理责任的司法实现(诉讼类型、诉讼主体、诉讼请求、判决方式等)以及土壤环境修复司法判决执行与行政监管之间的衔接,我们将提出完善我国土壤污染治理修复司法实践的建议。

本书有助于在土壤污染防治法框架下,进一步细化土壤污染治理责任制度,为行政职权纵横条块分割最严重的领域之一——土壤污染防治——行政管理体制的构建以及相关行政权力运行机制的设计提供建议,并对土壤污染治理责任制度司法表达及土壤污染治理司法实践的发展有积极意义。

此外,本书将深入探讨土壤污染治理责任制度的理论,如土壤污染治理责任的法律性质、溯及既往责任等问题,对一些传统的法学理论提出了挑战。对这种挑战的范围与深度的研究有助于搭建环境法与法理学、民法、行政法等传统法律部门沟通的桥梁。例如,本书区分了土壤污染治理责任的一般性义务来源和责任性质,讨论了美国式(以普通法侵权责任理论为基础)和德国式(在公私二元体系思维下以行政法和行政管制理论为基础)的土壤污染治理责任的差异与趋同性,并在其制度化表达中,探析治理责任与恢复原状的民事法律责任抑或是责令改正的行政法律责任之异同,为责任制度框架的构建与立法、执法、司法表达提供了基础。

本书有助于丰富环境法学一些基本理论的内涵。譬如,就土壤污染治理责任而言,2014年修订的《中华人民共和国环境保护法》(以下简称《环境保护法》)确立的"损害者担责"原则意味着损害者责任从间接性的、指向排放行为的成本负担转变为直接责任,即尽快且有效地排除土壤污染的危害,将污染土壤恢复至安全状态。此外,本书不仅从现时的角度分析土壤污染治理责任在不同责任主体间的分配,更从历时的角度研究责任的结构、延续、责任保护机制、责任转移机制等问题,特别是基于更严格标准的颁布及侵权民事诉讼触发的潜在法律责任,基于背景值修复和自愿性修复的责任保护机制,以及基于市场化机制的责任转移机制。

第一章
土壤污染治理责任基本概念辨析

土壤污染责任是一个复合性概念,包括土壤污染的预防责任、治理责任、人身健康损害赔偿责任、土地等不动产财产损害赔偿责任、自然资源中长期损害赔偿责任、行政机关的监管责任、不履行土壤污染预防与治理义务的行政责任、监管失职的法律责任等多层次的责任。其中,治理责任是整个土壤污染法律制度的核心与重要基石,是土壤污染立法目的实现的主要途径。在涉及土壤污染治理责任的相关概念时,我国相关的法律法规和理论研究都存在界定不清或与其他相关概念混淆的情况。因此,厘清相关概念的边界,成为土壤污染治理责任研究的首要问题。

第一节 土壤与土壤污染

一、土壤

《土壤环境质量 农用地土壤污染风险管控标准(试行)》(GB 15618—2018)对土壤的定义如下:位于陆地表层能够生长植物的疏松多孔物质层及其相关自然地理要素的综合体。相较于原《土壤环境质量标准》(GB 15618—1995)对土壤的定义,新标准更加强调环境要素的整体性,而不仅限于土壤要素本身。[1]《建设用地土壤污染风险管控和修复术语》(HJ 682—2019)则将土壤界定为,由矿

---

[1] 国家环境保护局《土壤环境质量标准》(GB 15618—1995)将土壤定义为地球表面能够生长绿色植物的疏松层。

物质、有机质、水、空气及生物有机体组成的地球陆地表面的疏松层。从科学意义的角度看,土壤往往被界定为母质在生物、气候、地形、时间等自然因素和人类活动的综合作用下形成的,含有空气、水、矿物质、有机物和生物的多孔物质层。[1]

二、作为科学术语的土壤污染

土壤污染是指人类生产和生活活动排出的有害物质进入土壤,其数量和速度超过了土壤的容纳能力和净化速度,破坏了土壤的自然平衡,引起土壤的性质、组成或性状等发生改变,并影响人体健康与生态系统的现象。[2] 土壤作为物质能量转化的中心环节,具有自净能力。因此,只有当污染物的蓄积超过其自净能力时,才符合科学术语上对土壤污染的界定,并非有害物质甫一进入土壤,即构成土壤污染。

三、作为立法术语的土壤污染

(一)土壤污染的立法界定

《中华人民共和国土壤污染防治法》(以下简称《土壤污染防治法》)第2条规定,土壤污染是指因人为因素导致某种物质进入陆地表层土壤,引起土壤的化学、物理、生物等方面特性的改变,影响土壤的功能和有效利用,危害公众健康或者破坏生态环境的现象。

(二)污染土壤的基本立法分类

按照污染物的种类不同,土壤污染可分为有机物污染、无机物污染、生物污染、放射性物质污染四类。污染土壤的分类与土壤污染的分类是两个不同的概念,二者不能混淆。《土壤污染防治法》明确了污染土壤的分类管理原则,将污染土壤大致分为农用地、建设用地和其他用地等大类。农用地与建设用地的保护目标各有侧重,前者以保护食用农产品质量安全为主要目标,后者则以人体健康为主要目标。这种差异也体现在污染土壤的分类的不同上。农用地依据污染程度的不同,分为优先保护类、安全利用类和严格管控类。具体而言,根据《土壤污染防治行动计划》:未污染和轻微污染的归为优先保护类;轻度和中度污染的归为安全利用类;重度污染的归为严格管控类。根据《土壤环境质量 建设用地土

---

[1] 吕贻忠、李保国:《土壤学》,中国农业出版社,2006年,第2—3页。
[2] 李发生等:《有机化学品泄漏场地土壤污染防治技术指南》,中国环境科学出版社,2012年,第1页。

壤污染风险管控标准(试行)》(GB 36600—2018),建设用地则根据受体的暴露情况的不同,分为敏感受体存在大量、长期暴露风险的居住用地、中小学用地、医疗卫生用地等第一类用地,和保护对象存在一定暴露风险的工业用地、物流仓储用地、道路与交通设施用地等第二类用地。

在土壤污染防治的法律体系内,对污染土壤更重要的分类是依据土壤污染的程度,在土壤污染调查以及土壤污染风险筛选值和风险管制值"两线三区"的基础上,相应地划分成疑似污染土壤、未污染土壤、不存在不可接受风险的污染土壤和应风险管控或修复的污染土壤四种类型。根据地块污染特征、相关标准规范要求和地块利益相关方意见怀疑地块存在污染时,则地块为"疑似污染"地块。对疑似污染地块进行土壤污染状况调查后,若土壤中污染物含量等于或低于土壤污染风险筛选值,对人体健康的风险可以忽略,则是"未污染土壤"。若超过风险筛选值,对人体健康可能存在风险,开展详细调查和风险评估后,污染物含量不超过土壤污染风险管制值,存在一定程度的污染和对人体健康的风险,但不处于不可接受的水平的,则是"不存在不可接受风险的污染土壤"。经过详细调查和风险评估后,土壤中污染物含量超过土壤污染风险管制值的,对人体健康通常存在不可接受的风险,应采取风险管控或修复措施,为"应风险管控或修复的污染土壤"。

四、我国土壤污染的现状

尽管尚不能对我国目前的土壤污染状况做全面的评估,但其严重的状况已不容置疑,有关土壤污染的社会事件不断出现。根据2014年我国首次《全国土壤污染状况调查公报》,我国土壤环境状况总体不容乐观,部分地区土壤污染较重,耕地土壤环境质量堪忧,工矿业废弃地土壤环境问题突出。全国土壤总的点位超标率为16.1%,其中轻微、轻度、中度和重度污染点位比例分别为11.2%、2.3%、1.5%和1.1%。从土地利用类型看,耕地、林地、草地土壤点位超标率分别为19.4%、10.0%、10.4%。从污染类型看,以无机型为主,有机型次之,复合型污染比重较小,无机污染物超标点位数占全部超标点位的82.8%。从污染物超标情况看,镉、汞、砷、铜、铅、铬、锌、镍8种无机污染物点位超标率分别为7.0%、1.6%、2.7%、2.1%、1.5%、1.1%、0.9%、4.8%;六六六、滴滴涕、多环芳烃3类有机污染物点位超标率分别为0.5%、1.9%、1.4%。[1]

---

[1] 环境保护部和国土资源部:《全国土壤污染状况调查公报》,生态环境部官网,http://www.mee.gov.cn/gkml/sthjbgw/qt/201404/t20140417_270670.htm,2020年3月14日访问。

五、土壤污染的特点

简而言之,土壤污染具有若干影响责任制度样态的特点。首先,土壤往往是大部分其他环境要素中污染物的最终消纳地。《中华人民共和国固体废物污染环境防治法》《中华人民共和国大气污染防治法》《中华人民共和国水污染防治法》《中华人民共和国放射性污染防治法》[1]等立法主要规范污染物的排放。土壤污染的治理责任则主要由《土壤污染防治法》设置并实施。其次,土壤污染具有累积性和隐蔽性。人们发现的土壤污染往往由过去的污染活动造成,有的甚至是多次污染长期累积而成的。例如,在直接推动美国《综合环境应对、赔偿与责任法》("超级基金法案")颁布的拉夫运河事件中,1978年,居民发现,小区多发的健康问题和婴儿出生缺陷与小区周围的运河有关,而该运河曾是一个堆满化学废物的大垃圾场。该地的填埋活动从20世纪20年代持续到20世纪50年代。[2]我国的诸多土壤污染事件亦是如此,在武汉长江明珠小区土壤污染事件中,长江明珠小区的土地曾被污染近60年,它的前身是武汉久安制药厂、武汉市长江化工厂。1997年长江化工厂停产后,一企业又在此生产电镀添加剂。多次污染活动致使土壤中污染物聚积。[3]最后,土壤污染具有不可逆性。土壤一旦遭到污染,重金属元素和持久性有机污染物等物质将在土壤中长期累积、留存,即便一些非持久性有机污染物也需要相当长的降解时间,会对人体健康及土壤环境造成严重的危害,不经人为治理与修复,污染状态将持续。

第二节 土壤污染治理责任

一、土壤污染治理责任与相关概念辨析

(一)土壤污染治理责任与土壤污染风险管控与修复责任

尽管《土壤污染防治法》第35条规定,"土壤污染风险管控和修复,包括土壤污染状况调查和土壤污染风险评估、风险管控、修复、风险管控效果评估、修复效

---

[1] 以下分别简称《固体废物污染环境防治法》《大气污染防治法》《水污染防治法》《放射性污染防治法》。
[2] "The Love Canal Tradedy"(《拉夫运河悲剧》),美国国家环境保护局网站:https://archive.epa.gov/epa/aboutepa/love-canal-tragedy.html,2020年4月20日访问。
[3] 《武汉污染土地上建起经适房,土壤中毒将贻害百年》,《新京报》2010年11月30日。

果评估、后期管理活动等",但土壤污染风险管控和修复亦单纯指通过切断土壤中污染物迁移转化的路径将地块污染物移除、削减、固定或将风险控制在可接受水平的活动。这种规定会直接导致上下位概念的混乱,通过"风险管控和修复"与"风险管控、修复"的一字(标点)之差来区分并非合理做法。在适用过程中,许多条文将面临巨大争议。一个典型例子是《土壤污染防治法》第68条。该条规定:"土地使用权已经被地方人民政府收回,土壤污染责任为原土地使用权人的,由地方人民政府组织实施土壤污染风险管控和修复。"那么,地方人民政府组织承担的,仅仅是作为下位概念的污染土壤的风险管控和修复,抑或是作为上位概念的土壤污染状况调查、风险评估、风险管控等全系列责任?在承担后者的全部责任后,地方人民政府可否向土壤污染责任人追偿,特别是能否追偿其全部的花费?若被追偿人提起抗辩,认为本条中的风险管控和修复所指责任的范围应是下位概念,又当何如?

为了澄清法律条文的准确意旨,避免不必要的法律纠纷,笔者主张,应使用土壤污染治理责任作为上位概念,等同于第35条中"土壤污染风险管控和修复"的范围,具体包括土壤污染状况调查、土壤污染风险评估、风险管控、修复、风险管控效果评估、修复效果评估、后期管理活动等责任。

(二)土壤污染治理责任与土壤污染的防治责任

从范围上看,土壤污染防治责任大于土壤污染的治理责任。土壤污染治理责任侧重对现有污染的治理,而土壤污染防治责任则是防治结合,更侧重预防。《土壤污染防治法》明确的第一条原则即为预防为主。

另外,土壤污染治理责任的主体不同于土壤污染防治责任。前者是土壤污染责任人或土地使用权人等,而后者不仅包括承担土壤污染治理责任的主体,还包括监管责任主体、第三方机构、公民与社会组织等。根据《土壤污染防治法》,任何组织和个人都有保护土壤、防止土壤污染的义务,地方各级人民政府应当对本行政区域土壤污染防治和安全利用负责,各级人民政府应当加强对土壤污染防治工作的领导。[1]总而言之,土壤防治责任主体不仅包括被监管者,也包括监管者。因此,土壤污染防治责任的范畴远超土壤污染治理责任,包括从土壤污染立法、执法、司法到具体治理工作的每一个环节。

(三)土壤污染治理责任与环境修复责任

土壤污染治理责任与环境修复责任的性质不同。根据《最高人民法院关于

---

[1]《土壤污染防治法》第4—6条。

审理生态环境损害赔偿案件的若干规定(试行)》,环境修复是一项民事责任,受损生态环境能够修复的,人民法院应当依法判决被告承担修复责任。[1]该规定将修复生态环境与赔偿损失、停止侵害、排除妨碍、消除危险、赔礼道歉等民事责任并列,将其作为《中华人民共和国侵权责任法》(以下简称《侵权责任法》)中恢复原状的另一种表述。当然,对于该问题这只是一种解释路径。事实上,在《民法典》"侵权责任编"第七章"环境污染和生态破坏责任"中,第1234条规定:"违反国家规定造成生态环境损害,生态环境能够修复的,国家规定的机关或者法律规定的组织有权请求侵权人在合理期限内承担修复责任。侵权人在期限内未修复的,国家规定的机关或者法律规定的组织可以自行或者委托他人进行修复,所需费用由侵权人负担。"紧接着,第1235条规定,违反国家规定造成生态环境损害的,国家规定的机关或者法律规定的组织有权请求侵权人赔偿下列损失和费用:(1)生态环境修复期间服务功能丧失导致的损失;(2)生态环境功能永久性损害造成的损失;(3)生态环境损害调查、鉴定评估等费用;(4)清除污染、修复生态环境费用;(5)防止损害的发生和扩大所支出的合理费用。对此,有学者主张,环境生态损害的相关费用可以包括以下五类:(1)防范性措施费用,即为了防止、遏制损害的发生,防止损害的扩大或者将损害程度降低到最小范围内所采取的或将要采取的任何实际可行的合理措施的费用;(2)清除措施费用,即及时有效地清除、清理生态环境侵害行为所造成的损害后果,防止二次污染和破坏而发生的相关费用;(3)修复性措施费用,即被损害的生态环境恢复到损害或破坏发生前的状况的恢复性修复措施的相关费用,或者在必要的情况下向环境引入功能替代物、采取功能替代性移植、提供功能替代性栖息地等补救性的修复措施所需的费用;(4)附带损失的费用,包括损害的评估费用、监测费用、检测费用、修复措施的科研费用和其他因损害而产生的行政管理性费用;(5)象征性损害赔偿费。如果无法修复生态损害所导致的污染和破坏,只能要求侵害人承担象征性赔偿责任以填补已经产生的生态损害。应参照类似性质、范围、程度的生态损害事件,根据防范性措施费用、清除措施费用、修复措施费用、监测费用、评估费用和修复措施科研费用等分类估算其总和。[2]不论是依据立法条文还是学者观点,在土壤污染领域,至少在生态环境损害调查、鉴定评估等费用,清除污染、修

---

[1]《最高人民法院关于审理生态环境损害赔偿案件的若干规定(试行)》第11—12条。
[2] 竺效:《反思松花江水污染事故行政罚款的法律尴尬——以生态损害填补责任制为视角》,《法学》2007年第3期。

复生态环境费用,防止损害的发生和扩大所支出的合理费用等多个方面,生态环境损害与土壤污染治理责任的内容是重合的。因此,土壤污染治理责任的范围小于生态环境损害责任。另外,二者另一显著区别是,前者是民事责任,主要的实现方式是环境公益诉讼,而土壤污染治理责任则具有公法责任的性质。对于二者的区分,本书第五章将予以详述。

(四)土壤污染治理责任与生态环境损害赔偿责任

土壤污染治理责任与生态环境赔偿责任的责任承担方式不同。土壤污染治理责任侧重对污染的治理,责任主体可以通过治理活动履行责任,无须承担额外的费用或赔偿。然而,责任者拒绝履行或无法履行治理责任时,由政府实施代履行,所产生的费用由治理责任者承担。生态环境损害赔偿责任更侧重生态环境损害的赔偿,责任主体即使在完成污染治理后,仍须承担赔偿责任。

二者在费用承担或赔偿的范围上也不同。《生态环境损害赔偿制度改革方案》规定,生态环境损害赔偿范围包括清除污染费用、生态环境修复费用、生态环境修复期间服务功能的损失、生态环境功能永久性损害造成的损失以及生态环境损害赔偿调查、鉴定评估等合理费用。这是实现环境有价、损害担责原则的必然要求。初步看来,尽管与已有的生态环境损害责任之间界定不清,互相纠缠,生态环境损害赔偿制度应旨在追究更长期的、生态性的功能的损失。如前所述,在土壤污染领域内,会出现相当的重合之处。但在土壤污染治理责任中,治理费用就没有生态环境功能永久损害等内容。所以,总体上来说,土壤污染治理责任的费用承担小于生态环境损害赔偿责任的范围。当然,此二者的关系仍值得相关立法、执法和司法活动的进一步关注。

二、土壤污染治理责任的下位概念辨析

土壤污染治理包括土壤污染状况调查和土壤污染风险评估、风险管控、修复、风险管控效果评估、修复效果评估、后期管理等活动。[1] 因此,土壤污染治理责任包括以下六个下位概念。

(一)土壤污染状况调查责任

土壤污染状况调查是指采用系统的调查方法,确定地块是否被污染及污染程度和范围的过程,大致可以分为资料收集与分析、采样分析和参数调查三

---

[1]《土壤污染防治法》第35条。

个阶段。[1] 作为土壤污染治理的第一环节,土壤污染状况调查在农用地污染和建设用地污染治理中都会涉及。但是,这两种用地类型污染状况调查的实施主体不同。根据《土壤污染防治法》第59条,土地使用权人是建设用地土壤污染调查的责任主体。对于土壤污染状况普查、详查和监测、现场检查表明有土壤污染风险的建设用地地块,用途变更为住宅、公共管理与公共服务用地的,以及土壤污染重点监管单位生产经营用地的用途变更的或者在其土地使用权收回、转让前,由土地使用权人编制土壤污染状况调查报告,调查报告由设区的市级以上地方生态环境主管部门会同自然资源主管部门组织评审。[2] 农用地的土壤污染状况调查则由地方人民政府农业农村主管部门会同生态环境、自然资源主管部门实施。[3] 原因在于,土壤污染状况调查成本高并极具专业性,作为土地使用权人可能承担调查责任的普通农民难以完成和负担该项工作,因而该工作由地方政府相关部门负责实施。但是,根据《土壤污染防治法》第45条的规定,调查所产生的费用应由污染者承担。

(二) 土壤污染风险评估责任

风险评估已成为贯穿多数国家土壤污染治理全过程的基本思想。例如,在美国"超级基金法案"地块治理的运行程序中,从初步风险评估到可行性研究,再到从《国家优先治理污染场地顺序名单》(National Priorities List,NPL)的移除,都伴随着风险评估的过程。[4] 土壤污染风险评估是指在土壤污染状况调查的基础上,分析地块土壤和地下水中污染物对人群的主要暴露途径,评估污染物对人体健康的致癌风险或危害水平,主要包括危害识别、暴露与毒性评估、风险表征和控制值计算四个阶段。[5] 与土壤污染状况调查阶段相同,农用地的土壤污染风险评估由地方人民政府农业农村、林业草原主管部门会同生态环境、自然资源主管部门实施。[6] 建设用地风险评估的责任主体则为土壤污染者和土地使用权人,并且风险评估报告由省级生态环境主管部门会同自然资源等主管部门组织评审。

---

[1] 生态环境部:《建设用地土壤污染状况调查技术导则》,HJ 25.1—2019。
[2] 《建设用地土壤污染状况调查、风险评估、风险管控及修复效果评估报告评审指南》第2条。
[3] 《土壤污染防治法》第51—52条。
[4] "About the Superfund Cleanup Process,"美国国家环境保护局网站,https://www.epa.gov/superfund/about-superfund-cleanup-process#tab-1,2020年3月16日访问。
[5] 生态环境部:《建设用地土壤污染风险评估技术导则》,HJ 25.3—2019。
[6] 《土壤污染防治法》第52条。

(三) 污染土壤风险管控责任

风险来源于不确定性。风险的核心概念是结果发生的不确定性,风险是由于各种结果发生的不确定性而导致的行为主体遭受损失的大小及其可能性的大小。[1]环境风险与金融风险、财务风险和管理等传统风险不同,其不仅可以使行为主体遭受损失,而且会对他人和环境产生不利影响。环境风险是指人类生存环境遭受不利影响的可能性,包括不利事件发生的概率以及由此造成的不确定性的损失两个方面。[2]这里所指的不利事件既包括由人类活动引起的事件,也包括由人类活动和自然界运动共同作用引起的事件。[3]根据风险的来源不同,环境风险可以分为化学风险、物理风险和自然灾害风险;根据风险承受的对象不同,环境风险可以分为人体健康风险和生态风险;根据环境介质的不同,环境风险可以分为空气环境风险、水环境风险、土壤环境风险等。[4]土壤环境风险作为环境风险的一种,主要来源于人类活动中产生的化学污染,包括农业污染和工业污染。因此,土壤环境风险法律规制的对象是以工业、农业为主要源头的土壤污染所致环境损害的不确定性。[5]

风险管控是通过切断或阻隔污染物影响受体的途径,以及限制或者避免受体与污染物接触的可能性,减少风险事件发生时造成的损失,防止污染物对食用农产品和人体健康造成直接的影响,[6]旨在对土壤污染产生的安全风险、公众健康风险和生态风险进行管理,控制其产生的危害后果。《土壤环境质量 农用地土壤污染风险管控标准(试行)》和《土壤环境质量 建设用地土壤污染风险管控标准(试行)》设定了风险筛选值和风险管制值,从而不同于传统污染物管制中基于浓度控制的达标或不达标的标准制度。类似地,美国《土壤筛选导则》基于风险背景的不同,利用土壤污染风险筛选值,以确定是否需要进行下一步程序。[7]英国对土壤污染的治理实施全过程的风险管控的方法,并逐渐形成了

---

[1] 王金安主编《金融风险管理》,中国财政经济出版社,2014年,第2页。
[2] 史培军等:《综合风险防范:全球变化与环境风险关系及其适应性范式》,科学出版社,2016年,第19页。
[3] 谷庆宝等:《基于风险的土壤环境分级分区方法与应用》,科学出版社,2018年,第12页。
[4] 同上书,第45页。
[5] 吴贤静:《土壤环境风险的法律规制》,《法商研究》2019年第3期。
[6] 生态环境部法规与标准司:《〈中华人民共和国土壤污染防治法〉解读与适用手册》,法律出版社,2018年,第94—95页。
[7] "About the Superfund Cleanup Process,"美国国家环境保护局网站,https://www.epa.gov/superfund/about-superfund-cleanup-process#tab-1,2020年3月16日访问。

一套基于风险管控的土壤污染防治技术体系。[1]

(四)污染土壤修复责任

土壤修复是指采用物理、化学或生物的方法固定、转移、吸收、降解或转化地块土壤中的污染物,使其含量降低到可接受水平,或将有毒有害的污染物转化为无害物质的过程。[2]由此可以看出:(1)并非所有的污染土壤都需要进行修复,污染土壤的修复需要满足可行性要求,要从技术、条件、成本效益等方面进行评估和论证。(2)污染土壤修复并不一定需要完全清除污染物,而是使其降低到可接受的水平。污染土壤修复的模式包括原地修复、异地修复、异地处置、自然修复、污染阻隔、居民防护和制度控制等。这是源于土壤污染修复的长期性、专业性、技术性和高成本,基于成本效益的考量而做出的合理化选择。

(五)污染土壤风险管控与修复效果评估责任

土壤污染风险管控与修复效果评估是对土壤是否达到修复目标、风险管控是否达到规定要求、地块风险是否达到可接受水平等情况进行科学、系统的评估,提出后期环境监管建议,为污染地块管理提供科学依据的活动。[3]受托从事土壤污染评估的单位应当具备专业的资质,并对评估报告的真实性、准确性、完整性负责。《土壤污染防治法》规定了受委托从事土壤污染评估活动的单位出具虚假评估报告的法律责任。因此,土壤污染评估责任的主体是受委托从事土壤污染评估活动的单位。针对出具虚假评估报告的单位和个人实行"双罚制",对单位和个人处以罚款,情节严重的,禁止从事该行业业务。

(六)土壤污染后期管理责任

我国现行立法和相关标准并未给出污染土壤后期管理的界定。依照土壤污染治理的流程,后期管理应是地块中污染物被移除、削减、固定或将风险控制在可接受水平,经效果评估已达治理目的后,为避免土壤污染风险再度超过可接受水平而采取的控制措施。我国《土壤污染防治法》第92条规定了土壤污染责任人或者土地使用权人未按照规定实施后期管理的法律责任。后期管理可以委托给第三方机构开展,因此,根据该法第43条的规定,受托单位按照约定对后期管

---

[1] Frédéric Coulan, et al., "China's Soil and Groundwater Nanagement Challenges: Lessons from the UK's Experience and Opportunities for China," *Environment International*, No. 91 (2016): 196-200.

[2] 《建设用地土壤修复技术导则》,HJ 25.4—2019。

[3] 《污染地块风险管控与土壤修复效果评估技术导则》,HJ 25.5—2018。

理等活动结果负责。当受托单位未按合同要求履行后期管理活动时,受托单位承担违约责任。

第三节　土壤污染治理的附属责任

一、土壤污染的预防责任

德国将土壤污染预防与修复置于同等重要的地位,其土壤污染预防体系覆盖了土壤污染预防、土壤环境调查、风险评估和污染场地修复的全过程。[1] 我国《土壤污染防治法》明确将预防为主作为首要原则,在第三章也以专章的形式规定了土壤污染的预防。从该章内容上看,土壤污染预防责任的主体涵盖了个人、单位、政府部门等多种主体。土壤污染预防责任的对象包括了各类可能造成土壤污染的生产和生活活动,土壤污染预防是一个全方位多角度综合管理的过程。以工业生产为例,原材料的采购,产品的生产、运输、存储和垃圾的处置都被纳入土壤污染预防的体系。这种多主体、全过程控制的规定反映了从源头上预防土壤污染的内在需求。

二、因土壤污染造成的财产、人身损害责任

《环境保护法》第 64 条规定,因污染环境造成损害的,污染者应承担侵权责任,被侵权人应当依照《侵权责任法》的规定请求污染者承担赔偿责任。《土壤污染防治法》第 96 条规定,污染土壤造成他人人身或者财产损害的,应当依法承担侵权责任。《最高人民法院关于审理生态环境损害赔偿案件的若干规定(试行)》也明确,因污染环境、破坏生态造成人身损害、个人和集体财产损失要求赔偿的,适用侵权责任法等法律规定。关于污染者负担的费用的范围,大致有两种意见。一种意见是,污染者应当支付因其污染行为产生的全部费用,包括污染的防治、生态环境的恢复和被害者的救济。[2] 其原因是,污染者承担其污染行为对环境和公民健康造成的损害的赔偿,符合最基本的社会道德和法理上的要求。另一种意见是,若所有的环境损害的费用都由污染者承担,会使其负担过重,不利

---

[1] 陈卫平等:《欧美总体场地土壤污染防治技术体系概述》,《土壤学报》2018 年第 3 期。
[2] 汪劲:《日本环境法概论》,武汉大学出版社,1994 年,第 236 页。

于生产和国民经济的发展。所以,污染者只需要承担消除污染费用和损害赔偿费用。因此,因土壤污染造成的财产和人身损害适用《侵权责任法》的规定,并不属于土壤污染的治理责任。

三、土壤污染的行政责任与刑事责任

在《土壤污染防治法》涉及相关责任的规定中,关于行政责任的规定最多。从责任主体看,土壤污染行政责任的主体既包括土壤污染者、土地使用权人、相关产品生产者和销售者等被监管主体,也包括地方各级人民政府、生态环境主管部门或者其他负有土壤污染防治监督管理职责的部门及其直接负责的主管人员和其他直接责任人员等监管主体。《土壤污染防治法》第85条规定了监管者未依法履行监管职责的情形,以及对相关人员的行政处分。根据《中华人民共和国公务员法》(以下简称《公务员法》)第56条和《行政机关公务员处分条例》第6条的规定,行政处分分为6种:警告、记过、记大过、降级、撤职、开除。

《土壤污染防治法》并未专门规定土壤污染的刑事责任。但其第98条规定,构成犯罪的,依法追究刑事责任。《中华人民共和国刑法》(以下简称《刑法》)中设置了破坏环境资源保护罪,其中涉及土壤污染的具体罪名包括但不限于污染环境罪、非法处置进口的固体废物罪、擅自进口固体废物罪、非法占用农用地罪等。但是,即使污染者承担了相应的刑事责任也不会免除其污染治理的责任,因为污染者承担了刑事责任并不会改变污染损害的状态,仍然需要对污染进行治理。

四、土壤污染的第三方责任

土壤污染治理具有专业性,因此,借助市场化力量,将土壤污染的治理委托给具有资质的第三方是较为普遍的做法。土壤污染治理的责任主体承担污染治理的主体责任,而第三方则按照有关法律法规和标准以及排污单位的委托要求,承担相应的法律责任和合同约定的污染治理责任。因此,第三方责任首先表现为纵向的行政和刑事责任。当第三方出具的报告虚假时,由地方生态环境主管部门对其进行行政处罚,构成犯罪的,可能被终身禁止其从事该类业务。其次是第三方横向的违约责任。当作为受托人的第三方未按合同履行其职责时,委托人可以要求其承担违约责任。最后,第三方还可能承担污染的连带责任。依据

《环境保护法》第 65 条、《土壤污染防治法》第 90 条的规定,第三方在环境治理中弄虚作假,对造成的环境污染和生态破坏负有责任的,或更为具体地,第三方和委托人恶意串通,出具虚假报告,造成他人人身或者财产损害的,还应当与造成环境污染和生态破坏的其他责任者/委托人承担连带责任。

第二章
我国土壤污染立法及治理实践的发展

在一国的环境保护法律体系内,土壤污染防治立法通常"姗姗来迟",多在发生了严重的土壤污染事件后迅速得以颁布。例如,1976年12月,美国国会通过了《固体废物处置法》,该法又称为《资源保护与回收法》(Resource Conservation and Recovery Act),这是美国第一部关于有毒废物的重要法规,然而,该法并不是专门治理土壤污染的法律,只是在很大程度上预防性地减少了对土壤的污染和破坏。20世纪70年代,美国先后爆发了"拉夫河污染"事件、伊丽莎白危险化学品场地火灾事件、时代沙滩事件等特别严重的污染事件,直接推动1980年美国国会通过了《综合环境应对、赔偿与责任法》,也称"超级基金法案"。"超级基金法案"是美国联邦规范污染场地治理的法律,不仅建构了美国污染场地的管理和法律框架,也成为许多国家土壤污染立法的直接参考,直接影响了日本、加拿大等国家土壤污染防治法的样貌。1986年,美国《超级基金修正与重新授权法案》(Superfund Amendments and Reauthorization Act, SARA)通过,对基金进行了重新授权,扩充了基金规模,更加关注土壤污染导致的人身健康问题,确定了各州在场地修复中的更多参与。1997年,美国国会通过了《综合环境应对、赔偿和责任法》的配套法律《纳税人减税法》;2001年又制定了《小规模企业责任减轻和棕色地块振兴法》,即"棕色地块法",这部法律对"超级基金法案"进行了修改,确定了小企业责任豁免、自愿修复未来责任免除、外来场地污染和尽职调查四种责任减免的规则,给棕色地块的振兴提供经济援助,促进了棕色地块的再利用。经过几十年的立法和实践检验,现在美国已经形成了一整套比较完备的土壤污染防治法律体系。

许多国家(如日本、德国)和地区(如我国台湾地区)借鉴了"超级基金法案"的模式。以我国台湾地区为例,随着20世纪60—70年代的经济腾飞、产业结构变迁和社会经济的发展,20世纪80年代,该地发生多起土壤污染事件,如桃园县高银化工公司及基力化工公司农地镉污染案、安顺厂案、云林县虎尾镉米案、台湾地区美国无线电公司桃园厂案等。在借鉴美国"超级基金法案"的基础上,我国台湾地区在2000年发布了关于土壤及地下水污染整治的规定。台湾相关主管部门被授予相应职权以管理污染场地,设立土壤及地下水污染整治基金,成立土壤及地下水基金管理委员会,负责基金的管理与使用。相关规定分别在2003年和2010年经过了两次修改。其中,2010年是针对实施过程中遇到的问题,总结十年间积累的经验教训所做出的实质性修改。

因此,我们有必要梳理我国土壤污染防治相关立法和实践的发展,以期对相关责任制度构建形成更全面的认识。依据相关立法的发展和实践的推进,我们把我国土壤污染治理责任制度相应地划分为三个阶段,即早期阶段、统一行动阶段与全国性立法阶段,以下分述之。

第一节 我国土壤污染治理责任的早期立法及实践

本部分将着眼于对2016年《土壤污染防治行动计划》之前我国土壤污染治理责任的相关立法与实践的梳理,以期探知影响我国土壤污染治理责任样态的各因素。[1]

一、早期立法的梳理

(一) 有关污染场地治理责任制度的全国性法律规范

《中华人民共和国宪法》(以下简称《宪法》)第10条规定:"一切使用土地的组织和个人必须合理利用土地。"由此,污染土壤的生态、经济、社会功能降低甚至丧失,是对土地的不合理利用,应当受到相应法律的规制。原《环境保护法》第2条将土地规定为环境要素的一种,却没有将土地污染明确规定为污染的一种类型。《土地复垦条例》第2条规定,土地复垦"是指生产建设活动和自然灾害毁损的土地,采取整治措施,使其达到可供利用的活动"。第3条则规定:"生产建设活动毁损的土

---

[1] 在本部分,若无特别说明,相关法律、法规等的内容都是在2016年"土十条"生效日期以前的版本。另外,在该时期,污染土壤的治理往往体现为受污染的搬迁地块的修复,因而,相关表述多为"污染场地治理"。

地,按照'谁毁损,谁复垦'的原则,由生产建设单位或者个人(以下称土地复垦义务人)负责复垦。但是,由于历史原因无法确定土地复垦义务人的生产建设活动毁损的土地(以下称历史遗留毁损土地),由县级以上人民政府负责组织复垦。"受污染的土地也应当属于生产建设活动毁损的土地。《侵权责任法》"环境污染责任"一章则规定了污染者负担原则的责任构成。

此外,当时的一些法律、法规为污染场地的治理提供了间接的依据。例如,《中华人民共和国土地管理法》《中华人民共和国城市房地产管理法》对土地的合理利用做了具体的规定,即便没有直接涉及土壤污染问题,但其中有关土地保护的规定为场地污染的预防和治理提供了依据。《中华人民共和国固体废物污染环境防治法》《中华人民共和国水污染防治法》《危险化学品安全管理条例》《农药管理条例》则从源控制的角度规范了可能造成场地污染的物质的生产、使用和污染物的排放。

当时的一些法律也规定了企业破产和变更的债权债务的承担问题,如《中华人民共和国民法通则》(以下简称《民法通则》)第44条规定,"企业法人分立、合并,它的权利义务由变更后的法人享有和承担。"《中华人民共和国公司法》(以下简称《公司法》)第175、177条规定,公司合并或分立的,债权、债务分别由合并、分立后的公司承继。

(二) 有关污染场地治理责任制度的全国性规范性文件

1999年,国家环境保护总局《关于企业改制后环境污染防治责任有关问题的复函》指出,企业因改制或合并、分立而发生变更的,原企业所承担的环境污染防治责任,依法应由变更后的企业承担。这就确立了企业承继者可能的场地污染治理责任。2004年6月,国家环境保护总局发布了《关于切实做好企业搬迁过程中环境污染防治工作的通知》,其中规定:企业结束经营改变土地利用性质时,需要经相关部门的监测,对土壤环境状况进行调查;对于污染物造成的环境污染问题,由原生产经营单位负责治理并恢复土壤的使用功能。但该通知并没有提及污染者已经无法寻找或已消失时的责任分配问题。2006年《农产品产地安全管理办法》已规定,农产品产地有毒有害物质不符合产地安全标准,导致农产品中有毒有害物质不符合农产品质量安全标准的,应当划定为农产品禁止生产区。该办法还规定了农产品场地保护的若干举措。2008年,环境保护部发布了《关于加强土壤污染防治工作的意见》,对土壤污染的防治做了宏观的规定和安排。2011年,获原则通过的《污染场地土壤环境管理暂行办法》则具体规定了造成场地土壤污染的责任人或污染场地土地使用权人应承担治理责任。

此外,一些全国性的政策文件开始提及污染场地问题。2005年,《国务院关于落实科学发展观加强环境保护的决定》要求对污染企业搬迁后的原址进行土壤风险评估和修复。2009年《国务院办公厅转发环境保护部等部门关于加强重金属污染防治工作指导意见的通知》要求涉重金属污染企业妥善解决历史遗留重金属污染问题。2011年,《国家环境保护"十二五"规划》将重点地区污染场地和土壤修复作为四大突出的环境问题之一,特别强调了要以大城市周边、重污染工矿企业、集中治污设施周边、废弃物堆存场地等作为重点,并提出对责任主体灭失等历史遗留场地土壤污染要加大治理修复的投入力度。此外,当时正在制定中的《土壤环境保护"十二五"规划》指出,针对历史遗留污染土地,中央财政将给予30%～45%的财政补助。根据2012年《国家发展改革委办公厅关于组织申报历史遗留重金属污染治理2012年中央预算内投资备选项目的通知》,对于污染隐患严重且责任主体灭失的重金属废渣治理、受重金属污染土壤修复等工程项目(历史遗留重金属污染治理项目),原责任主体属于地方企业的项目给予最高不超过总投资30%的补助,原责任主体属于中央下放地方企业的项目给予最高不超过总投资45%的补助。

(三) 有关污染场地及其治理责任制度的地方性法律规范

一些地方对污染场地问题关注较早并做了有益的立法尝试,我们以北京市和重庆市为例分析地方层级的相关立法和政策性文件。

自2004年北京宋家庄地铁施工场地中毒事件起,污染场地治理问题引起了北京市的关注。在2007年1月和7月,该市相继颁布了《场地环境评价导则》和《关于开展工业企业搬迁后原址土壤环境评价有关问题的通知》。其中,导则主要针对污染场地(特别是工业污染企业搬迁的场地)进行土壤和地下水污染的调查与评价设定了技术性规范,规定了污染识别—污染确认—风险评估和治理措施的场地环境评价程序。通知则重申了工业企业搬迁后进行原址土壤环境影响评价并交由北京市环境保护局审查的要求。但这两个规定多是技术上的,对于责任的规定比较模糊。

《重庆市环境保护条例》(2007年)第47条规定,生产单位在转产或搬迁前,应对污染土地进行治理。第104条规定,未按规定治理被污染土壤的,由环境保护行政主管部门责令改正,并处以10万元以下罚款。此外,先后发布了《重庆市人民政府关于加快实施主城区环境污染安全隐患重点企业搬迁工作的意见》(2004年)和《重庆市人民政府办公厅关于加强我市工业企业原址污染场地治理修复工作的通知》(2008年)。其中,后者专门规定了污染场地的责任分配问题,在以"谁污染,谁治理"为原则的基础上提出:工业企业原址土地转让合同中未约定治理修复责任的,按照"谁主管,谁负责"和属地管理的原则,由企业所在地区县(自治县)人民政府和企业主管部门共同负责,召集企业与土地受让单位进行协商,落实治理修复责任。根据治理修复的责任主体,治理修复费用相应列入企业搬迁成本、企业改制成本或土地整治成本。重庆市发布了《重庆市环境保护局关于切实做好企业搬迁后原址土地开发中防治土壤污染工作的通知》(渝环函〔2005〕249号)、《重庆市环境保护局关于加强关停破产搬迁企业遗留工业固体废弃物环境保护管理工作的通知》(渝环发〔2006〕59号)、《关于进一步规范和加强我市关破及搬迁企业原址污染场地监督管理工作的请示》(渝环〔2008〕49号)等文件则重申了"谁污染,谁治理"的基本原则。

《浙江省固体废物污染环境防治条例》第17条则将责任者规定为污染者,并规定由政府承担补充责任。此外,湖北省、广东省、上海市等地方都积极制定土壤环境保护的地方性立法。

二、污染场地治理的早期实践及问题

该阶段,我国土壤污染的问题已经浮现,土壤污染治理和责任分配的实践出现,但污染场地的数量和规模已不容乐观。以北京市为例,自1985年起,北京市就开始了零散的城内企业搬迁工作。1995年出台《北京市实施污染扰民企业搬迁办法》后,北京开始有计划地开展工业企业搬迁,其后的申奥成功则实质性地推动了搬迁工作的开展。[1] 上海市在1991—1995年就将大约750家污染工厂或车间从市中心搬迁到了农村地区的大约20个工业带。[2] 在搬迁的污染企业中,每一百个地块就有二三十个可能存在不同程度的土壤和地下水污染。[3] 北京、上海、广州、重庆、杭州等城市已经开展了污染场地的治理,并采用了不同的治理责任分配方式。

(一) 土壤污染治理的早期典型案例

1. 案例一:北京红狮涂料厂污染场地修复案

北京市红狮涂料厂位于北京市丰台区宋家庄,工厂搬迁后进入土地储备中心。该地块总建筑规划面积184 000 m²,规划用于容纳1 800套住宅的两限房小区,而其中有超过32 000 m²商业用地居住用途房屋不受"中低价位、中小套型"的限制,

---

[1] 蒙莉娜:《发达国家污染场地再开发实践经验对北京市的启示》,《资源与产业》2007年第9期。
[2] 赵沁娜:《城市置换过程中土壤污染风险评价与风险管理研究》,博士学位论文,华东师范大学,2006。
[3] 袁端端、谢丹:《"不能说"的土壤普查秘密》,《南方周末》2012年12月13日。

而是由开发商建设商住楼和底商等。该场地在20世纪50年代建有杀虫剂厂,20世纪80年代转为涂料厂。评价结果表明,该场地主要的污染物为"六六六"和"滴滴涕",污染土壤总计140 000 m³。土地拍卖时,招标文件注明了土壤污染的状况,并要求中标人必须根据北京市环保局制定的土壤处置方案,制定相关修复方案并实施。共有14家房地产开发企业参加竞标,最后由万科集团以5.9亿元中标。2007年,万科拍得该地块后,委托北京建工环境修复有限责任公司开展修复工作,转移污染土壤并在异地采用水泥窑焚烧固化处理技术,耗时半年,总花费约1亿多元。[1]

2. 案例二:广州市氮肥厂污染场地修复案[2]

广州氮肥厂(以下简称"广氮")建于20世纪50年代末,1962年正式投产,2000年停产关闭。原厂区地块纳入政府土地储备,重新开发利用。广州市两度启动对广氮地块土地污染状况的调查。根据调查结果,广氮地块的土壤污染类型主要为有机污染,包括总石油烃、多环芳烃和重金属,合计污染面积11 290 m²,污染土方量5 963 m³。2009年10月,该地块一部分被中国石化集团洛阳石油化工工程公司拍得。[3] 随后,另一部分则用于拆迁安置房和保障房的建设,占地面积为50 000 m²。由于广州氮肥厂已经破产,该地块的修复由广州市土地开发中心出资,经过广州市环保局环评审批,采用转移污染土壤并在异地采用水泥窑焚烧固化处理。[4]

3. 案例三:杭州市西湖文化广场污染场地修复案

杭州西湖文化广场施工地原是20世纪50年代一家炼油厂。企业炼油工艺中产生的酸性腐蚀性油渣一部分埋在了厂内。2000年,企业搬迁,土地也进行了出让。2002年8月,这块土地被用来建设广场,施工中挖出了3.6万吨酸性废油渣和

---

[1] 《北京市红狮涂料厂土壤修复项目》,中国环境修复网,http://www.hjxf.net/case/2009/1201/article_27.html,2020年3月12日访问。

[2] 类似的还有北京市染料厂污染场地修复案:北京市染料厂始建于1956年,1964年搬迁到北京市朝阳区堡头工业区并生产至2003年。在近40年的生产中,该场地蓄积了汞、镉、铬、镍、铜、锌、砷、铅8种重金属污染物,半挥发性有机物污染和染色染料污染,需治理土壤约52 000 m³。该场地污染土壤项目由北京市国土局和北京市环境保护局公开招标,由建工集团环境修复发展有限公司以3 218万元竞得。处理完毕后,该地成为政府储备地块,并在之后与周边地区一起打造成朝阳区王四营乡住宅及公共服务配套设施、医疗卫生用地国有建设用地使用权"现价商品住房"项目挂牌出让,最终以20.02亿元成交。中国环境修复网,http://www.hjxf.net/case/2009/1201/article_28.html,2020年3月12日访问。

[3] 由于存在土壤污染问题,拍卖时将申请人限定于石油化工国家综合甲级设计资质的高新技术企业。

[4] 杜鹃:《广氮地块将建28栋安置房》,《广州日报》2012年12月21日。

受污染土壤。经杭州市政府协调决定，将这些有害固体废物运到有处置资质的大地环保有限公司进行集中预处置。最终，治理资金由炼油厂、建设单位、市财政各自承担一部分。

(二) 对早期典型治理模式的评析

即便当时缺乏全国性的立法，各地仍做了有益的尝试。在红狮涂料厂污染场地修复案中，北京市土地出让中心将土地污染状况告知竞标者，并由中标的开发商依照拟定好的方案实施修复，经过北京市环境保护局验收和环境影响评价审批后开工建设。在广州市氮肥厂污染场地修复案中，政府先将该地块纳入土地储备，一部分土地未经修复出让给石化企业，另一部分则用于房地产开发项目。由于原广氮集团已破产，修复成本由广州市土地开发中心承诺全额承担。西湖文化广场污染场地修复案中，责任则在污染者、地方人民政府和房地产开发商间分配。

有学者将案例一的做法称为"开发者负担"模式。[1] 这一观点值得商榷。从表面上看，北京模式由开发者作为污染场地治理的责任方，但实际上是由北京市政府承担责任，开发商具体实施。[2] 北京模式无疑有其自身的优点。它能以较高的效率完成土地修复并由私人资金支付成本。但其不足也是明显的。首先，它需要以土地市场的繁荣和高地价为前提，否则场地修复成本高于或大大压缩土地开发带来的利益，将不会有开发商竞价并抬高土地价格。其次，北京模式只适用于土地交易的特定环节，即政府将通过收回、收购或征收的方式将土地纳入储备，或已经纳入储备的土地即将出让的，也就是一级市场的土地开发和出让环节。最为重要的是，北京模式从根本上违背了污染者负担的根本原则。在这些案例中，不仅可以明确污染者，而且污染者仍然存续，但北京模式并没有让污染者承担治理责任，而且事后也没有追究其责任。这实质上是"企业污染、政府买单"的做法。

案例二的责任分配表面上为"土地开发中心负担"模式，实际上则为"地方政府负担"的模式。场地污染调查评估和治理的所有费用都由土地开发中心承担。但广州市政府作为该地块几乎所有土地出让收益的收取者是最终的责任承担方，只是具体由广州市土地开发中心出资并委托有资质的机构治理。之所以采用这种模式大概是基于以下理由：(1)作为污染者的广氮集团已经破产，没有任

---

[1] Yuhong Zhao, "Land Contamination in Urban China—Developing a National Cleanup Legal Regime," *Hong Kong Law Journal*, No.39(2009)：627.
[2] 在信息完全公开和自由市场的情形下，拍得本地块和其他无污染地块相比，开发商的收益并没有变化。实际上是政府牺牲了部分土地出让金，自行承担治理成本，只是具体的治理措施交由开发商承担而已。

何法律上的承继者。(2)土地开发中心作为土地的储备、出让机构和土地出让金的收取者,有责任出让清洁的土地。(3)广氮地块出让是用于廉租房和经济适用房项目建设,虽然开发商看中的是地块中部分商业项目开发的收益,但政府往往给予地价等全方位的支持,因而独自承担相应的治理责任。

案例三则采用"污染者、地方政府、土地开发者共同承担责任"的模式。在作为污染者的炼油厂依然存在的情况下,按照协商的方式,由污染者和受益者共同负担。这种做法的好处在于遵循了以下原则:被污染土壤的清理和处置费用由造成污染的单位和个人承担;无明确责任人或者责任人丧失责任能力的,由县级以上人民政府承担,污染者承担不足的部分,则由受益者承担。地方政府和土地开发者作为土地出让金的收益方和土地开发后极差利益的收取者,应当承担部分责任。

(三)早期污染场地治理责任制的问题及原因

在上述案例中,治理责任分配模式各不相同。其原因在于污染场地治理责任制度规范的缺失和目标定位的模糊。污染场地治理责任主体、责任范围和方式的确定尚属于"个案式""含混式"和"协商式"解决阶段,而且存在以下两个问题。

1. 对污染者负担原则的漠视和地方政府的过分依赖

在已有的责任模式中,追究污染企业,特别是前污染企业责任的极为少见。实际上,即便企业在生产经营活动中,危险物质的堆放、排放、填埋等活动在当时的历史条件下没有被明确禁止,企业仍应基于将污染成本交由社会承担而获得了额外的收益承担责任,否则,法律的威慑和指导作用无从体现。另外,地方政府往往成为最大或唯一的买单者。《全国土壤环境保护"十二五"规划》亦提出,要形成以政府为主导,以多级财政拨款为主要形式的治理。[1] 以政府为主导的治理可以较快地修复污染的场地,并且可以把场地污染的治理控制在土地出让环节之前,防止进入二级市场后引起更大的纠纷。但其不足也是明显的,因为它实际上是将巨大的污染成本转嫁给整个社会。这只能是在缺乏明确的责任制度前提下的过渡措施,伴随着污染场地的增多,政府不愿意也没有能力承担全部的治

---

[1] 2012年《国家发展改革委办公厅关于组织申报历史遗留重金属污染治理2012年中央预算内投资备选项目的通知》提出,对于污染隐患严重且责任主体灭失的重金属废渣治理、受重金属污染土壤修复等工程项目(历史遗留重金属污染治理项目),原责任主体属于地方企业的项目给予最高不超过总投资30%的补助,原责任主体属于中央下放地方企业的项目给予最高不超过总投资45%的补助。

理责任。

2. 房地产开发和房地产市场对责任分配过大的影响力

通过以上案例,我们不难看出,房地产开发极大地影响了污染场地的责任分配模式乃至责任大小。(1)能否修复取决于污染场地的区位和开发的潜在收益。在热门地块中,潜在的开发者即便知晓地块的污染,但考虑到其巨大的升值和收益,仍会选择治理该地块,并不惧承担未来可能的法律风险。但非热门区域、潜在收益不高的污染场地则可能出现无人竞拍的情况。(2)谁来修复与污染场地房地产开发的类型息息相关。这也就是为什么案例一的场地由开发者实施修复,而案例二的场地由政府实施修复。(3)用于房地产开发的污染场地的修复往往呈现出周期短、花费低、以异位修复为主、边建设边修复、缺乏有效监督等问题。修复的成效不高,而且往往造成新的污染。污染场地治理与房地产开发之间过紧的联系将导致治理风险性和低效性,房地产市场的低迷和房地产开发热潮的冷却将直接影响污染场地的治理。

值得注意的是,在该阶段,有关土壤污染治理责任的法律规定主要限于责任主体的界定。由于缺乏统一的责任制度框架,率先规定责任主体意在解决现实中土壤污染治理修复成本分担这一首要难题。

总体来说,我国当时的立法基本上未关注污染场地的治理和责任制度,相关的规定散见于部分立法中,呈现出"有强制力的法律法规未关注或不具有操作性,关注的或具有可操作性的规范不具有强制力"的特点。此外,已有的规范较为混乱。比如,已有的规定确认了污染者负担原则,但对于土地发生了使用权的变更时(无论这种变更已经发生,还是经由政府的加入正在发生)责任者的确定,却较为混乱。[1] 此外,对于中央政府是否应当作为责任主体,以及中央政府和各级地方政府之间责任的分配尚没有清楚的规定。

但不可否认的是,该阶段的立法提供了一些土壤污染治理的基本原则、依据和思路。比如,变更企业因场地污染而发生的债务的承继问题、污染者负担原则、无过错责任原则等已被当时的《企业破产法》《环境保护法》《侵权责任法》等重要法律明确规定。

---

[1] 对此,可以参考《关于切实做好企业搬迁过程中环境污染防治工作的通知》(环办〔2004〕47号)、《关于加强土壤污染防治工作的意见》(环发〔2008〕48号)、《污染场地土壤环境管理暂行办法》(2011年原则通过)第6—7条、《重庆市人民政府办公厅关于加强我市工业企业原址污染场地治理修复工作的通知》(渝办发〔2008〕208号)第二部分、《浙江省固体废物污染环境防治条例》(2013年修订)第17条。

第二节 全国性统一行动及地区性的率先立法与实践

一、相关立法的梳理

（一）全国性的行动计划与规章

随着土壤污染的日趋严重与我国立法技术的不断成熟,2016年国务院印发《土壤污染防治行动计划》,明确了我国加强土壤污染防治、逐步改善土壤环境质量的目标。《土壤污染防治行动计划》为了达到其制定的"到2020年,受污染耕地安全利用率达到90%左右,污染地块安全利用率达到90%以上。到2030年,受污染耕地安全利用率达到95%以上,污染地块安全利用率达到95%以上"的指标,又提出了十个方面的任务,故又被称为"土十条"。"土十条"不仅在总体上加快了国家土壤环境质量的监测、治理、监管体系的构建,也推进了国家与地方土壤污染防治立法,建立健全了法律法规体系。其中,第7条明确了治理与修复责任的主体：按照"谁污染,谁治理"原则,造成土壤污染的单位或个人要承担治理与修复的主体责任。责任主体发生变更的,由变更后继承其债权、债务的单位或个人承担相关责任;土地使用权依法转让的,由土地使用权受让人或双方约定的责任人承担相关责任。责任主体灭失或责任主体不明确的,由所在地县级人民政府依法承担相关责任。2016年,环境保护部颁布的《污染地块土壤环境管理办法（试行）》也再次强调了这一原则,同时,该办法对污染地块的监管、保护、修复的具体方法与措施做了规定。随后,《农用地土壤环境管理办法（试行）》和《工矿用地土壤环境管理办法（试行）》相继生效,规范了农用地和工矿用地土壤和地下水污染的防治。2017年,中共中央办公厅、国务院印发《生态环境损害赔偿制度改革方案》,将生态环境赔偿制度从个别试点向全国推广,同时这一方案也将赔偿权利人由原来试点中的省级政府扩大至市地级政府,这实质性地影响了土壤污染治理责任的追究方式。

（二）先行的地方性法规

在国家的"土十条"颁布之前,一些地方根据自身情况,进行了一些颇具前瞻性的立法尝试。

2015年9月22日,福建省通过了《福建省土壤污染防治办法》,明确了"土壤污染防治遵循预防为主、保护优先、综合治理、公众参与、污染担责"的原则,同时加入了对保护、改善土壤环境的单位及个人给予表彰和奖励的条款,鼓励单位及个人对土壤进行防治。该办法第 33 条明确地将控制污染的责任与控制污染产生的费用二者分离,规定它们分别由污染地块的实际使用人与造成污染的单位与个人承担。另外,该办法第 33 条还明确,政府在先行控制土壤污染的扩大和修复被污染土壤后,可以向污染责任人进行追偿。

2016 年 2 月 1 日,湖北省人大于《福建省土壤污染防治办法》正式生效的当日通过了《湖北省土壤污染防治条例》,这也是国内第一部专门关于土壤污染防治的地方性法规。该条例第 4 条明确提出了"县级以上人民政府应当统筹财政资金投入、土地出让收益、排污费等,建立土壤污染防治专项资金,完善财政资金和社会资金相结合的多元化资金投入与保障机制。"相较于早期以财政拨款为主的做法,这一规定取得了一定的进步。同时,该条例规定,县级以上人民政府及有关部门应当对在土壤污染防治工作中做出显著成绩的单位和个人,给予表彰和奖励。在第 32 条中,该条例再次明确了"谁污染,谁治理"的原则。

在"土十条"颁布后,北京、上海、浙江、贵州等地在 2016 年年底出台了该省(市)的土壤污染防治工作方案。随后,在 2017 年,天津、湖南等地也相继公布了相关工作计划,有关土壤污染的全国性行动得以不断扩展。

二、典型污染场地治理实践

在这一时期,随着土壤污染问题的日趋严重与信息网络的高速发展,土壤污染与修复问题愈获关注,国家和地方都在积极探索土壤修复责任分配的新模式,以求打破以前"企业污染,群众受苦,国家买单"的土壤污染治理基本模式。

(一) 常州储卫清案

2012 年 9 月 1 日至 2013 年 12 月 11 日,储卫清在博世尔物资再生利用有限公司的场地上,从事"含油滤渣"的处置经营。其间无锡翔悦石油制品有限公司、常州精炼石化有限公司(明知储卫清不具备处置危险废物的资质)仍向其提供油泥、滤渣,使其提炼废润滑油并销售牟利,造成博世尔公司场地及周边地区土壤受到严重污染。2014 年 7 月 18 日,常州市环境公益协会提起诉讼,请求判令储卫清、博世尔公司、金科公司(给储卫清提供了本公司的危险废物经营许可证)、翔悦公司、精炼公司共同承担土壤污染损失的赔偿责任。常州市中级人民法院在经过审理后认为:五被告之行为相互结合导致损害结果的发生,构成共同侵权,应当共同承担侵权责任,遂判令五被告向江苏省常州市生态环境法律保护公益金专用账户支付环境修复赔偿金283万余元。一审判决送达后,各方当事人均未上诉。判决生效后,一审法院组织检察机关、环境保护行政主管部门、鉴定机构以及案件当事人共同商定第三方托管方案,由第三方具体实施污染造成的生态环境治理和修复。[1]

(二)常州外国语学校土壤污染案

2016年,常州市外国语学校数百名学生体检查出皮炎、湿疹、支气管炎、血液指标异常、白细胞减少等症状。经查,学校附近正在开展修复的污染地块"常隆地块"是导致学生健康问题的原因。2016年4月29日,北京市朝阳区环保组织自然之友和中国生物多样性保护与绿色发展基金会对造成污染的江苏常隆化工有限公司、常州市常宇化工有限公司、江苏华达化工集团有限公司提起公益诉讼,要求三家公司承担土壤和地下水污染的环境修复费用3.7亿元,向公众赔礼道歉,并承担原告因本诉讼支出的相关费用。常州市中级人民法院一审判决认为,案涉地块的环境污染修复工作已由常州市新北区政府组织开展,环境污染风险得到了有效控制,两原告的诉讼目的已在逐步实现,遂判决两原告败诉,共同承担189.18万元的案件受理费。二审最终认为三家公司应该承担环境污染侵权责任并赔礼道歉,但在地方政府已经对案涉地块进行风险管控和修复的情况下,三家公司不应当承担污染风险管控和修复责任。

(三)湘潭市岳塘区竹埠港老工业区案

湘潭市岳塘区竹埠港老工业区面积仅1.74 km^2,但由于长期的化工生产,沿湘江东岸狭长分布的湘潭竹埠港老工业区内企业排出的废水、废气、废渣含镉、锰、铜、铅等重金属,对湘江、土壤和地下水造成了严重污染。岳塘区政府选择与永清集团合作,组建合资公司,尝试建立风险共担、利益共享的机制。双方成立的合资公司,成为竹埠港重金属污染综合整治项目的投资和实施平台。2014年1月,由岳塘区政府和湘潭城乡建设发展集团合资成立的湘潭发展投资有限公司,与永清环保大股东湖南永清集团共同出资1亿元组建湘潭竹埠港生态环境治理投资有限公司,探索通过政企合作,对竹埠港重金属污染开展综合

---

[1]《常州市环境公益协会诉储卫清、常州博世尔物资再生利用有限公司等土壤污染民事公益诉讼案》,中国法院网,https://www.chinacourt.org/article/detail/2015/12/id/1777823.shtml,2020年3月12日访问。

整治。公司立足竹埠港 1.74 km² 区域,以重金属污染综合治理整治项目的投资、管理和服务为重点,实施区域内关停企业厂房拆除、遗留污染处理、污染场地修复整理、基础设施建设等工作。污染治理完成后,这片始建于 20 世纪 60 年代的工业区将整体开发为生态新城,参与各方将从治理土地增值收益中获得回报。[1]

三、典型案例责任分配的问题与原因评析

案例一和案例二同样是公益诉讼,同样发生在常州市,同样是要求污染企业承担污染风险管控和修复责任,判决结果却相去甚远。造成这个差异的原因值得思考。案例二与案例一最大的不同在于,案例二中地方政府(即常州市新北区政府)已经对案涉地块进行风险管控和修复,而案例一中对于案涉地块的修复尚未开始。同时,案例二中江苏省高院也认为江苏常隆化工有限公司、常州市常宇化工有限公司、江苏华达化工集团有限公司应当承担环境污染侵权责任;不过,因为新北区政府已经有效组织实施案涉地块污染风险管控、修复,所以没有判令三被上诉人组织实施风险管控、修复的必要性,至于修复所支出的费用应该由新北区政府依法向这三家公司追偿,不在公益诉讼的范围之内。这两个案例同样使用了"谁污染,谁治理"的原则,可见,随着全国以及各地政策、法规的发布,这一原则已经深入人心,而且比起早期单纯由政府指定污染者,更具操作性与可行性。然而,我们也看到,2008 年发布的《关于加强土壤污染防治工作的意见》指出,土地使用权受让人负责修复和治理土地。这导致很多"毒地"在企业搬离被国家收储后,由国家或地方财政支持"毒地"修复的费用,极大地增加了地方财政的负担。根据江苏省高院在判决中所述,地方政府可以依法向污染企业追偿,然而事实上,地方政府在这三家企业仍在正常运营的情况下,并没有选择去追偿修复的费用。这也从一个侧面说明,在治理并修复土壤污染的过程中,地方政府本身并没有完全摆脱"企业污染,政府买单"的思路。

案例三中的"岳塘模式"实际上是以"土壤修复+土地流转"为核心的 PPP (public-private partnership,即政府和社会资本合作)模式。在污染企业破产、关停导致责任主体缺失的情况下,这不失为充实治理资金的好方法。但究其根本,

---

[1] 《"岳塘模式"开启 PPP 治土之路》,北极星环境修复网,http://huanbao.bjx.com.cn/news/20160310/714865-3.shtml,2020 年 3 月 12 日访问。

这其实也是"地方政府负担"的变形。首先,化工厂关停,导致对大多数的土壤污染主体无法继续追责;其次,企业关停后土地的受让者为政府,而受让者需要对污染的土地承担治理与修复的责任;最后,作为土壤修复重点工程,湘潭竹埠港在获得足够资金扶持后,无须从企业再行追偿修复费用。

这段时期,随着重大土壤污染问题一次次敲响警钟,全国各地都在积极寻求土壤污染治理与修复的方案。在行政力量主导的土壤治理责任分配中,随着环保政策文件的推进,大量城市中的化工区、化工厂被关停、整顿,政府巨额资金投入土壤治理的项目中,各地土壤修复重点工程纷纷开展,各地政府为了追求土壤修复的高效,在资金充足的情况下,污染者负担的原则屡屡被忽视。另外,不可否认的是,由于全国性的土壤污染防治立法缺失,并且由于2016年环境保护部发布的《污染地块土壤环境管理办法(试行)》对于土地治理责任范围、承担方式的规定不清,各地行政机关无法对于治理责任主体做出快速、统一、有效的判断,进而加剧了土地治理对于地方政府的财政支持的依赖。

在司法力量主导的土壤治理责任分配中,公益诉讼设置目的的模糊也初现端倪。在涉土壤污染的公益诉讼中,究竟是仅仅保障污染的地块被修复治理,抑或是使得土壤修复的责任务必由污染者承担?更进一步地,修复的责任如何承担,政府的追偿权如何实现,公益组织是否能作为第三方要求污染企业向政府缴纳政府已经修复土壤的费用,司法机构在委托第三方修复土壤后,如何评估修复目标是否达成,如此种种问题,不一而足。

由于全国性的土壤污染防治立法的缺失,在行政与司法方面,各个地方对于土壤治理责任的分配问题分歧尚存,导致污染者负担原则未能完全贯彻。但不可否认的是,在立法的层面上,无过错原则、污染者负担等原则被全国以及各地的土壤治理法律、法规、政策文件悉数纳入。同时,公益诉讼的开展也使得土壤治理责任分配更具操作性,一定程度上调动了公益组织与社会公众参与的积极性,使得我国土壤治理责任制度的内涵日渐丰富。

第三节 《土壤污染防治法》及配套立法的逐步健全

一、全国性土壤污染专门立法的制定

2018年8月31日,十三届全国人大常委会第五次会议全票通过了《土壤污

染防治法》，自2019年1月1日起施行。[1]《土壤污染防治法》是我国第一部关于土壤污染防治的全国性专门法律。该法共分七章。第一章为总则，规定了该法的立法目的、基本原则与精神。第二章为规划、标准、普查和监测，规定了各级政府及主管部门对土壤污染防治相应的规划、管控标准、监测制度的制定与需要进行重点监测的地块类型。第三章为预防与保护，规定了土地使用权人、各级政府及相关部门涉及土壤污染预防与土地保护的鼓励与禁止行为。第四章为风险管控与修复，规定了土壤污染风险管控和修复的一般规定，以及农用地与建设用地土壤污染风险管控和修复的管理制度、状况调查与管控措施，即土壤修复的具体实施。第五章为保障和监督，规定了国家及各级政府、相关部门为有利于土壤污染防治的目的，应采取相关措施并提供资金和政策支持。第六章为法律责任，规定了各级政府及有关部门未依法履职、土壤污染责任人或其他行为人违反该法规定行为所应负的法律责任。第七章附则规定了该法之生效时间。

二、土壤污染防治责任概况

《土壤污染防治法》总则规定，该法的立法目的为"保护和改善生态环境，防治土壤污染，保障公众健康，推动土壤资源永续利用，推进生态文明建设，促进经济社会可持续发展"。[2]同时，该法明确了"土壤污染防治应当坚持预防为主、保护优先、分类管理、风险管控、污染担责、公众参与的原则。"[3]

《土壤污染防治法》在理念上坚持预防为主、保护优先，在阻断源头污染上发力以减少污染产生；设置农用地分类管理制度、建设用地土壤污染风险管控和修复名录制度；建立土壤污染重点监管单位名录，对土壤污染重点单位进行管控，规定其应当制定、实施自行监测方案，建立土壤污染隐患排查制度等；规定尾矿库运营、管理单位必须采取措施防止土壤污染，并按照规定进行土壤污染状况监测；规定农业投入品生产者、销售者、使用者应当及时回收农业投入品和农业废弃物，防治农业面源污染。《土壤污染防治法》在制度上明确了污染担责，建立和

---

[1] 2005年12月发布的《国务院关于落实科学发展观加强环境保护的决定》（国发〔2005〕39号）明确提出："要抓紧拟订有关土壤污染……等方面的法律法规草案。"2005年11月国家环保总局制定的《"十一五"全国环境保护法规建设规划》更是明确将《土壤污染防治法》纳入了"十一五"的立法规划之中。2006年国家环保总局着手启动了土壤污染防治立法的研究工作。
[2]《中华人民共和国土壤污染防治法》第1条。
[3]《中华人民共和国土壤污染防治法》第3条。

完善了土壤污染治理责任制度。其第 4 条明确了单位和个人保护土壤、防止土壤污染的一般性义务,并规定了土地使用权人应当防止、减少土壤污染,并对所造成的土壤污染依法承担责任。其第 45 条规定:土壤污染责任人负有实施土壤污染风险管控和修复的义务;土壤污染责任人无法认定的,土地使用权人应当实施土壤污染风险管控和修复;地方人民政府及其有关部门负有相应的监督管理责任,可以根据实际情况组织实施土壤污染风险管控和修复。该法明确了政府或土地使用者在确认污染者的前提下,可以向污染者追偿,从而确立了污染者—使用者—政府治理责任的顺位。

《土壤污染防治法》第 46 条与第 47 条分别规定:"因实施或者组织实施土壤污染状况调查和土壤污染风险评估、风险管控、修复、风险管控效果评估、修复效果评估、后期管理等活动所支出的费用,由土壤污染责任人承担。""土壤污染责任人变更的,由变更后承继其债权、债务的单位或者个人履行相关土壤污染风险管控和修复义务并承担相关费用。"第 48 条规定:"土壤污染责任人不明确或者存在争议的,农用地由地方人民政府农业农村、林业草原主管部门会同生态环境、自然资源主管部门认定,建设用地由地方人民政府生态环境主管部门会同自然资源主管部门认定。认定办法由国务院生态环境主管部门会同有关部门制定。"该法还对造成土壤污染的违法行为和违反土壤治理责任的行为规定了严格的法律责任:违法向农用地排污、未按照规定采取风险管控措施、实施修复等行为,情节严重的,对直接负责的主管人员和其他直接责任人员实施拘留;对被检查者拒不配合检查,或者在接受检查时弄虚作假,以及未按照规定采取风险管控措施、实施修复的行为实行"双罚制",既对单位处以罚款,也处罚直接负责的主管人员和其他直接责任人员。[1]

三、土壤污染治理责任的细化

为落实土壤污染治理的责任制度,相关的规章也陆续颁布。与《土壤污染防治法》第 48 条相配套的《农用地土壤污染责任人认定办法(试行)》和《建设用地土壤污染责任人认定办法(试行)》的征求意见稿于 2019 年 9 月 17 日公开,并向公众征集意见。对污染责任人的认定,两部规章都规定了比较详细的流程,从启

---

[1] 朱宁宁:《"最强"法律保障群众吃得放心住得安心》,中国人大网,http://www.npc.gov.cn/npc/c22815/201810/f4d05c4d683641679462e233c1d5c300.shtml,2020 年 3 月 13 日访问。

动到开展调查,到审查调查报告再到批复调查报告,具有较强的可操作性。另外,两部规章都鼓励多个当事人按照各自对土壤的污染程度划分责任份额,达成责任承担协议。无法协商达成一致且无法划分责任的,原则上平均分担责任。同时,农用地与建设用地的土地污染治理责任认定存在显著差异:(1)对于使用农药、化肥等农业投入品造成农用地土壤污染,不需要溯及既往至1979年9月13日,即1979年颁布的《环境保护法(试行)》生效日;(2)对农药、化肥等农业投入品造成农用地土壤污染的责任人认定,区分行为是否合法,不适用无过错原则;(3)不追究个体农户因使用农药、化肥等农业投入品造成农用地土壤污染的责任。

《土壤污染防治专项资金管理办法》规定,土壤污染防治专项资金由中央一般公共预算安排,专门用于开展土壤污染综合防治、土壤环境风险管控等方面,其出台是为了促进土壤生态环境质量改善的资金的管理和使用。《土壤污染防治基金管理办法》还明确,基金将用于农用地土壤污染防治以及土壤污染责任人或者土地使用权人无法认定时的土壤污染风险管控和修复。值得注意的是,基金仅用于土壤污染责任人或土地使用权人无法认定的时候,对于其他需要政府承担补充责任或连带责任的情况可能需要由专项资金中安排资金。

与此相配套,《土壤环境质量 建设用地土壤污染风险管控标准(试行)》(GB 36600—2018)、《土壤环境质量 农用地土壤污染风险管控标准(试行)》(GB 15618—2018)等环境质量标准与《建设用地土壤污染状况调查技术导则》(HJ 25.1—2019)、《建设用地土壤污染风险管控和修复监测技术导则》(HJ 25.2—2019)、《建设用地土壤污染风险评估技术导则》(HJ 25.3—2019)、《建设用地土壤修复技术导则》(HJ 25.4—2019)、《建设用地土壤污染风险管控和修复术语》(HJ 682—2019)、《建设用地土壤污染状况调查、风险评估、风险管控及修复效果评估报告评审指南》等多个技术标准和规范性操作流程相继发布,使得我国土壤治理责任的认定更具有操作性与科学性。

第三章
建设用地土壤污染治理责任制度

第一节 建设用地土壤污染及责任概观

一、建设用地土壤污染的概念

依照《中华人民共和国土地管理法》(以下简称《土地管理法》),建设用地是指"建造建筑物、构筑物的土地,包括城乡住宅和公共设施用地、工矿用地、交通水利设施用地、旅游用地、军事设施用地等"。建设用地土壤污染是指位于城市或农村的建设用地,受较严重污染或有污染的重大可能。一般而言,建设用地土壤污染多是点源污染排放造成的土壤污染问题;它以责任认定时场地是否属于建设用地类型判断;其场地一般包括工业企业的厂址等所在地、受污染的周边区域及可查明的场地外的污染物排放场地等;责任认定常因污染者脱离与被污染土地的产权关系而更加复杂化。

建设用地土壤污染经常伴有污染者与土地产权关系脱离的状况,需要特别强调的是:(1)虽然污染者与工厂周边受污染的土地不存在产权关系,但就责任认定和修复而言,周边污染土地附属于工厂区域,不应单独划定为污染场地。(2)虽然我国的土地使用权制度创立于20世纪80年代,但之前的土地之上存在着事实上的划拨土地使用权。对于这个问题,在过去也比较有争议。[1] 但随着1990年《中

---

[1] 张瑜:《建立我国国有土地产权制度的探讨》,载《土地管理专题知识汇编》,改革出版社,1993年,第2—3页;中国社会科学院财贸所:《中国城市土地使用与管理》,经济科学出版社,1992年,第22页;戚名琛、胡文政:《改革开放前土地产权状况的研究及意义》,载《中国土地学会1992年学术年会论文集》,中国土地学会,1992年,第180页。

华人民共和国城镇国有土地出让和转让暂行条例》的颁布,"划拨的土地使用权"得以确立。实际上,改革之前国有土地单一供给方式也应当被视为划拨的土地使用权,因为土地使用者已经事实上取得了对土地的占有。[1] (3)污染者与土地产权关系的脱离主要源于污染者关闭、停业、变更或搬迁,或单纯的土地使用权主体变更。(4)污染者虽排放污染,但行为实施时并不违法或违规、土地使用权频繁更迭但缺失用地记录和土地污染历史数据、企业发生变更或消亡但难以确定债务的承继者等因素,使得真正的污染者或责任者难以确定或查找,责任认定也通常更为复杂。[2]

二、建设用地土壤污染的形成与表现

在表现形式上,建设用地土壤污染包括但不限于城市与农村范围内关闭、搬迁、转产的工业企业场地,已废弃或关闭的垃圾和固体废弃物填埋场,固体废弃物或危险废弃物堆放地,遗弃的矿业用地中存在污染或污染威胁的场地。[3]我国建设用地土壤污染的形成是经济和城市发展的历史产物,主要表现为工业企业遗留的土壤污染。正如世界银行一份报告指出的,我国城市污染场地的形成可追溯至"大跃进"时期(甚至是中华人民共和国成立前的更早时期)。[4] 当时的国营企业中不乏高污染、高能耗的重工业,它们大多被布局在城市内部或周边。不断加速的城市扩张将原处于郊区的工业企业逐步纳入城市版图,而这些企业生产造成的污染问题也随之而来。为此,城市内污染问题的缓解、新的城市功能定位、"退二进三"[5]的产业升级目标或"双转移"的发展思路推动了城市

---

[1] 戚名琛:《国有土地划拨的过去现在未来》,《中外房地产导报》1995年第1期。
[2] 国外对于土壤污染责任制度的研究比较多,并积累了许多有益的实践。有关我国污染场地治理责任的研究可参考:Yuhong Zhao, "Land Contamination in Urban China—Developing a National Cleanup Legal Regime," *Hong Kong Law Journal*, No.39(2009):627;YuYang Gong, "China-International Experience in Policy and Regulatory Frameworks for Brownfield Site Management,"世界银行网站,http://documents.worldbank.org/curated/en/2010/09/13088475/china-international-experience-policy-regulatory-frameworks-brownfield-site-management,2020年3月18日访问。
[3] 卞正富、王俊峰:《欧美工商业废弃地再开发对中国城市土地整理的启示》,《中国土地科学》2008年第9期。
[4] Xie Jian and Li Fasheng, "Overview of the Current Situation on Brownfield Remediation and Redevelopment in China,"世界银行网站,http://documents.worldbank.org/curated/en/2010/09/13132932/overview-current-situation-brownfield-remediation-redevelopment-china,2020年2月4日访问。
[5] 我国城市"退二进三"政策大约开始于2001年,随着《国务院办公厅转发国家计委关于"十五"期间加快发展服务业若干政策措施意见的通知》(国办发〔2001〕98号)的颁布,力度不断加大。

内部工业企业的关闭、破产、转产和搬迁。例如,1995年,北京市颁布了《北京市实施污染扰民企业搬迁办法》,开始了有计划的大规模的工业企业搬迁。重庆市也在2004年制定了《重庆市人民政府关于加快实施主城区环境污染安全隐患重点企业搬迁工作的意见》,落实城区企业搬迁的问题。相应地,建设用地,特别是城市范围内的工业企业遗留场地的治理和修复问题日益突出。

三、建设用地土壤污染责任的特殊性

起初,我国土壤污染及治理的焦点是建设用地土壤污染,特别是搬迁企业场地污染的管理。相关规范性文件,如2004年《关于切实做好企业搬迁过程中环境污染防治工作的通知》、2011年《污染场地土壤环境管理暂行办法》等也多集中于该议题。在《土壤污染防治法》第四章"风险管控和修复"的一般规定之后,建设用地与农用地污染的风险管控与修复被分列。这意味着,我国建立了建设用地与农用地土壤污染治理制度两大类型的制度,并设定了颇具差异的责任制度。这种分立并非对我国土地用途分类制度的单纯复制,而是基于建设用地和农用地土壤污染的不同特点和治理目标的合理制度构建。

2018年,《中共中央 国务院关于全面加强生态环境保护坚决打好污染防治攻坚战的意见》明确要求:"建立建设用地土壤污染风险管控和修复名录,列入名录且未完成治理修复的地块不得作为住宅、公共管理与公共服务用地。"这表明,建设用地土壤污染往往复合了频发的建设污染事故、工业企业污染活动、活跃的土地产权变更与开发、密集的污染受众等问题。[1]因此,建设用地土壤污染与我国特殊的土地制度、企业性质及改制、房地产开发和财税制度等问题息息相关,亦成为我国土壤污染防治法律体系中的重点和难点。

第二节 责任制度构建中的主要冲突与目标

一、建设用地土壤污染治理责任制度构建中的主要冲突

建设用地土壤污染并不是单纯的环境问题,其责任制度的构建涉及广泛的

---

[1] 发生于2004年的北京宋家庄地铁施工工人中毒事件使我国严重的土壤污染问题浮出水面。此后,武汉三江地产项目、武汉长江明珠经济适用房等事件相继出现,迫使政府和立法者正视、思考并试图规制我国建设用地土壤污染及其防治问题。

经济、社会和历史问题,并存在如下主要矛盾或利益冲突。

(一) 及时、充分的场地修复与社会公平目标间的冲突

若着眼于充分、及时地修复污染场地,宽泛的责任主体认定、多元的责任机制与财政保证就成为首要关切。相反地,社会公平的目标考量则需要不同的责任制度。(1)让污染者为历史上并不违法的污染排放行为承担现在或未来的责任可能会面临有失公平的谴责。(2)即便承认责任制度的溯及既往并贯彻污染者负担原则,公平的责任分配要求责任由污染者承担,而不应苛责其他无关或关联不大的主体。美国"超级基金法案"的制定过程也面临了这两重目标间的选择与平衡。最终,其责任制度牵涉的责任主体颇众,《国家优先治理污染场地顺序名单》上污染场地的责任者可达上百人,引发了一系列低效、冗长、繁复的诉讼,使得交易成本过高。[1] 有研究表明,在美国,与"超级基金法案"有关的30%～60%资金都用于诉讼和与潜在责任者间的谈判。[2] 一直以来,该责任制度都面临着违背污染者负担原则、有失公平的批评。[3] 就我国建设用地土壤污染责任主体制度而言,准确的目标选择是污染场地治理和修复法律制度的前提。

(二) 我国特有的土地制度引发的国家及政府不同角色间的冲突

最初,国有土地使用权多通过划拨和授权经营的方式取得,20世纪80年代起,逐渐转变为有偿、有期限、有流转的土地制度。然而,城市土地皆归国家所有,企业、个人等主体享有的只是从土地所有权中分离出的土地使用权。那么,国家和政府是否应对其所有和管理的土地中的污染承担责任?此外,为完善土地的使用与管理,我国还建立了土地储备制度。不论政府职能部门直接设立的土地储备机构抑或是政府出资设立的企业性质的土地储备机构,都通过收回、收购和征收等方式取得土地并进行前期开发,予以储备,以供应和调控城市各类建设用地。[4] 历史上产生的污染场地可能已经被政府或政府的委托机构收回、收购或征收,被政府或政府的委托机构持有,或经由政府或政府的委托机构再度

---

[1] Martha L. Judy and Katherine N. Probst, "Superfund at 30," *Vermont Journal of Environmental Law* 11, No. 2(2019):191.

[2] William N. Hedeman, Jonathan Z. Cannon, and David M. Friedland, "Superfund Transaction Costs: A Critical Perspective on the Superfund Liability Scheme," *Environmental Law Reporter*, No.21(1991):10413.

[3] Michael J. Gergen, "The Failed Promise of the Polluter Pays Principle: An Economic Analysis of Landowner Liability for Hazardous Waste," *New York University Law Review* 69, No. 3(1994):624.

[4] 康春:《中国城市土地储备制度运行机制研究》,博士学位论文,华中科技大学,2006年。

划拨或出让,甚至已经进入二级市场经过数次流转。那么,在土地流转过程中,政府作为国有土地的征收者、持有者、整理者或出让者是否应当承担土壤污染的修复责任?

(三) 企业改制与变更导致的责任分配冲突

如前所述,建设用地污染土壤以工业企业用地为主。中华人民共和国成立初期,高度集中的计划经济体制以全面的国营经济和重工业为主,最初的城市工业企业绝大多数都为国家所有。1978年开始的企业制度改革持续至今,发生了国有资产产权关系的重大变革,国家与企业之间的关系也发生了重大的变革。国家或者各级政府是否应当作为所有者而对原国有企业造成的污染承担责任?同时,对经历改制或其他变更的企业而言,承继者是否应当承担遗留的污染场地带来的新环境法律责任?如果都应承担的话,如何分配责任?

(四) 各土地使用权人之间责任认定与分配的冲突

我国确立的有偿、有期限、有流转的土地制度准许了土地使用权的变更,近30年孕育并蓬勃发展的房地产市场则加速了这一进程。自污染发生后,土壤污染所在的土地往往进行了数次流转,而许多地块未经治理就被用来进行房地产的开发建设,并由购房者购得。这推动了污染场地成为历史遗留问题的进程,并引发了历史上先后存在的数个土地使用者(包括房地产开发商、房屋所有者在内)之间责任认定与分配的问题。《土壤污染防治法》第45条规定:"土壤污染责任人负有实施土壤污染风险管控和修复的义务。土壤污染责任人无法认定的,土地使用权人应当实施土壤风险管控和修复。"在本条规定中,条文并未明示应承担土壤风险管控和修复义务的土地使用权人是当前抑或是过去的权利人。2017年7月起施行的《污染地块土壤环境管理办法》规定,造成场地土壤污染的责任人或污染场地土地使用权人,不论哪一手的土地使用权人,均应承担场地调查评估和风险管控修复的义务并负担有关费用,[1]这凸显了土地使用权人之间责任认定与分配的潜在冲突。

---

[1] 2017年《污染地块土壤环境管理办法》第10条规定,按照"谁污染,谁治理"原则,造成土壤污染的单位或者个人应当承担治理与修复的主体责任。责任主体发生变更的,由变更后继承其债权、债务的单位或者个人承担相关责任。责任主体灭失或者责任主体不明确的,由所在地县级人民政府依法承担相关责任。土地使用权依法转让的,由土地使用权受让人或者双方约定的责任人承担相关责任。土地使用权终止的,由原土地使用权人对其使用该地块期间所造成的土壤污染承担相关责任。土壤污染治理与修复实行终身责任制。

二、我国建设用地土壤污染治理责任制度的构建目标

尽管我国已经颁布了专门的土壤污染防治法,但相关的制度构建仍处于起步阶段。责任制度构建目标和目标间的优先序列选择将塑造责任制度的样态,责任制度又服务于污染场地治理和修复的立法,因而,清晰合理的目标定位将影响相关立法目的的实现和实施效果。美国"超级基金法案"的责任制度的目标主要定位如下:一方面,敦促危险废弃物的持有者尽最大可能的注意义务;另一方面,建立处理危险物质排放的快速反应机制和减轻或消除污染的资金机制,使与污染场地有关的主体支付相应的成本。[1]在此目标框架下,美国的重心在于甄别尽可能多的责任者,汲取尽可能多的资金,使受污染的场地(NPL)得到最大限度的清理或修复。然而,美国的后续立法、司法判例和行政命令却不断地对这一目标提出质疑。由此可见,准确的目标定位对建立健全建设用地土壤污染责任制度至关重要,并可减少立法的频繁修订和变动。

然而,鉴于中国的具体情况,合理的责任机制涉及的问题要复杂得多。若要构建"符合我国国家与企业之间关系,符合工业生产规律,体现我国土地制度的特殊性和房地产开发的状况与特点;使得责任制度具备激励功能,能促使土地使用者、设施的所有者或使用者尽最大可能的注意义务,敦促政府挑选合适的土地利用者,并适当考虑到责任者的责任能力"的责任制度,需要设定以下五个目标。

(一)污染得到最大可能与最充分的治理

这是建设用地土壤污染治理责任制度的首要目标。土壤污染多无法自行消解,只能通过风险管控或修复才能减轻或清除。因此,建立处理危险物质排放的快速反应机制和减轻或消除污染的充足资金机制,使污染得到最大可能的治理是第一要务。然而,值得注意的是,土壤污染治理的核心原则并非考虑土壤中还有多少污染物,而是关注这些污染物的迁移和转化的路径与程度。这意味着,污染场地修复后的用途不同将影响污染场地的修复程度、成本大小与责任分配。所以,本目标所指的"最大可能与最充分的治理"是相对的,主要受修复后土地用途的约束。

(二)真正贯彻污染者负担原则

污染者负担原则是建设用地土壤污染治理责任制度的基准目标。这一目标

---

[1] Thomas C. L. Roberts, "Allocation of Liability under CERCLA: A Carrot and Stick Formula," *Ecology Law Quarterly* 14, No.4(1987):601.

有两层含义:(1)应当让污染者承担因生产或其他收益活动而产生的土壤污染的修复成本。(2)不应当让与污染无关或仅仅有着细小关联的主体承担责任。正如有批评者指出的,美国"超级基金法案"将当前的土地所有者或运营者也视为潜在的责任者就是对污染者负担原则的扭曲。[1]特别是对历史上的污染而言,真正的污染者或土地所有者和运营者已经不存在或破产,当前的土地所有者和运营者不得不承担责任却无法追偿。

(三)受害者得到充分救济

受害者人身或财产损失的救济是建设用地土壤污染治理责任制度另一个重要但往往被忽略的目标。美国"超级基金法案"草案将受害者的救济也纳入目标条款,但为确保法律通过,提交审议时被删除。[2]事实上,污染场地对居民财产和人身健康的影响将成为严峻的社会和法律问题,责任制度的忽视或刻意回避将影响污染场地的发现及环境正义的实现。

(四)预防新污染场地的产生

责任制度的建立不仅应当解决场地的治理,还应当预防新污染场地的产生。在具体手段上,不可能依赖作为土地的供给者的政府、房地产的开发者、产业者及其他土地使用者道德水准的提高。法律责任的威慑及指导作用可以促进本目标的实现,激励政府谨慎挑选合适的土地使用者和运营者,促进污染场地的发现和土地使用档案制度的建立,其重要性更为凸显。

(五)不过分阻碍土地的再开发与流通

建设用地土壤污染治理责任制度与房地产等土地开发市场的关系紧密。已有明确的证据表明,场地污染对房地产价格和交易量有明显的抑制作用。[3]另外,区域房地产市场的繁荣程度也对责任制度的实施和效果有实质性的影响。我国不同城市的房地产市场繁荣程度和成熟度不尽相同,北京市的尝试具有高度的区位性约束,无法在全国范围内推广。在同样的修复基准下,如地块位于城

---

[1] Michael J. Gergen, "The Failed Promise of the Polluter Pays Principle: An Economic Analysis of Landowner Liability for Hazardous Waste," *New York University Law Review* 69, No.3(1994): 624.

[2] Thomas C. L. Roberts, "Allocation of Liability under CERCLA: A Carrot and Stick Formula," *Ecology Law Quarterly* 14, No.4(1987): 601-638.

[3] Xie Jian and Li Fasheng, "International experience in policy and regulatory frameworks for brownfield site management,"世界银行网站,http://documents.worldbank.org/curated/en/2010/09/13088475/china-international-experience-policy-regulatory-frameworks-brownfield-site-management,2020年3月18日访问。

市偏僻地带和地产市场不繁荣的城市，就可能出现无人拍地的情况，从而出现大量的废弃或低效利用地块。例如，美国"超级基金法案"颁布后，土地所有者慑于"超级基金法案"严苛和不确定的责任制度，污染程度一般的棕色区域的修复和再开发受阻，造成大量旧工厂、商业设施的遗弃或低效利用，伴随着美国经济的衰退和城市中心的转移，这一问题日益突出。为此，美国在2002年颁布了《小规模企业责任减轻和棕色地块振兴法》，鼓励棕色地块的自愿治理，并规定了一系列的政策优惠。因此，我国城市历史遗留污染场地责任制度不应阻碍土地的再开发与流通。

值得注意的是，上述不同目标间存在着相互牵制的关系。譬如，单纯强调污染场地最大限度的治理要求责任制度将重心放在甄别尽可能多的责任者，汲取尽可能多的资金，使受污染的场地得到最大限度的清理或修复。譬如，美国的土壤污染责任制度牵涉的责任主体众多，列入《国家优先治理污染场地顺序名单》的污染场地责任者可能有上百人之多，引发了一系列低效、冗长、繁复的诉讼，使得交易成本过高。有研究表明，美国30%～60%的CERCLA有关的资金都用于诉讼和与潜在责任者间的谈判。[1] 与之相反，污染者负担原则这一目标则要求责任由污染者承担，而不应牵涉其他无关或关联不大的主体，否则有失公平。因此，我们需要将不同的目标综合考虑，并依照优先顺位来平衡责任制度的设置。

第三节 建设用地土壤污染治理责任的基础

本部分将逐个分析城市建设用地污染场地形成过程中各利益相关者，发掘其可归责的依据。[2]

一、国家及政府

(一) 国家作为土地所有者

我国实行土地公有制，城市土地归国家所有。在土地所有权之上设立土地

---

[1] William N. Hedeman, Jonathan Z. Cannon, and David M. Friedland, "Superfund Transaction Costs: A Critical Perspective on the Superfund Liability Scheme," *Environmental Law Reporter*, No.21(1991):10413.
[2] 在产权制度上，农村的建设用地土壤污染与城市的建设用地土壤污染具有显著的差异，本部分主要着眼于城市建设用地展开分析，农村建设用地土壤污染责任制度则在下一章有所涉及。

使用权,由国家通过出让或划拨的方式交由企业、公民或其他主体享有。土地使用权一经设立,土地使用权人就享有了大部分占有、使用、收益、处分的权能。

国家不应基于对土地的所有权而承担污染场地的责任。原因在于,土地自交由使用者使用之日起,除非经由国家的征收行为,国家都将在一定期限内脱离对土地的实际控制,成为土地的监管者。因此,国家只需要承担监管不当的行政责任,而非污染场地修复的民事责任。否则,国家将对所有污染场地修复负责,这不仅缺乏理论依据而且不具有可行性。

值得一提的是,在国有企业改革过程中,国家有时将土地作价入股或通过授权经营由企业使用。基于股权的相对独立性理论,国家仍丧失了对土地的直接控制,因而无须基于此承担责任。

(二)国家作为企业或设施的所有者

在很长的历史时期内,国家是企业的绝对控制者。经过对官僚资本主义、民族资本主义的改造和国家大规模的投资兴建,我国塑造了国营企业的基本样态。传统经济体制下的政企关系是层级制式的上下级隶属关系,公有制经济占97%以上。[1]国家是企业唯一的产权主体,企业是行政机构的附属物,是按照上级主管部门指令进行生产的管理单位,企业没有独立的决策经营权,国家对企业的计划、投资、财务、物资、劳动工资等方面进行面面俱到的管理。[2]政府对企业承担无限责任,向企业无偿供给资金,并收取几乎全部剩余利润,企业不能独立支配和处理企业资产,也不能享有使用资产获得的收益。[3]通过20世纪70—80年代扩大国有企业经营自主权和"利改税",国家与企业的利益分配关系得以明确,逐渐过渡到以放权和让利为特征的双轨经济体制,再到现代企业制度,[4]国家与企业之间的关系已从隶属关系转变为产权所有关系。[5]具体而言,对于经过出售国有资产、实行股份合作制改造的,原国有企业已经完全脱离主管部门而独立,企业与政府间的关系由原来的隶属关系变成非国有企业与政府的关系;对于大型国有企业来说,在经过股份制改造后,原国有企业与主管部门的关系已变成股份制企业与股东的关系。[6]

---

[1] 柳华平:《中国政府与国有企业关系的重构》,西南财经大学出版社,2005年,第134页。
[2] 章迪诚:《中国国有企业改革编年史1978—2005》,中国工人出版社,2006年,第17页。
[3] 赵东荣、乔均:《政府与企业关系研究》,西南财经大学出版社,2000年,第176—177页。
[4] 章迪诚:《中国国有企业改革编年史1978—2005》,中国工人出版社,2006年,第32页。
[5] 赵东荣、乔均:《政府与企业关系研究》,西南财经大学出版社,2000年,第190—192页。
[6] 陈生洛:《中国国有企业的产权变革与党的领导》,韦伯文化国际出版有限公司,2004年,第45页。

在原国有企业的生产和经营中,国家实际上控制了企业的生产,知晓企业生产污染的排放,同时是控制或消除这种污染排放的决定者。在这种紧密控制的过程中,国家实际上是作为普通民事责任主体实施生产经营活动,对其污染造成的环境损害应当承担责任。换句话说,国家是否因与企业存在关联而承担责任主要取决于二者关系的紧密程度。虽然国家与企业之间关系的转变是渐进的过程,但以企业改制为不同责任承担方式的分界点是合理的:时间可考且利益关系清晰。具体而言,如果污染发生在改制前的国有企业,那么国家应当作为污染者承担修复责任;如果污染发生在改制之后,那么在任何条件下国家都不应当成为责任主体。并且,如果污染发生在改制之前且企业的债权债务有明确的承继者,则应当由承继企业承担责任。如果无法区分污染是发生在改制之前抑或之后,则成立共同责任,由国家和承继企业承担连带责任。当然,国有企业的具体管理者可能是中央政府或地方政府,因此在确定具体的责任主体时,要按照企业的行政隶属关系进行明确。

(三) 国家作为土地征收者(地方政府)

国家可以在特定情形下征收土地,收回原土地使用权,具体由地方政府实施。如果国家征收土地,国家是否会因为再次获得了完整的土地所有权而成为责任主体?答案是否定的。原因在于,土地征收是典型的国家主权行为,是国家对公权力的运用,因而属于主权豁免的范畴。因此,国家或政府不应因土地征收而成为责任主体。

(四) 国家作为土地的出让/划拨者(地方政府)

为实现土地要素的价值和流通,国家通常在土地上设定土地使用权,由市县级人民政府出让或划拨。若该土地为历史遗留污染场地,在污染者已消失、无法确定污染者或污染者无力承担全部责任的前提下,政府也可能为此承担责任。这是因为,地方政府是土地收益(主要是土地出让金)的主要收取者,作为受益者有必要和能力承担土地修复的责任。但是,土地出让金收益有时并不完全由地方政府取得,因而要依据《国有土地使用权出让收支管理办法》和各地有关土地增值收益具体的收支办法确定地方政府承担责任的比重。例如,《广州市"三旧"改造项目土地出让收入收缴及使用管理办法》第4条规定,改造旧厂房的土地增值收益(土地公开出让收入扣除土地储备成本及按规定计提、上缴的专项资金)直接划入市级财政收入,不直接在区、市间分成。在一些工业企业搬离市区的过程中,政府通常将土地增值收益的特定比例返还企业。总之,当出让的土地为历史遗留污染场地时,地方政府可能作为受益者承担责任,具体的责任大小应视土地使用收益的分配比例而定。

值得一提的是,为了防范未来的土壤污染,对土地使用者生产、经营或使用活动对土壤环境影响的约束性要求可规定在土地出让合同中,作为附随土地使用和再度转让的强制约束。

(五) 政府作为管理者和公共服务的提供者

中央政府和地方政府是公共服务的提供者。在确实无法找到责任者时,政府应当承担最后的责任。此外,作为管理者的政府无须因为监管的失当承担修复的责任,并不意味着对其行政法律责任的免除。

区分政府基于对造成污染的原国有企业场地治理和修复的责任承担与基于管理者和公共服务提供者的责任承担,其法律意义一方面在于对污染者负担原则的贯彻,另一方面则在于落实责任在不同政府层级间的明确分配。

二、污染者

(一) 排污企业及其承继者

毫无疑问,排污企业应当成为建设用地土壤污染的首要责任者,污染者负担原则要求企业将转移给社会的成本内部化。想要建立企业生产与场地污染的因果关系,需要通过"历史航空照片、工商注册资料、房屋设施建造资料、工厂生产日志、地下油罐腐蚀模型、化学物质上市时间、化学物质生产过程、化学物质'指纹图'、化学物质降解模型、污染物在土壤和地下水中运动模型、化学物质同位素等"证据进行考察。[1]

在我国,历史上的排污企业极可能伴随着经济体制和企业的改革而变更或消亡。《土壤污染防治法》第 47 条规定:"土壤污染责任人变更的,由变更后承继其债权、债务的单位或者个人履行相关土壤污染风险管控和修复义务并承担相关费用。"对此条文的合理性来源,最可能被援引的条款是《中华人民共和国民法通则》第 44 条、《中华人民共和国民法总则》第 67 条、《中华人民共和国公司法》第 174 条和 176 条等条文的规定。[2] 问题在于,土壤污染治理责任并非一般的

---

[1] 蒲民、张娟、刘世伟等:《推动污染场地修复须先确定污染责任》,《环境保护》2012 年第 Z1 期。
[2] 《民法通则》第 44 条:"企业法人分立、合并,它的权利和义务由变更后的法人享有和承担。"《民法总则》第 67 条:"法人合并的,其权利和义务由合并后的法人享有和承担。法人分立的,其权利和义务由分立后的法人承担连带债权,承担连带债务,但是债权人和债务人另有约定的除外。"《公司法》第 174 条:"公司合并时,合并各方的债权、债务,应当由合并后存续的公司或者新设的公司承继。"第 176 条:"公司分立前的债务由分立后的公司承担连带责任。但是,公司在分立前与债权人就债务清偿达成的书面协议另有约定的除外。"这些条文确定了公司合并、分立时债权、债务承担的一般规则。

民事债权、债务,而是一种公法化的行政责任。对此,本书第五章有详细讨论,在此不再赘述。

首先,行政责任能否承继取决于责任的人身专属性,即某项责任是否必须由某责任主体负担方能实现责任施加的目的。具有人身专属性的责任不能转移到其他主体;反之,不具有人身专属性的责任则可发生转移或承继。污染行为人依土壤法所负的治理责任,与行为人的资格或能力无关,并非着重于人的属性,而是强调污染治理的物的属性,重点在于该片污染土壤是否能恢复至其未受污染的状态,即在于污染的善后处理。这便自然不属于具有人身专属性的公法义务。其次,学术界对具体责任是否可以继受一般没有大的争议,而在《土壤污染防治法》实施初期,原污染责任人可能已经发生了形态的改变,其承继者继受的责任还是抽象责任,行政机关无法实施行政行为,将抽象的危害防止义务转化为具体的危害防止义务。笔者认为,此时的土壤污染治理责任虽然尚未转化为具体的行政义务,但由于土壤污染治理责任是否构成、责任如何实施、责任是否达成主要依赖于场地调查、风险评估、效果评估等科学判断,行政机关的行政活动并不具有实质性的构建意义,不影响责任是否存在和大小,所以即便是抽象责任,依然可以继受。

同理,在企业改制的实践中,承继企业往往与原企业签订债权债务转让协议,对原企业的债务承担做出约定。他们通常约定,除已审计查明并在协议中约定的债务外,承继企业概不承担其他债务。有些历史遗留污染场地的修复责任产生于未来的新法颁布后,常晚于企业改制或变更的时间,属于将来发生的、约定外的事项。我们认为,企业间的约定并不能免除承继企业因原企业的污染应承担的法律责任,因为它并不是一般的民事债务,而是依据专门的环境保护法律应承担的以行政责任为形式的环境责任。正如1999年《国家环境保护总局关于企业改制后环境污染防治责任有关问题的复函》指出的,企业因改制或合并、分立而发生变更的,原企业所承担的环境污染防治责任,依法应由变更后的企业承担。

(二)现有企业

如果现有企业不是历史上排污企业的承继者,在证明自身的生产活动未造成场地污染后,无须承担责任。但如果现有企业明知该地块有严重的污染问题而不告知环保部门,或将土地使用权转让,就会因过错成为责任者之一。

(三)其他污染者

在土壤污染活动中,还可能存在污染物的处置者、危险废弃物的运输者、污染物排放的选址者、管道的铺设者等相关主体。这些主体也同污染物的产生者一样,属于污染责任人的范围,各国/地区立法对此一般不持异议。例如,根据我国生态环境部《建设用地土壤污染责任人认定办法(试行)(征求意见稿)》第3条,土壤污染责任人是指因排放、倾倒、堆存、填埋、泄漏、遗撒、渗漏、流失、扬散污染物或有毒有害物质,造成土壤污染,需要依法承担风险管控、修复责任的单位和个人。我国台湾地区相关规定也将污染行为人规定为因下列行为造成土壤或地下水污染的人:(1)泄漏或弃置污染物;(2)非法排放或灌注污染物;(3)中介或容许泄漏、弃置、非法排放或灌注污染物;(4)未依法令规定清理污染物。

三、土地使用人

(一) 企业本身作为土地使用权人

当使用土地的是排污企业时,企业作为排污者就足以成为其担责的理由,而无须借助土地使用人的身份。当使用土地的是非排污企业的其他主体时,其是否应当承担责任可参照上文。

(二) 房地产开发商作为土地使用人

将房地产开发商单独列出主要缘于开发商在土地开发中的特殊作用,正是由于房地产开发才使得局限在较小范围内的土壤污染问题暴露在一定范围内的居住或商业等非工业活动中,在缺乏工业活动中常有的信息和防护措施的情况下,这极易演变成公共健康问题。但房地产开发商是否应当承担责任及承担责任的大小应在遵行过错责任原则的前提下,依据场地污染的严重程度、治理的紧迫性和土地的区位因素来确定。

需要明确的是,对房地产开发商过错的判定往往像证明土地的权属状况一样容易。房地产开发建设前,应当进行建设项目的环境影响评价。建设项目概况以及建设项目周边环境现状都是环境影响评价报告中的基础内容,因此,房地产开发商理应在环境影响评价过程中知晓土地的状况。当然,房地产开发商基于场地污染向土地出让方或转让方追究合同责任不得免除其本身修复及相关的法律责任。为了防止责任条款的设置对土地开发产生阻碍并造成大量废弃或低效利用地块的出现,对于污染程度中等或较低的场地或场地处于地产市场不活跃区域的,可以减轻或免除房地产开发商的责任,从而鼓励这些场地的再开发和利用。因此,对房地产开发商责任的认定应谨慎对待,以免影响土地的开发与利用。

(三) 居民作为土地使用人

借由房地产开发后的商品房交易,居民往往成为土地使用权的享有者。如果该地块是未经修复的污染场地,居民是否应当承担修复责任?诚然,居民作为土地使用权人实际上分享了土地的收益,并可能在土地价值上涨时享有土地的溢价,但在任何情况下,居民都不应当作为土地的受益人而承担责任。相对于政府、企业、房地产开发商而言,居民是绝对的弱势者,因而法律应当倾斜保护予以免责。但是,如果居民在购买时已知晓土地的污染状况,在场地经政府基于公共管理者的角色修复后,居住者又转让该房屋和其下的土地使用权的,应基于土地清洁后的价值增益补偿政府。[1] 对此,我国的《土壤污染防治法》并未作出明确规定。

此外,对于土地使用权人而言,污染发生时企业使用的是他人的土地。那么,对于污染发生时的实际土地使用权人应否承担责任,主要考虑以下两个因素:(1) 是否明确知晓污染的排放;(2) 是否具有对生产过程和污染进行实质性控制的能力。

第四节 我国建设用地土壤污染的治理责任制度

一、责任主体

依照《土壤污染防治法》,需要承担建设用地土壤污染治理责任的主体包括土壤污染责任人、土地使用权人、省级人民政府生态环境主管部门、地方人民政府生态环境主管部门及其他相关部门。我国基本确定了"土壤污染责任人、土地使用权人和政府顺序承担防治责任"的分配模式。基本的责任分配及流程如图3-1所示。

遵循"谁污染,谁负责"的一般原则,《土壤污染防治法》第45条明确规定"土壤污染责任人负有实施土壤污染风险管控和修复的义务";第47条规定,"土壤污染责任人变更的,由变更后承继其债权、债务的单位或者个人履行相关土壤污染风险管控和修复义务并承担相关费用"。[2]《建设用地土壤污染责任人认定

---

[1] Robert V. Percival, Katherine H. Cooper, and Mathew M. Gravens, "CERCLA in a Global Context," *Southwestern Law Review* 41, No. 4(2012):727-770.
[2]《中华人民共和国土壤污染防治法》第45条、第47条。

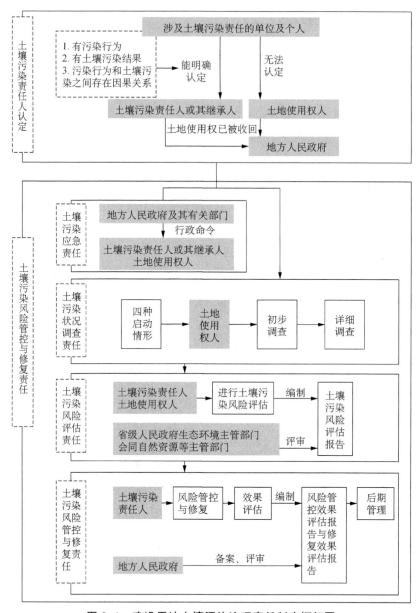

图 3-1 建设用地土壤污染治理责任制度框架图

办法(试行)(征求意见稿)》(本章内简称《认定办法》)第 3 条对建设用地土壤污染责任人作出规定:"土壤污染责任人,是指 1979 年 9 月 13 日《中华人民共和国环境保护法(试行)》生效后,因排放、倾倒、堆存、填埋、泄漏、遗撒、渗漏、流失、扬散污染物或有毒有害物质等,造成土壤污染,需要依法承担风险管控、修复责任的单位和个人。涉及土壤污染责任的单位和个人是指具有前款行为,可能造成土壤污染的单位和个人。"[1]适用《土壤污染防治法》及相关法律法规时,土壤污染行为人应遵循无过错责任原则承担土壤污染防治责任。当涉及土壤污染责任的个人或单位在建设用地地块上有排放、倾倒、堆存、填埋、泄漏、遗撒、渗漏、流失、扬散污染物或有毒有害物质等行为,排放的污染物或有毒有害物质与土壤特征污染物具有相关性,或者涉及土壤污染责任的个人和单位在建设用地地块周边有排放、倾倒、堆存、填埋、泄漏、遗撒、渗漏、流失、扬散污染物或有毒有害物质等行为,排放的污染物或有毒有害物质与土壤特征污染物具有相关性,并且存在污染物或有毒有害物质能够到达该地块的合理的迁移路径,在客观上出现了土壤污染的结果时,就能够认定污染行为与土壤污染之间存在因果关系,该单位或个人为土壤污染责任人。

在建设用地土壤污染责任人不明确或者存在争议时,《土壤污染防治法》第48条规定由地方人民政府生态环境主管部门会同自然资源主管部门认定,认定办法由国务院生态环境主管部门会同有关部门制定。《认定办法》第31条规定了产生责任人不明确或有争议的情形,包括:(1)建设用地上曾存在多个从事生产经营单位和个人的;(2)建设用地土壤污染存在多种来源的;(3)其他情形。

在土壤污染责任人无法认定时,《土壤污染防治法》第45条规定,由土地使用权人实施土壤污染风险管控和修复。同时,法律鼓励和支持有关当事人自愿实施土壤污染风险管控和修复。

就《土壤污染防治法》生效前责任人认定的问题,《认定办法》第3条的规定体现了在土壤污染责任人认定上采用溯及既往的原则。这是因为早在1979年公布试行的《中华人民共和国环境保护法(试行)》中就已明确规定,"一切企业、事业单位的选址、设计、建设和生产,都必须充分注意防止对环境的污染和破坏……已经对环境造成污染和其他公害的单位,应当按照谁污染谁治理的原则,制定规划,积极治理",这也符合国际上一些发达国家的做法。[2]

涉及多个土壤污染责任人时,《认定办法》第7条规定:"鼓励土地使用权人与涉及土壤污染责任的单位和个人之间,或涉及土壤污染责任的多个单位和个人之间就责任承担及责任份额达成协议,责任份额按照各自对土壤的污染程度

---

[1] 《〈建设用地土壤污染责任人认定办法(试行)(征求意见稿)〉编制说明》,生态环境部网站,http://www.mee.gov.cn/ywgz/trsthjbh/trsthjgl/201909/t20190917_734052.shtml,2020年3月10日访问。

[2] 同上。

确定。无法协商一致的,原则上平均分担责任。"

就历史遗留土壤污染问题,在《土壤污染防治法》生效后,无论是正常生产经营过程中的无意行为还是非法排污,只要造成建设用地土壤污染,均应承担土壤污染治理责任。这是由于对历史遗留土壤污染成因是否为合法排污调查取证困难,难以在实践中落实,容易出现无责任人承担相应责任的情况。同时,在正常经营活动中造成土壤污染的单位和个人,因其污染行为而获取了经济利益,基于"受益者负担"的考量,也有责任承担一定的修复义务。[1]

在土地使用权已经被地方人民政府收回、土壤污染责任人为原土地使用权人的情况下,由地方人民政府组织实施土壤污染风险管控和修复。[2]

二、责任范围

《土壤污染防治法》第 35 条规定,土壤污染风险管控和修复,包括土壤污染状况调查和土壤污染风险评估、风险管控、修复、风险管控效果评估、修复效果评估、后期管理等活动。这意味着,土壤污染治理责任主要涉及土壤污染状况调查、土壤风险评估、风险管控、修复、风险管控效果评估和修复效果评估,以及后期管理等环节。现对各环节及相应责任主体的责任范围予以分析。

(一)土壤污染应急责任

依照土壤污染治理的程序,须在土壤状况调查和土壤污染风险评估完成后,才能实施风险管控、修复活动。实践中,土壤污染调查和土壤污染风险评估往往耗时长、程序烦琐,在此期间,土壤污染依然存续或者继续扩大,可能威胁到公众健康或者生态。为此有必要采取移除污染源、防止污染扩散等措施,减轻污染,保障公众健康和生态安全。[3] 另外,在出现突发事件可能造成土壤污染时,也存在采取防治土壤污染应急措施的必要。为此,《土壤污染防治法》规定了土壤污染的应急责任。该法第 39 条规定:"实施风险管控、修复活动前,地方人民政府有关部门有权根据实际情况,要求土壤污染责任人、土地使用权人采取移除污染源、防止污染扩散等措施。"第 44 条规定:"发生突发事件可能造成土壤污染

---

[1] 《〈建设用地土壤污染责任人认定办法(试行)(征求意见稿)〉编制说明》,生态环境部网站,http://www.mee.gov.cn/ywgz/trsthjbh/trsthjgl/201909/t20190917_734052.shtml,2020 年 3 月 10 日访问。

[2] 《中华人民共和国土壤污染防治法》第 67 条。

[3] 生态环境部法规与标准司:《〈中华人民共和国土壤污染防治法〉解读与适用手册》,法律出版社,2018 年,第 99 页。

的,地方人民政府及其有关部门和相关企业事业单位以及其他生产经营者应当立即采取应急措施,防止土壤污染,并依照本法规定做好土壤污染状况监测、调查和土壤污染风险评估、风险管控、修复等工作。"

应急责任的主体包括地方人民政府及其有关部门和相关企业事业单位及其他生产经营者。启动的一般方式是由地方人民政府的农业农村、林业草原、生态环境等主管部门,以行政命令的方式要求土壤污染责任人、土地使用权人履行该责任。土壤污染的应急责任需要在土壤污染详细调查和风险评估前就进行,此时的污染责任人,特别是作为非土地使用权人的历史上的污染责任人尚难以确定。因此,应急责任的实际承担者可能多为土地使用权人。然而,土地使用权人承担的责任为实施责任,依据《土壤污染防治法》第46条规定,因实施或者组织实施土壤污染状况调查和土壤污染风险评估、风险管控、修复、风险管控效果评估、修复效果评估、后期管理等活动所支出的费用,由土壤污染责任人承担。这意味着,土地使用权人在实施了土壤污染的应急活动后,可以就相关的费用向土壤污染责任人追偿。值得注意的是,若行政命令要求土地使用权人承担相关应急责任,土地使用权人不履行的,将面临行政处罚的后果。

(二) 土壤污染状况调查责任

1. 主要条文依据

《土壤污染防治法》第59条规定:"对土壤污染状况普查、详查和监测、现场检查表明有土壤污染风险的建设用地地块,地方人民政府生态环境主管部门应当要求土地使用权人按照规定进行土壤污染状况调查。用途变更为住宅、公共管理与公共服务用地的,变更前应当按照规定进行土壤污染状况调查。前两款规定的土壤污染状况调查报告应当报地方人民政府生态环境主管部门,由地方人民政府生态环境主管部门会同自然资源主管部门组织评审。"实施土壤污染状况调查活动,应当依照第36条的规定编制土壤污染状况调查报告。土壤污染调查报告应当主要包括地块基本信息、污染物含量是否超过土壤污染风险管控标准等内容。污染物含量超过土壤污染风险管控标准的,土壤污染状况调查报告还应当包括污染类型、污染来源以及地下水是否受到污染等内容。《土壤污染防治法》第67条进一步规定,土地使用权人应当在土壤污染重点监管单位生产经营用地的用途变更或者在其土地使用权收回、转让前,按照规定进行土壤污染状况调查。土壤污染状况调查报告应当作为不动产登记资料送交地方人民政府不动产登记机构,并报地方人民政府生态环境主管部门备案。

2. 责任分配

依据上述条文,建设用地土壤污染状况调查责任的启动主要有若干情形:(1)土壤污染状况调查、详查和监测、现场检查表明土壤有污染可能的;(2)土地用途变更为一类用地中的住宅和公共管理与公共服务用地的;(3)土壤污染重点监管单位生产经营用地用途变更的;(4)土壤污染重点监管单位土地使用权收回、转让的。在这四种情形下,土壤污染状况调查的责任都由土地使用权人承担。在发生土地使用权收回、转让等权属状态转变时,土壤污染状况调查的责任都由收回或转让前的土地使用权人承担。即便在土地转让时,双方可以通过合同约定由受让人组织开展土壤污染状况调查,但这种合同约定不能改变原土地使用权人作为土壤污染治理的公法责任人的责任主体地位。当发生土地用途变更等土地使用状况变化(特别是从低敏感度到高敏感度的用地类型转变)时,由现有的土地使用权人作为责任主体。

之所以将土地权利人设定为责任人,主要考虑在于,在土壤污染详细调查之前,可能很难确定责任人,最了解、最有权在土地上开展活动的土地使用权人较为适宜承担最初步的调查责任。当然,值得注意的是,同样依据《土壤污染防治法》第46条的规定,土地使用权人承担相关责任后的花费有权向污染责任人追偿。

此时,相关政府部门承担的责任包括:(1)地方人民政府生态环境主管部门向土地使用权人发布土壤污染状况调查的行政命令;(2)地方人民政府生态环境主管部门组织评审土壤污染状况调查报告;(3)土壤污染不动产登记机构对土壤污染重点监管单位生产经营用地的用途变更或者土地使用权收回转让前对土壤污染状况调查报告进行登记,并由地方人民政府生态环境主管部门备案;(4)土地使用权收回时,地方人民政府具有调查责任;(5)土壤污染责任人无法认定时,地方人民政府及有关部门可以依据实际情况主动实施。[1] 所谓评审,即为相关技术事项的把关,主要关注调查报告和结论的科学性、技术性,不属于行政许可的范畴。[2] 审核的范围主要包括调查范围是否合适、资料收集是否完备、采样点布设是否科学、采样深度设置是否科学、现场样品采集过程是否规范

---

[1] 依据《土壤污染防治法》第46条的规定,实施土壤污染调查等活动的地方人民政府可以在承担相关责任后,就产生的费用向污染责任人追偿。

[2] 生态环境部法规与标准司:《〈中华人民共和国土壤污染防治法〉解读与适用手册》,法律出版社,2018年,第99页。

等。[1]在此环节,从事土壤污染状况调查的单位也要对其出具的调查报告的真实性、准确性、完整性负责。

3. 责任内容

土壤污染状况调查分为初步调查和详细调查两种。《土壤环境质量 建设用地土壤污染风险管控标准(试行)》(GB 36600—2018)将《城市用地分类与规划建设用地标准》(GB 50137—2011)中的部分用地类型划分为一类城市建设用地中的第一类用地(城市建设用地中的居住用地、公共管理与公共服务用地中的中小学用地、医疗卫生用地和社会福利设施用地、公园绿地中的社区公园或儿童公园用地等)和第二类用地(城市建设用地中的工业用地、物流仓储用地、商业服务设施用地、道路与交通设施用地、公共设施用地、公共管理与公共服务用地、除社区公园或儿童公园用地外的绿地与广场用地)。其他建设用地参照该划分类型处理。该标准规定,建设用地土壤中污染物含量等于或低于风险筛选值的,建设用地污染风险一般情况下可以忽略。通过初步调查确定建设用地土壤中污染物含量高于风险筛选值的,应当依据《建设用地土壤污染状况调查技术导则》(HJ 25.1—2019)、《建设用地土壤污染风险管控和修复 监测技术导则》(HJ 25.2—2019)等标准及相关技术要求,开展详细调查。

初步调查包括资料收集、现场踏勘、人员访谈、信息整理及分析、初步采样布点方案制定、现场采样、样品检测、数据分析与评估、调查报告编制等。初步调查表明土壤中污染物含量未超过国家或地方有关建设用地土壤污染风险管控标准(筛选值)的,则对人体健康的风险可以忽略(即低于可接受水平),无须开展后续详细调查和风险评估;超过国家或地方有关建设用地土壤污染风险管控标准(筛选值)的,则对人体健康可能存在风险(即可能超过可接受水平),应当开展进一步的详细调查和风险评估。初步调查无法确定是否超过国家或地方有关建设用地土壤污染风险管控标准(筛选值)的,则应当补充调查,收集信息,进一步进行判别。

详细调查包括详细调查采样布点方案制定、水文地质调查、现场采样、样品检测、数据分析与评估、调查报告编制等。详细调查应当进一步确定土壤污染物的空间分布状况和范围及其对土壤、地表水、地下水、空气污染的影响情况,分析污染物在该地块的迁移与归宿等,为风险评估、风险管控以及治理与修复等提供支撑。详细调查不能满足上述要求或需要进一步精细测算治理与修复范围的,

---

[1] 环境保护部:《建设用地土壤环境调查评估技术指南》(2017年)。

应当补充调查,收集更多信息。[1]

(三) 土壤污染风险评估责任

1. 条文依据

《土壤污染防治法》第60条规定:"对土壤污染状况调查报告评审表明污染物含量超过土壤污染风险管控标准的建设用地地块,土壤污染责任人、土地使用权人应当按照国务院生态环境主管部门的规定进行土壤污染风险评估,并将土壤污染风险评估报告报省级人民政府生态环境主管部门。"第37条规定,实施土壤污染风险评估活动,应当编制土壤污染风险评估报告。土壤污染风险评估报告应当主要包括下列内容:(1)主要污染物状况;(2)土壤及地下水污染范围;(3)农产品质量安全风险、公众健康风险或者生态风险;(4)风险管控、修复的目标和基本要求等。

2. 责任分配

依据《土壤污染防治法》第60条,土壤污染风险评估责任的主体为污染责任人和土地使用权人。当然,土地使用权人承担的是不真正责任,在先行实施后,可以向污染责任人追偿。当污染责任人无法认定时,由土地使用权人实施风险评估,地方人民政府及其有关部门也可以依据实际情况组织实施风险评估活动,国家也鼓励和支持有关当事人自愿实施土壤污染风险管控和修复。[2]

除风险评估的实施责任外,省级人民政府生态环境主管部门应当会同自然资源等主管部门按照国务院生态环境主管部门的规定,对土壤污染风险评估报告组织评审,并将其作为是否需要实施风险管控、将修复的地块纳入建设用地土壤污染风险管控和修复名录的依据。[3] 土壤污染风险评估报告审核的范围主要包括概念模型是否合理、参数选择是否规范、风险表征是否科学、不确定性分析是否合理、风险控制值的确定是否科学等。[4]

3. 责任内容

在各国针对污染土壤的管理流程中,风险评估是必不可少的部分。风险评估是指经过危害识别、暴露评估、毒性评估、风险表征、风险控制值计算等,评估判断土壤及地下水污染造成的人体健康风险是否超过可接受水平,并计算土壤及地下水污染风险控制值。污染土壤风险评估分为人体健康风险评估和生态风

---

[1] 环境保护部:《建设用地土壤环境调查评估技术指南》(2017年)。
[2] 《土壤污染防治法》第45条。
[3] 《土壤污染防治法》第61条。
[4] 环境保护部:《建设用地土壤环境调查评估技术指南》(2017年)。

险评估。健康风险评估是指针对特定土地利用方式下的场地条件,评价场地上一种或多种污染物质对人体健康产生危害可能性的技术方法;生态风险评估评价场地污染物对植物、动物和特定区域的生态系统影响的可能性及影响大小。场地受到污染后,通常需要采取一定的措施,以削减土地利用过程中的人群健康风险和生态风险。

依据《土壤污染防治法》第60条,土壤污染风险评估启动的条件,即土壤污染状况调查报告评审表明建设用地地块的污染物含量超过土壤污染风险管控标准。依据《土壤环境质量 建设用地土壤污染管控标准(试行)》(GB 36600—2018),建设用地土壤污染风险管控标准包括风险筛选值和管制值。该标准规定的风险评估责任启动的前提是,通过土壤污染状况详细调查,确定建设用地土壤中污染物含量等于或低于风险管制值,应当依据相关的技术导则标准及相关技术要求,开展风险评估,确定风险水平,以判断是否需要采取风险管控或修复措施。若通过详细调查,确定建设用地土壤中污染物含量高于风险管制值,则通常视为对人体健康存在不可接受的风险,无须进行风险评估,即应采取风险管控或修复措施。由此,无论是以GB 36600—2018为依据,区分应风险评估和无须风险评估而直接进行风险管控或修复两种情形,抑或是超过风险筛选值都应风险评估,在条文适用中可能会产生争议。事实上,土壤污染风险评估的意义不仅在于判断建设用地土壤污染产生的公众健康或生态风险,更重要的是评估土壤污染产生风险的路径,提出风险管控、修复的目标和基本要求,从而与后续的风险管控与修复责任衔接。从这个意义上来说,不论是土壤污染物水平超过标准中的管制值,可直接推断存在高风险的地块,还是位于风险筛选值和管制值之间的地块,都应开展风险评估。

(四) 污染土壤风险管控与修复责任

1. 条文依据

污染建设用地风险管控与修复责任的主要依据是《土壤污染防治法》第62—66条。第62—63条规定了土壤污染责任人和地方人民政府生态环境主管部门的风险管控责任。第64条规定了污染土壤修复方案的制定和实施。第65条规定了土壤污染风险管控与修复活动的评估。第66条规定了将经过风险管控和修复的土壤污染从名录中移除的程序。

2. 责任分配

土壤污染风险管控责任的主体为污染责任人和地方人民政府。对建设用地土壤污染风险管控和修复名录中的地块,土壤污染责任人应当按照国家有关规定以及土壤污染风险评估报告的要求,采取相应的风险管控措施,并定期向地方人民政府生态环境主管部门报告。风险管控措施应当包括地下水污染防治的内容。[1] 若因暂无人对建设用地土壤污染风险管控和修复名录中地块实施风险管控或修复措施而未能及时采取风险管控措施,则可能会产生很大的环境不利影响。为此,《土壤污染防治法》规定了地方人民政府依职权采取风险管控措施的情形,提出划定隔离区域的建议,报本级人民政府批准后实施,进行地下水污染状况监测和其他风险管控措施。[2] 污染土壤修复方案编制、修复实施、修复效果评估等责任的主体为污染责任人。当污染责任人无法认定时,由土地使用权人实施风险评估和修复,地方人民政府及其有关部门也可以依据实际情况组织实施风险评估活动(如遇到突发事故时),国家也鼓励和支持有关当事人自愿实施土壤污染风险管控和修复。[3]

此外,政府还应承担的责任包括:(1)地方人民政府生态环境主管部门对土壤污染风险管控和修复方案、效果评估方案的备案责任;(2)省级人民政府生态环境主管部门和自然资源等主管部门对风险管控或修复效果评估报告的评审责任;(3)日常监管责任等。进行土壤污染风险评估、修复方案编制、工程实施、效果评估等的地方机构,在此环节也应对活动的真实性、准确性、完整性、有效性负责。

3. 责任内容

风险管控与修复是针对土壤污染的两种平行的管理制度。风险管控是指通过切断或阻隔污染物影响受体的途径,以及限制或者避免受体与污染物接触的可能性,减少风险事件造成的损失。风险管控强调对已存在的土壤污染采取控制措施,防止污染物对食用农产品和环境受体造成直接影响。修复是指采用工程、技术和政策等管理手段,将地块污染物移除、消减、固定或者将风险控制在可接受水平的活动。修复的重点在于降低土壤中污染物的含量,固定土壤污染物,将土壤污染物转化为毒性较低或无毒的物质,或阻断土壤污染物在生态系统中的转移途径,从而减小土壤污染物对环境、人体或其他生物体的危害。在《土壤污染防治法》和相关的标准中,并未明确规定土壤污染风险管控和修复两种类型的适用情形,似乎是要结合单个地块的污染程度、规划用途等多个因素具体确定。然而,从成本上看,风险管控和修复措施相差巨大,即便是修复本身,不同修

---

[1]《土壤污染防治法》第62条。
[2]《土壤污染防治法》第62条。
[3]《土壤污染防治法》第45条。

复方法间的成本差异也相当大,直接影响责任主体的责任份额。依照现行规定,修复目标的确定主要依赖土壤污染风险评估方案。依照《土壤污染防治法》的规定,责任方应将土壤污染风险评估报告报省级人民政府生态环境主管部门,经省级人民政府生态环境主管部门会同自然资源等主管部门对报告进行评审后,将需要实施风险管控、修复的地块纳入建设用地土壤污染风险管控和修复名录。在达到风险评估报告确定的风险管控、修复目标后,由土壤污染责任人和土地使用权人申请移出目录。然而,此处所称"评审"并非行政审批,应有效防止责任者利用污染场地修复技术的复杂性,减轻责任负担。

应承担风险管控和修复责任的主体须编制风险管控和修复的方案,定期向地方人民政府生态环境主管部门报告,并将修复方案报地方人民政府生态环境主管部门备案,依照方案开展污染土壤的风险管控和修复。在污染土壤风险管控和修复过程中,责任者还负有一系列的注意义务,不得对土壤和周边环境造成新的污染。具体而言,包括:(1)进行风险管控、修复活动中产生的废水、废气和固体废物,应当按照规定进行处理、处置,并达到相关环境保护标准,即"达标排放";(2)其间产生的固体废物以及拆除的设施、设备或者建筑物、构筑物属于危险废物的,应按照法律法规和相关标准的要求进行处置;(3)施工期应公开,设立公告牌,公开相关情况和环境保护措施;(4)修复施工单位转运污染土壤的,应当制定转运计划,将运输时间、方式、线路和污染土壤数量、去向、最终处置措施等,提前报所在地和接收地生态环境主管部门,转运土壤属于危险废物的,应按照《固体废物污染环境防治法》《危险废物经营许可管理办法》《危险废物转移联单管理办法》等规定处置。

当污染土壤的风险管控和修复完成后,应当进行风险管控和修复的效果评估,即对土壤是否达到修复目标、风险管控是否达到规定要求、地块风险是否达到可接受水平等情况进行科学、系统的评估,提出后期环境监管建议,为污染地块管理提供科学依据。对于土壤修复效果,可采用逐一对比和统计分析的方法进行评估,若达到修复效果,则根据情况提出后期环境监管建议并编制修复效果评估报告,若未达到修复效果,则应开展补充修复。对于风险管控效果,若工程性能指标和污染物指标均达到评估标准,则判断风险管控达到预期效果,可继续开展运行与维护;若工程性能指标或污染物指标未达到评估标准,则判断风险管控未达到预期效果,须对风险管控措施进行优化或调整。[1] 污染土壤风险管

---

[1] 生态环境部:《污染地块风险管控与土壤修复效果评估技术导则(试行)》,HJ 25.5—2018。

控与修复是否达到目标,应由土壤污染责任人委托有关单位进行评估,并将效果评估报告报地方人民政府生态环境主管部门备案。

除此之外,《土壤污染防治法》还规定了污染土壤的后期管理责任。其第42条第3款规定,风险管控、修复活动完成后,需要实施后期管理的,土壤污染责任人应当按照要求实施后期管理。原因在于,土壤污染及其污染损害后果的发生具有隐蔽性、长期性、渐进性,即便进行了风险管控和修复,也不必然能解决所有潜在的污染问题,因而可能要继续实施后期管理,以长期监控土壤污染及污染扩散、污染导致损害的各种状况,以尽可能减轻土壤污染对人体健康和生态的危害。

三、土地使用权被收回的建设用地土壤污染治理责任

尽管《土壤污染防治法》已经建立了我国建设用地土壤污染治理责任的基本框架,但相关规定仍过于原则性。本部分将以土地使用权收回时土壤污染治理责任的分配为例,讨论现有立法中建设用地土壤污染治理责任制度的不足。

《土壤污染防治法》第68条规定:"土地使用权已经被地方人民政府收回,土壤污染责任人为原土地使用权人的,由地方人民政府组织实施土壤污染风险管控和修复。"该条文的设定与我国的土地制度紧密相关。为完善土地的使用与管理,我国建立了土地储备制度,要求政府或政府委托的机构通过收回、收购和征收等方式取得土地进行收储和前期开发,以供应和调控城市各类建设用地。因此,污染的建设用地可能已经被政府或政府委托的机构收回、收购或征收并持有。

该条文也是对2010年武汉长江明珠小区土壤污染事件、2016年常州外国语学校土壤污染事件等重大土壤污染事件的立法应对。以常州外国语学校土壤污染事件为例,江苏常隆化工有限公司、常州市常宇化工有限公司、江苏华达化工集团有限公司(以下简称"三企业")在生产经营及对危险废物管理过程中,严重污染了常隆地块及周边环境并随后搬离,但却未对土壤进行修复处理。后案涉地块被常州市新北国土储备中心收储。常州市新北区政府拟再开发利用案涉地块,遂委托环境修复企业对其进行修复,环境修复企业在修复过程中没有严格按照修复程序施工。2015年9月,常州外国语学校搬入距离常隆地块仅一条马路的新校址后,该校多名学生出现湿疹、血液指标异常等症状。环保非政府组织北京市朝阳区自然之友环境研究所(以下简称"自然之友")、中国生物多样性保

护与绿色发展基金会(以下简称"绿发会")经调查得知案涉地块及其周围的土壤、地下水等生态环境未得到完全修复,自然之友和绿发会认为,三企业违反了《环境保护法》《侵权责任法》等相关法律规定,应承担环境侵权的法律责任。2016年4月,自然之友和绿发会对三企业提起环境民事公益诉讼。2017年1月,江苏省常州市中级人民法院以受到污染的地块已经由政府组织修复,相关的公共利益已经得到救济为由判决两环保组织败诉,并判决两环保组织承担189.18万元的巨额诉讼费。2018年12月,在二审判决中,江苏省高级人民法院撤销了江苏省常州市中级人民法院一审判决,改判三企业向社会公众赔礼道歉,并向自然之友与绿发会各支付本案律师费及差旅费23万元。但对于案件涉及的土壤及地下水的修复责任,二审判决认为"政府收储不是法定的不承担侵权责任或减轻责任的情形",但"新北区政府收储案涉地块后,根据不同时期的用地规划,先后以居住用地、绿化用地为标准制定了污染风险管控和修复方案,全面实施后可以保证与目前案涉地块规划用途相匹配的周边生态环境和公众健康安全。因此,新北区政府的修复方案已经涵盖了被上诉人应当承担的案涉场地污染风险防控和修复责任范围"。对于自然之友等上诉人提出的被上诉人承担地方政府支出的污染治理费用的诉讼请求,二审法院认为,这不属于案件的审理范围,"如果新北区政府认为相关费用应由被上诉人负担或分担,可以依法向被上诉人追偿"。

该案件暴露了土地使用权被收回时,土壤污染治理责任分配的一系列关键问题:土地使用权收回后,地方人民政府承担土壤污染风险管控和修复是否为法定责任?地方人民政府组织实施后,由此产生的费用能否追偿?向何人追偿,是否如生态环境部法规与标准司所称,向原土地使用权人追偿?[1]这种追偿是先行实施土壤污染治理的政府的权利还是义务?无疑,这些问题都很难在第68条中找到规范依据。

污染者负担原则是环境法中的一项基本原则,《土壤污染防治法》也明确规定了污染者负担原则,政府对于土壤污染治理费用追偿权的正当性正来源于此。但是,对于土地使用权已经被地方政府收回的情形下的治理费用的承担,对《土壤污染防治法》的相关释义和解读还存在争议。一种观点认为,依据《土壤污染防治法》第68条,政府实施土壤污染治理所产生的费用,应当依据该法第46条

---

[1] 生态环境部法规与标准司:《〈中华人民共和国土壤污染防治法〉解读与适用手册》,法律出版社,2018年,第146页。

的规定,由土壤污染责任人即原土地使用权人承担。[1]另一种观点认为,该法第68条并未明确真正的责任由原土地使用权人承担,同时在第45条关于政府作为污染治理主体的规定中,与其他情形下政府实施治理活动的规定不同,并未明确治理费用的承担。[2]

原则上,政府应当进行治理费用的追偿。但是对于土地使用权收回的污染土地,其污染者或土地使用权人历经多次变更,大多无法查明甚至灭失,即使查明也多无力承担高额的污染治理费用。因此,最终由政府实际承担了治理费用。

值得注意的是,《土壤污染防治法》第68条的规定有时间限制,即在该法生效时点前,已经被地方政府收回土地使用权的地块,同时符合该条规定中污染者即原土地使用权人的条件,才能由政府承担治理责任。《土壤污染防治法》在第68条的表述中使用了"已经"这一词汇,而该词与第67条表述中的"前"字,在划分标准时是否一致,对土地使用权收回的污染土地的治理责任认定非常关键。"已经"作为副词,表示动作、变化完成或达到某种程度。[3]因此,必须对行为完成的时点予以确定,即"已经"开始的时间点。第67条是对土地使用权收回前的规定,其中的"前"应当是指土地使用权收回的这一行为之前,而土地使用权收回的行为未必是第68条中"已经"的时间点。因为,如果第67条和第68条分别是以收回行为发生前和收回行为发生后为界的话,那为什么在第68条中不以"后"取代"已经"呢,即表述为"土地使用权被地方政府收回后"？如果表述为"土地使用权被地方政府收回后",即表明只要经土地使用权收回这一行为,即可适用第68条之规定。这与污染者负担这一基本原则相违背,不当地豁免了企业的责任而加重了政府的责任。

因此,对这一时间节点的确定不能过分扩大。《固体废物污染环境防治法》第35条也有类似的关于政府承担治理责任的表述,但是该条中明确将"已经"限定为该法施行前。[4]《土壤污染防治行动计划》规定,对已经收回土地使用权的企业用地,由所在地市、县级人民政府负责开展调查评估,其中也有时间节点

---

[1] 生态环境部法规与标准司:《〈中华人民共和国土壤污染防治法〉解读与适用手册》,法律出版社,2018年,第146页。
[2] 罗清泉等主编《〈中华人民共和国土壤污染防治法〉释义》,中国民主法制出版社,2018年,第183—184页。
[3] 中国社会科学院语言研究所词典编辑室:《现代汉语词典》,商务印书馆,2005年,第1609页。
[4] 《固体废物污染环境防治法》第35条第3款规定,对本法施行前已经终止的单位未处置的工业固体废物及其贮存、处置的设施、场所进行安全处置的费用,由有关人民政府承担。

的限制。[1]对于《土壤污染防治法》第68条中的"已经",也应做类似解释,将其限定在该法施行前。就《土壤污染防治法》第68条的立法目的而言,它是为了提高土地利用率,对关、停、并、转、迁企业产生的污染地块进行治理而规定的,其目的在于解决历史遗留问题。同时该法规定,对土地使用权收回前的土地使用权人应当进行土壤污染状况调查。根据《土壤污染防治法》第66条,未达到治理目标的地块,禁止实施其他与治理无关的建设项目。因此,对于该法生效以后拟收回土地使用权的土地的治理责任应当由相应的污染责任人或土地权利人承担。

此外,该条也未明确土地使用权收回后政府承担责任的性质、具体适用情形、责任界限等。类似的漏洞在《土壤污染防治法》的诸多条文中依然存在,亟待深入的学理研究和相应的立法完善。

---

[1]《土壤污染防治行动计划》规定,自2017年起,对拟收回土地使用权的有色金属冶炼、石油加工、化工、焦化、电镀、制革等行业企业用地,以及用途拟变更为居住和商业、学校、医疗、养老机构等公共设施的上述企业用地,由土地使用权人负责开展土壤环境状况调查评估;已经收回的,由所在地市、县级人民政府负责开展调查评估。也就是说,在2017年以后拟收回土地使用权的地块由土地使用权人进行调查评估;2017年以前已经收回的由政府调查评估。

第四章
农用地土壤污染治理责任

第一节 农用地与农用地土壤污染

农用地是农业发展的基础。中国人多地少,耕地资源匮乏,城市化、工业化进程加剧了土地供需矛盾,土地生态环境问题日趋严重。因此,农用地保护是关系到我国经济和社会可持续发展的全局性战略问题。其中,"十分珍惜、合理利用土地和切实保护耕地"是我国的基本国策。

当前,我国农用地的数量和质量都面临突出的挑战。就质量退化而言,土壤污染是最突出的问题,对生态环境、食品安全和农业的可持续发展构成威胁。十二届全国人大四次会议通过的"十三五"规划纲要明确规定:"实施土壤污染分类分级防治,优先保护农用地土壤质量安全,切实加强建设用地土壤环境监管。"可见,农用地土壤污染防治已经成为当前土壤污染防治的重中之重。

一、农用地的基本界定

土地有多种分类方式。依照所有权归属,可分为国家所有的土地和集体所有的土地。依照地域范围,可分为城市土地和农村土地。依照土地用途,《土地管理法》将土地分为农用地、建设用地和未利用地。农用地是指直接用于农业生产的土地,包括耕地、林地、草地、农田水利用地、养殖水面等。依据《土地利用现状分类》(GB/T 21010—2017),农用地包括水田、水浇地、旱地、果园、茶园、橡胶园、其他园地、乔木林地、竹林地、红树林地、森林沼泽、灌木林地、灌丛沼泽、其他林地、天然牧草地、沼泽草地、人工牧草地、农村道路、水库水面、坑塘水面、沟渠、设施农用地、田坎等23种具体类型。由于我国《土壤污染防治法》并未对农用地另行定义,对关系到该法适用范围的农用地的界定及具体类型,须依照《土地管理法》和《土地利用现状分类》的相关规定。[1]

二、农用地土壤污染

(一)我国农用地土壤污染总体状况

我国农用地土壤污染严重。2005—2013年,首次开展的土壤污染状况调查结果表明,我国耕地土壤点位超标率为19.4%,其中轻微、轻度、中度和重度污染点位比例分别为13.7%、2.8%、1.8%和1.1%,主要污染物为镉、镍、铜、砷、汞、铅、滴滴涕和多环芳烃。林地土壤点位超标率为10.0%,其中轻微、轻度、中度和重度污染点位比例分别为5.9%、1.6%、1.2%和1.3%,主要污染物为砷、镉、六六六和滴滴涕。草地土壤点位超标率为10.4%,其中轻微、轻度、中度和重度污染点位比例分别为7.6%、1.2%、0.9%和0.7%,主要污染物为镍、镉和砷。至此,农用耕地污染面积占比达19.4%。[2]

近些年,农用地土壤污染公众事件也频频出现。例如,2011年"镉米杀机"[3]和2013年"湖南问题大米流向广东餐桌"[4]等公开报道出现。2013年,广州市食品药品监管局公布2013年第一季度餐饮食品抽验结果,其中一项结果为大米和米制品样品44.4%镉超标。[5]此类消息一出,公众哗然。土壤污染带来的食品安全问题备受关注。事实上,广东省与湖南省等地"镉米"污染早已被研究证实。[6]我国贵州赫章铅锌矿镉污染区以及江西大余、浙江温州、沈阳

---

[1] 与我国的立法方式不同,日本《农业用地土壤污染防治法》明确将"农业用地"定义为"为耕种的目的,或主要为放牧家畜的目的,或为畜牧业采集牧草的目的而提供的土地"。这也呼应了该法的立法目的,即:"本法旨在防治和消除农业用地所受特定有害物质污染,合理利用受污染的农业用地,研究防止生产可能危害人体健康的农畜产品及妨害农作物生长的必要措施,以达到保护国民健康、保护生活环境的目的。"
[2] 环境保护部、国土资源部:《全国土壤污染状况调查公报》,2014年4月17日。
[3] 宫靖:《镉米杀机》,《新世纪》2011年第6期封面报道。
[4] 成希:《湖南问题大米流向广东餐桌?》,《南方日报》2013年2月27日A13版。
[5] 马喜生、成希、晏磊:《广州抽检餐饮环节:44.4%大米及米制品镉超标》,《南方日报》2013年5月16日。
[6] 参见:Paul N. Williams, et al., "Occurrence and Partitioning of Cadmium, Arsenic and Lead in Mine Impacted Paddy Rice: Hunan, China," *Environmental Science & Technology* 43, No. 3 (2009): 637-642;另见:Ping Zhuang, et al., "Heavy Metal Contamination in Soils and Food Crops Around Dabaoshan Mine in Guangdong, China: Implication for human health," *Environmental Geochemistry and Health* 31, No.6(2009): 707-715。

张士灌区、广东韶关上坝村镉污染区因为镉污染已经引起了显著的人体负面健康效应。[1] 这些社会性事件和研究成果直接推动了我国农用地土壤污染防治相关政策的制定和修复活动的试点。

(二) 我国农用地土壤污染的来源

1. 农业面源污染

农业生产中肥料、农药、兽药、农用薄膜等农业投入品的过度使用是农用地土壤污染的重要来源。化肥、农药利用率低、流失率高，不仅会导致农田土壤污染，还会通过农田径流导致地表水体有机污染、富营养化，甚至会污染地下水。更为严重的是，农业投入品中的污染物可能通过植物生长吸收聚集到农作物中，导致食品安全问题。另外，污水灌溉和污泥堆田导致的农用地污染则主要分为两种情形：一种是主动式的，在20世纪60年代，由于缺乏环保意识，我国北方部分省、区、市采用工业污水灌溉农田，在污水资源化的同时，造成了大量农田成块、成片、成区域的污染。另一种是被动式的，即工矿企业生产导致周边的河流污染，而下游地区的农民在不知情或被迫(无其他水可用)的情况下，抽取污染的河水进行农田灌溉，从而导致农用地土壤的污染，这种情况在全国各地均有可能发生。目前，我国污水灌溉农田面积约为330万公顷(即33 000 km^2)，占总灌溉面积的7.3%。[2]

2. 工业污染

从工业布局上看，伴随着城市"退二进三"的功能调整，工业生产愈来愈多地侵入农用地。甚至，在许多保护类耕地周边，建设了有色金属冶炼、石油加工、化工、焦化、电镀、制革等高土壤污染风险行业的企业。此外，我国乡镇(村)企业在生产过程中，也产生了大量的工业排放。除合法的工业园区、乡镇企业外，我国农用地的土壤污染还来自大量非法建设的工业企业。一些高污染、高能耗、被淘汰的化工厂等重污染企业被转移至农村，非法使用土地，并可能造成农用地土壤污染。

3. 矿业污染

金属矿产资源的开采、选矿、冶炼等活动会导致岩石、围岩中的重金属释放到地表水、地下水和土壤环境中，造成矿区水土环境重金属元素污染，进而污染农作物、水生生物等，最终危害人体健康。[3] 在此情况下，污染物主要通过三

---

[1] 陈能阳:《"镉米"背后的土壤污染》,《中国经济报告》2013年第7期。
[2] 谷庆宝:《我国土壤污染防治的重点与难点》,《环境保护》2018年第1期。
[3] 徐友宁:《矿山地质环境调查研究现状及展望》,《地质通报》2008年第8期。

种途径进入土壤:(1)通过大气干湿沉降进入土壤;(2)随矿山废水进入土壤;(3)因废石、尾矿的不合理堆放进入土壤。[1]

4. 污染物的跨区域排放、堆放、弃置

截至 2018 年 5 月,我国工业固体废物历史累计堆存量超过 600 亿吨,占用土地超过 200 万公顷(即 20 000 km²)。在历史堆存的基础上,每年还新产生数量可观的固体废物,带来了很大的环境风险。[2] 由于各地处理固废的能力不一、成本不同且监管强度不同,非法转移倾倒工业废酸、垃圾、污泥等危险废物、固体废物的案件逐年增多,并呈现发达地区向欠发达地区、城市向农村跨区域、规模化转移的趋势。除固体废物外,废水等污染物非法跨区域向农用地转移或倾倒也导致了农用地的土壤污染问题。

第二节 农用地土壤污染治理责任制度构建中的主要冲突

一、我国特有的土地制度与土地相关权利人认定间的冲突

我国的农用地主要为农民集体所有,部分为国家所有。由于实行农用地土地所有权转让的严格限制,只有在国家为了公共利益的需要征收集体土地等几种有限的情形下,农民集体才能转让土地所有权。[3] 此外,我国还实施土地用途管制制度。严格限制农用地转为建设用地,控制建设用地总量,对耕地实行特殊保护。对于建设占用土地涉及农用地转为建设用地的,应当办理农用地转用审批手续。[4] 即便是农村经济组织使用乡(镇)土地总体规划确定的建设用地兴办企业或者与其他单位、个人以土地使用权入股、联营等形式共同举办企业的,依照《土地管理法》第 60 条规定,也应当持有有关批准文件,向县级以上地方

---

[1] 陈科皓:《中国农用地土壤污染现状及安全保障措施》,《农村经济与科技》2017 年第 23 期。
[2] 常纪文:《健全固废跨区域运输处置监管制度和机制》,《中国环境报》2019 年 5 月 28 日第 3 版。
[3] 《宪法》第 9 条、第 10 条。
[4] 《土地管理法》第 44 条:"建设占用土地,涉及农用地转为建设用地的,应当办理农用地转用审批手续。永久基本农田转为建设用地的,由国务院批准。在土地利用总体规划确定的城市和村庄、集镇建设用地规模范围内,为实施该规划而将永久基本农田以外的农用地转为建设用地的,按土地利用年度计划分批次按照国务院规定由原批准土地利用总体规划的机关或者其授权的机关批准。在已批准的农用地转用范围内,具体建设项目用地可以由市、县人民政府批准。在土地利用总体规划确定的城市和村庄、集镇建设用地规模范围外,将永久基本农田以外的农用地转为建设用地的,由国务院或者国务院授权的省、自治区、直辖市人民政府批准。"

人民政府自然资源主管部门提出申请,按照省、自治区、直辖市规定的批准权限,由县级以上地方人民政府批准;其中,涉及占用农用地的,应办理农用地专用的审批手续。其用地和规模亦应受限制。为此,我国土地制度的特殊性是治理责任主体确定及治理责任承担等农用地土壤污染治理责任的核心考量因素之一。

"集体"是一个抽象的概念,现实中需要一个代为行使权利的代表。根据《宪法》第17条,农村集体经济组织有独立进行经济活动的自主权,而我国《民法典》《农业法》《农村土地承包法》《土地管理法》等多部法律都规定村民委员会、村民小组也有经营、管理职能。[1]但是,目前农村土地制度中的土地产权代表人并不明确。《宪法》和《农村土地承包法》规定,农村通过实行双层经营体制,赋予农民农用地的使用权,而双层经营体制又必须以农村集体经济组织的存在为前提,[2]然而在发展过程中,农村集体资产经营管理主体呈多元化现象,村民委员会、村民小组也可以替代农村集体经济组织行使集体资产管理职能。实质上,村民委员会是村民自我管理、自我教育、自我服务的基层群众性自治组织,为特别法人,村民小组是其下属机构,他们的职能立足于村民依法管理村务,对农用地等集体资产的管理权利应当交给农村集体经济组织。

农村的农用地土地所有权为集体所有,农民享有的只是从土地所有权中分离出的土地承包权和经营权。作为农村集体资产所有权行使的代表人,农村集体经济组织是否应就其代为行使所有权和管理权的农用地的土壤污染承担治理责任呢?农村集体经济组织负责经营管理农用地等农村集体资产,并将农用地发包给农民使用,[3]但是,并非完全赋权农民,对农用地行使占有、使用、收益的权利,农村集体经济组织并未失去对土地的控制权,还要根据《中华人民共和国农村土地承包法》(以下简称《农村土地承包法》)[4]、《中华人民共和国农业法》(以下简称《农业法》)[5]等法律法规的规定,妥善管理农用地,监督农民合理使用农用地。因此,农村集体经济组织基于其作为土地所有权行使代表人有妥善管理土地的职责而承担治理责任。

---

[1] 该问题产生的根源在于:我国进行农村家庭联产承包责任制改革时,有些地方尚未全面建立起农村集体经济组织。因此,法律规定由村民委员会或者村民小组等自治性的组织代行农村集体经济组织的职能,事实上是法律向现实妥协变通的做法。(参见杜国明:《农村集体经济组织的法律地位辨析》,《生态经济》2011年第3期。)

[2] 《宪法》第8条,《农村土地承包法》第1条。

[3] 《农村土地承包法》还规定村委会也有此职权。

[4] 《农村土地承包法》中"制止承包方损害承包地和农业资源的行为"是作为一项权利规定的。

[5] 《农业法》第10条。

然而,法律关于集体经济组织具体法律规定的缺失,导致对农村集体经济组织法律性质认定上的困难。例如,农村集体经济组织的法律地位不清,法律中多次出现了"农村集体经济组织",但对其性质的认识尚未达成一致。尽管尚未生效的《民法典》将其规定为特别法人,但在具体的实践中,存在不同做法。湖北省将其确定为法人,[1]广东省则没有对此进行规定。我国部分地区已开展的农村集体经济组织产权制度改革,主要做法是股份合作制,按照劳动年限折成股份量化给本集体经济组织成员,同时提取一定比例的公益金和公积金,并实行按劳分配与按股分红相结合的分配制度。[2]该种新型农村集体经济组织采用现代企业模式,但是由于立法的缺失,农村集体经济组织地位仍未确立。从保护农用地和农业,增强农村抵抗风险及承担责任能力的角度出发,将农村集体经济组织和代行其权利的村民委员会明确界定为法人,将为它们独立承担相关责任提供组织意义上的基础。

此外,国家推行"土地使用权承包期三十年不变"以及"增人不增地,减人不减地"的政策,土地承包经营权不够稳定且经营零散,并且由于人口不断增加和变动,土地调整十分普遍。[3]农民没有稳定的预期收益,又缺乏代表集体行使权利的主体对农用地使用进行监督,导致农民对农用地的不良利用,如过量使用农药化肥以提高短期产量,或将土地出租用于非法处理污染物,造成农用地土壤污染。此外,土地承包经营权不稳定,还引发了同一农用地地块上先后存在的数个土地使用权人之间农用地土壤污染治理责任认定与分配的问题。

在实践中,农村土地制度逐渐暴露出的土地产权行使代表人虚置、产权残缺、经营权不稳定等问题,严重影响农用地的合理科学使用,给农用地土壤污染防治带来不利影响。基于这些原因,我国《土壤污染防治法》第57条规定,农村集体经济组织、农业专业合作社及其他农业生产经营主体等负有协助实施土壤污染风险管控和修复的义务。但是,一些乡镇(村)企业造成的土壤污染、因集体经济组织违法出租或变相出租土地开展工业生产导致的土壤污染,以及集体经济组织同意或协助进行的污染物非法倾倒、堆放等污染活动,集体经济组织等仅承担协助实施义务,并不能真正实现公平的责任分配。鉴于此,生态环境部《农用地土壤污染责任认定办法(试行)(征求意见稿)》第3条将违法使用不合格的

---

[1]《湖北省农村集体经济组织管理办法》(湖北省人民政府令第114号),第12条。
[2] 方志权:《农村集体经济组织产权制度改革若干问题》,《中国农村经济》2014年第7期。
[3] 周淑清、崔广平:《论农地产权制度改革与生态环境保护》,《当代法学》2009年第2期。

农药、化肥等农业投入品，造成农用地土壤污染，需要依法承担风险管控和修复责任的农业生产经营组织规定为农用地土壤污染责任人之一。由于该认定办法尚未获得通过，集体经济组织等的土壤污染治理责任尚不明确。

二、农民的相对弱势地位与作为潜在责任人的冲突

在农用地土壤污染责任分配中，农民是一个重要的主体。然而，研究农民潜在的治理责任不仅要关注责任主体的适格性，也要关注农民的担责能力。广州市白云区鱼塘污染公益诉讼案便暴露了这一问题。2011年，广州市白云区钟落潭镇白土村村民方某将其向村委会承包的两个鱼塘转租给太和镇石湖村村民谭某。从当年9月1日起，谭某用车辆运送不明固体污泥约110车，并将污泥倾倒至鱼塘，污泥散发出阵阵臭味，周边村民纷纷投诉。经村委干涉，倾倒行为停止。同年9月14日，广州市白云区环境保护局在接到举报后，到鱼塘现场检查取样，委托中国广州分析测试中心和广东省生态环境与土壤研究所分析测试中心分别对污泥和底泥进行检测分析。结果显示，铜和锌超过相应限值，达不到农用污泥污染物控制标准，已经对池塘造成污染。随后，白云区环境保护局委托广州市环境保护科学研究院对该鱼塘倾倒污泥的环境损害和治理成本等问题进行评估。2012年8月，广州市环境保护科学研究院出具的环境污染损害评估报告认为，本次事件中，污泥在鱼塘内经阳光照射后散发出臭味，对周边村民的生产生活造成了影响。池塘属农用地，用于水产和禽类养殖，污泥排入池塘，影响其养殖功能的发挥。要恢复池塘养殖功能，必须清除倾倒的污泥，并将底泥挖起清运，同时对池塘内被污染的塘水进行处理，达到农用标准。该鱼塘倾倒污泥环境污染损害造成的直接经济损失包括监测分析费用4 660元、污染物处理费用4 092 432元，共计4 097 092元。根据群众反映，白云区检察机关启动民事责任追究机制，并推动中华环保联合会提起公益诉讼。2014年1月，中华环保联合会作为原告，对谭某和方某提起诉讼。被告方某的代理律师认为，被告方某在签订合同时不清楚被告谭某所倾倒的物质，在知道被告谭某向鱼塘倾倒的是污泥后，已经进行了阻止，在阻止不了的情况下，还要求村民委员会来制止倾倒。所以方某对于污染的发生没有过错，此外，他本人是最大的受害者，他也希望找到谭某来承担清理污染的责任。鱼塘在经过石灰处理后污染已降低，包括被告一家在内的人食用鱼塘饲养的鱼后未发现身体异常，被告方某不应该承担污染环境责任。法院认定，被告人谭某、方某的确对污泥倾倒入鱼塘

造成污染事件负有责任,判决他们6个月之内共同修复受污染的鱼塘,使其恢复到受污染前的状态、功能,由环保部门审核。过期没有修复,由环保部门指定具有专业资质的机构代为修复,修复费用由两名被告共同承担,并负有连带责任。[1]

在该案中,第二被告方某是一个普通的农民。根据广州市环境保护科学研究院出具的《环境污染损害评估报告》,本次治理费用将高达409万余元。以方某为代表的大多数农民仍处于弱势地位,既不具有承担治理责任的经济能力,也不具备修复的专业技术。确定农民为治理责任主体并追究其责任符合形式上的正义,但是,农民明显无承担责任的能力却仍不得不承担责任,可能会产生新的不公。

就世界各国、各地区的法治经验来看,尽管土地权利人可能承担后顺位或相对有限的土壤污染治理责任,但对污染者做扩大化认定是普遍做法。例如,根据我国台湾地区相关规定,污染行为人不仅包括泄漏或弃置污染物和非法排放或灌注污染物的人,还包括中介或容许泄漏、弃置、非法排放或灌注污染物造成土壤或地下水污染的主体,而潜在污染责任人不仅包括排放、灌注、渗透污染物的人,而且包括核准或同意于灌排系统及灌区集水区域内排放废污水,导致污染物累积于土壤或地下水,而造成土壤或地下水污染的主体。再如,英国1990年《环境保护法案》规定,土壤污染的责任者为造成或明知而允许污染者(A类责任者)。在英国瑞德兰德矿业公司(Redland Minerals Limited)和克莱斯特·尼克尔森房地产公司(Crest Nicholson Residential PLC)不满行政机关修复决定向英国国务大臣提起行政复议一案中,1955—1980年,化工厂在生产过程中将溴酸盐和溴化物排入案涉地块内白垩岩的储水层。1983年,克莱斯特公司购得该地块后用于房地产开发。复议决定认定,克莱斯特公司购买该地块时,明知该地有污染问题却仅进行了浅层土壤污染的清理,其土地开发行为使得污染物更深、更快地渗入,并且让其他污染物继续污染地下水,因而是A类责任者。按照这一思路,农民极可能因为明示或默示的允许或帮助成为污染责任者。事实上,广州市白云区鱼塘污染公益诉讼案的判决也体现了这一思想。

由于我国的特殊国情,农民管理、控制和使用农用地,可能是农用地的承包经营人或使用人;可能因滥用农药、化肥和地膜成为农用地面源污染的污染人,

---

[1] 李挚萍:《生态修复案件中的责任承担和法律适用——以广州市白云区鱼塘污染公益诉讼案为例》,《环境保护》2015年第8期。

也可能因明示或默示地允许或帮助排放、倾倒、堆存、填埋、泄露、遗撒、渗漏、流失、扬散污染物或其他有毒有害物质等成为土壤污染行为人；因为农民的生存和发展对农用地有着天生的依赖性，农业生产方式的特性使得农民直接暴露在污染中，更容易受到污染的伤害，从而农民也有可能成为土壤污染的受害人。考虑到农民知识相对缺乏、经济相对弱势、自我保护能力不强，处于弱势地位，我国的《土壤污染防治法》并没有明确规定农民作为污染责任人应当承担土壤污染治理责任。但在法律实施过程中，就像广州市白云区鱼塘污染案中，农民可能被认定为潜在的责任者，那么，农民的弱势地位与其作为潜在责任者间的冲突将持续存在。

当然，《土壤污染防治法》第53条也规定，在安全利用类和严格管控类土地的风险管控与修复中，农民负有潜在责任。当污染农用地被划定为安全利用类地块时，农民将可能负有调控农艺或替代种植、协助土壤和农产品协同监测与评价、接受技术指导和培训等义务。农艺调控主要是指利用农艺措施对耕地土壤中污染物的生物有效性进行调控，减少污染物从土壤向作物特别是可食用部分的转移，从而保障农产品安全生产，实现受污染耕地安全利用。农艺调控措施主要包括种植重金属低积累作物、调解土壤理化性状、科学管理水分、施用功能性肥料等。替代种植是指为保障农产品安全生产，用农产品安全风险较低的作物替代农产品安全风险较高的作物的措施，如用重金属低积累作物替代高积累作物。[1]《土壤污染防治法》第54条规定，当污染农用地被划定为严格管控类地块时，农民将可能负有调整种植结构、退耕还林还草、退耕还湿、轮作休耕、轮牧休牧等风险管控的实施义务。从形式上看，虽然在这些情况下，农民并非土壤污染风险管控和修复的责任者，而是作为土地使用权人协助修复活动的开展，但由于其实质上承担了农艺调整和替代种植的责任，就成了风险管控责任的真正实施者。这也是考虑到农民作为土地的实际控制人在农用地土壤污染治理中的天然优势，通过制度设计，让农民在其能力范围内承担农用地土壤污染治理责任，以提高他们的环境保护意识，注意清洁生产，科学使用化肥、农药等。从长远角度来看，通过立法要求农民承担一定的治理责任对农用地土壤污染防治有积极作用，有利于增强农民对土地的环境保护意识，有利于预防农用地土壤污染。

---

[1] 生态环境部法规与标准司：《〈中华人民共和国土壤污染防治法〉解读与适用手册》，法律出版社，2018年，第120页。

三、高昂的治理成本与土壤环境修复目标之间的冲突

污染行为既造成农用地土壤环境受损害,还侵害或可能侵害公民、法人和其他组织的合法权益。农用地土壤污染治理责任最基本的目的是追究责任主体的治理责任,实现对受污染农用地本身的救济,侧重于清除农用地土壤中的污染物,恢复农用地的生态功能。在构建农用地土壤污染治理责任时,应当明确其责任范围是对农用地环境的公益救济。可以说,《土壤污染防治法》构建了以农用地污染土壤风险管控与修复为核心的公法责任体系。

准确的目标选择是构建农用地土壤污染治理责任机制的前提,如果治理目标不明确,则会导致责任界定模糊,影响其实践效果。我国农用地受污染土壤面积大,全面治理成本巨大。譬如,我国司法实践中常以"恢复原状"作为修复目标,虽然根据责任主体就其造成的损害承担相应的责任,这一目标有一定的正当性,但是由于现有科技水平和经济成本的局限,该目标往往很难实现,在农用地土壤污染治理中尤为突出。在农用地土壤污染治理责任机制构建中,不能僵硬地以恢复原状为一般目标,治理责任范围的确定要立足于农用地土壤污染治理目标,即原则上通过对受污染农用地进行土壤修复,使其恢复农用地的生产生态功能,并且满足农产品生产安全的需要。为此,《土壤污染防治行动计划》第7条要求划定农用地土壤环境质量类别,并按照污染程度将农用地划分为未污染和轻微污染的优先保护类,轻度和中度污染的安全利用类,以及重度污染的严格管制类。

在分类的基础上,《土壤污染防治法》分别规定了各类农用地的土壤污染治理责任。对优先保护类农用地而言,主要是土壤污染的预防责任。《土壤污染防治法》第50条规定,县级以上地方人民政府应当依法将符合条件的优先保护类耕地划为永久基本农田,实行严格保护。在永久基本农田集中区域,不得新建可能造成土壤污染的建设项目;已经建成的,应当限期关闭拆除。这与《土壤污染防治行动计划》的相关规定相呼应。该计划第8条规定:"各地要将符合条件的优先保护类耕地划为永久基本农田,实行严格保护,确保其面积不减少、土壤环境质量不下降,除法律规定的重点建设项目选址确实无法避让外,其他任何建设不得占用。产粮(油)大县要制定土壤环境保护方案。高标准农田建设项目向优先保护类耕地集中的地区倾斜。推行秸秆还田、增施有机肥、少耕免耕、粮豆轮作、农膜减量与回收利用等措施。继续开展黑土地保护利用试点。农村土地流转的受让方要履行土壤保护的责任,避免因过度施肥、滥用农药等掠夺式农业生

产方式造成土壤环境质量下降。各省级人民政府要对本行政区域内优先保护类耕地面积减少或土壤环境质量下降的县(市、区),进行预警提醒并依法采取环评限批等限制性措施。"此外,还要严格控制在优先保护类耕地集中区域新建有色金属冶炼、石油加工、化工、焦化、电镀、制革等行业企业,现有相关行业企业要采用新技术、新工艺,加快提标升级改造步伐。对于安全利用类污染农用地,只需要采用风险管控措施。根据《土壤污染防治法》第57条,严格管控类用地也不必然导致土壤污染修复责任的产生,只有产出的农产品污染物含量超标,经风险评估确实需要实施修复的,才要编制修复方案,开展修复并实施修复效果评估等。可见,我国农用地土壤污染的责任制度安排实际上采用了相对低的治理目标。

总体而言,农用地土壤污染治理是一个系统工程,包含污染情况调查、环境影响与健康风险评估、为减轻污染危害或避免污染扩大采取应变措施、制定治理计划及进行治理等活动。构建农用地土壤污染治理责任范围时要结合治理目标,考虑农用地土壤污染治理内容,细化责任范围。

第三节 农用地土壤污染治理责任制度的目标与立法现状

一、农用地土壤污染治理责任目标

(一) 保障农产品质量安全

农用地土壤污染与农产品安全(尤其是食用农产品安全)息息相关。我国是人口大国,随着社会生活水平的不断提高,公众对农产品安全的要求越来越高。农用地是农业生产的基础,承载着保障农产品数量和质量安全的重任,保障农产品的安全对提升农用地生产能力提出越来越高的要求。然而,我国当前农用地土壤污染形势严峻,农用地遭受污染和破坏,导致农产品减产和农产品质量不合格,给农产品的数量安全和质量安全带来威胁,也给公众的身体健康和生存发展带来威胁。农用地土壤污染治理的目标和标准的最终目的在于最大限度地发挥农用地的生产功能,保障农用地的数量和质量,并最终保障农产品安全。农用地土壤污染治理责任是要求责任主体承担治理责任,使农用地恢复其生产生态功能,保障农产品安全。我国农用地土壤污染治理责任制度的基本内容体现了农产品质量安全的优先目标。尤为突出地,严格管控类用地需要修复的重要前提是"产出的农产品污染物含量超标"。多数土地仅须采用风险评估的措施。毕竟,"与土壤污染修复的高昂成本相比,农用地种植产生的经济效益往往较低。因此,农用地土壤污染防治主要考虑保障农产品质量安全,绝大部分污染地块都是采用风险管控的目标"[1]。

(二)维持耕地数量的动态平衡

我国的农用地已是土壤污染的重灾区,其中,耕地污染程度整体高于全国土壤的总体污染水平,林地和草地的超标率也不低,迫切需要运用法律手段,建立长效的农用地土壤污染防治机制,从根本上扭转这种局面。农用地承载着保障农产品数量和质量安全的重任,这要求农用地既要保障土壤的质量,也要保证土地的数量,尤其是耕地的数量。在当前农用地土壤污染事件剧增的背景下,构建农用地土壤污染治理责任机制时要考虑维持农用地的动态平衡,维持足够的农用地数量,保障农业生产需求,保障对农产品市场的正常供给。在机制设计时,将修复与生产结合考虑,在现有科学技术条件下,以保障农产品安全为前提;在农用地责任范围确定时,在不影响农产品质量安全的前提下,尽可能发挥受污染农用地的生产功能。[2]

二、我国农用地土壤污染防治立法现状

我国已经形成以《土壤污染防治法》为核心,以相关立法为配套的农用地土壤污染治理责任立法体系。

(一)国家层面的农用地土壤污染治理责任立法

在法律层面,农用地土壤污染治理责任的专门立法是《土壤污染防治法》。相关立法主要分布在宪法、民法、刑法、环境保护法等综合性法律,以及环保、农业、土地管理等单行法律中。

《宪法》是国家的根本大法,规定了国家有保障自然资源合理利用、保护改善环境、防治污染及其他公害的环境职责,以及禁止土地使用者侵占或破坏自然资源和必须合理利用土地的义务。[3] 这是农用地土壤污染防治相关立法最高层级的法律依据,对确定农用地土壤污染治理责任具有根本性意义。《土壤污染防治法》是农用地土壤污染防治的专门立法,该法在第四章"风险管控和修复"中专门设"农用地"一节,为农用地创设了不同于建设用地土壤污染的责任制度。

---

[1] 生态环境部法规与标准司:《〈中华人民共和国土壤污染防治法〉解读与适用手册》,法律出版社,2018年,第124页。
[2] 王伟:《农产品产地土壤污染防治立法研究》,中国法制出版社,2015年,第165页。
[3] 《宪法》第9条、第10条、第26条。

2021年1月1日起施行的《民法典》的相关条文规定了土地、草原等自然资源的所有权和使用者的管理、保护、合理利用的义务,还规定污染环境造成他人损害的,要承担民事责任,而且该规定以责任人违反环境保护法律为前提;《民法典》还在侵权责任编规定了"环境污染和生态破坏责任",规定污染者污染环境和破坏者破坏生态造成他人损害的,应承担侵权责任。《刑法》设专章规定破坏环境资源保护罪,没有对土壤污染规定专门罪名,但是规定了非法占用农用地罪,体现国家保护农用地的意图;还规定了污染环境罪,即违法排放有毒、有害物质,严重污染环境的,承担刑事责任。《环境保护法》是环境保护的基本法,规定一切单位和个人都有保护环境的义务,并且还规定地方政府对环境质量负责,单位和其他生产经营者造成环境污染或生态破坏的,对损害依法承担责任,这为确定农用地土壤污染治理责任主体提供了法律依据。该法强调国家应加强对土壤的保护,明确了"土地"的环境要素地位,还明确指出各级人民政府有保护农业环境、防治土壤污染、推动农村环境综合整治的职责,并且应对农业生产经营活动进行指导,防止农业面源污染,对农村环境保护工作予以资金支持。此外,在第六章"法律责任"中加大了对环境违法行为的行政处罚力度,要求污染环境和破坏生态造成损害的,要承担侵权责任,构成犯罪的,追究刑事责任。这些规定对农用地土壤污染治理责任提供了法律保障。

《水污染防治法》《大气污染防治法》《固体废弃物污染环境防治法》《放射性污染防治法》等单行法虽然是专门针对特定污染源或环境要素立法的环保单行法,并未将土壤污染作为特定的污染源或将土壤作为独立的环境要素进行保护,但是附带性地对土壤污染防治,尤其是预防土壤污染起到了一定的积极作用,对构建农用地土壤污染治理责任也有一定参考价值。例如,《固体废物污染环境防治法》就有关于土地使用人对场地污染防治责任的规定,并且还对单位变更后的责任承担、溯及力问题进行了规范。[1] 我国《农业法》《农产品质量安全法》《土

---

[1]《固体废物污染环境防治法》第41条规定:产生工业固体废物的单位终止的,应当事先对工业固体废物的贮存、处置的设施、场所采取污染防治措施,并对未处置的工业固体废物作出妥善处置,防止污染环境。产生工业固体废物的单位发生变更的,变更后的单位应当按照国家有关环境保护的规定对未处置的工业固体废物及其贮存、处置的设施、场所进行安全处置或者采取措施保证该设施、场所安全运行。变更前当事人对工业固体废物及其贮存、处置的设施、场所的污染防治责任另有约定的,从其约定;但是,不得免除当事人的污染防治义务。对本法施行前已经终止的单位未处置的工业固体废物及其贮存、处置的设施、场所进行安全处置的费用,由有关人民政府承担;但是,该单位享有的土地使用权依法转让的,应当由土地使用权受让人承担处置费用。当事人另有约定的,从其约定;但是,不得免除当事人的污染防治义务。

地管理法》《水土保持法》等从农业安全的角度,对农用地土壤污染防治做出规定,主要集中于对农产品质量安全的保障和对化肥、农药以及对污水灌溉的控制等方面,并就某些特定的农用地土壤污染行为规定了法律责任。如我国《农产品质量安全法》第45条规定,违法向农产品产地排放或者倾倒废水、废气、固体废物或者其他有毒有害物质的,依法承担赔偿责任。这些法律也对农用地土壤污染进行规制,对防止农用地土壤污染起到一定促进作用。

在国务院行政法规、部门规章层面,《农用地土壤环境管理办法(试行)》是对《土壤污染防治行动计划》中农用地污染控制制度设计的细化。当然,伴随着《土壤污染防治法》的生效,该规章也将进行相应调整。此外,《基本农田保护条例》《农药管理条例》《农药限制使用管理规定》《废弃危险化学品污染环境防治办法》《无公害农产品管理办法》《土地复垦条例》等都对农用地土壤污染的防治作出规定,并对农用地起到一定的保护作用。

在国家规范性文件层面,我国针对农用地土壤污染特别是重金属污染等问题出台了一系列文件,对农用地污染防治工作给予了高度重视。2005年《国务院关于落实科学发展观加强环境保护的决定》提出以政府为主导对受污染的耕地进行治理;2008年《关于加强土壤污染防治工作的意见》提出根据"谁污染,谁治理"的原则,对被污染的土壤或者地下水,由造成污染的单位和个人负责修复和治理;2013年《国务院办公厅关于印发近期土壤环境保护和综合治理工作安排的通知》提出要提升土壤环境综合监管能力,推进典型地区土壤污染治理与修复试点示范,并且要逐步建立土壤环境保护政策、法规和标准体系;2015年《国务院办公厅关于加快转变农业发展方式的意见》提出落实最严格的耕地保护制度。这些规范性文件对农用地土壤污染治理工作具有重大意义,强化了政府对农用地进行保护并开展综合治理的职责,对治理工作的开展方式和责任主体的确定方式也有重要参考价值。此外,2016年《土壤污染防治行动计划》确立了农用地土壤污染的基本制度框架。

(二)地方层面的农用地土壤污染治理责任相关立法

除全国性立法外,我国也有部分地方性立法专门对农用地土壤污染治理作了规定。例如,先于《土壤污染防治法》生效的《湖北省土壤污染防治条例》特别强调农产品产地土壤污染的防治。根据该条例第37条,条例中所指的农产品产地即农用地,包括耕地、园地、牧草地、养殖业地等。该条例第9条规定了农业主管部门对农产品产地土壤污染防治的基本职责:县级以上人民政府农业主管部门负责本行政区域内的农产品产地土壤污染防治的监督管理,组织实施农产产地土壤环境的调查、监测、评价和科学研究,以及已污染农产品产地土壤的治理,承担农产品产地污染事故的调查处理和应急管理。县级以上人民政府发展和改革、经济和信息化、科技、财政、交通运输、水行政、林业、卫生、旅游等有关部门,依照有关法律、法规的规定对土壤污染防治实施监督管理,共同做好土壤环境保护工作。在第五章"特定用途土壤的环境保护"中,对于农产品产地土壤保护的规定是主要条款。在第37条规定的农产品产地土壤分级管理的基础上,该条例规定:对清洁农产品产地实行永久保护,除确实无法避让的国家重点建设项目外,其他任何建设不得占用;对中轻度污染的农产品产地实施风险管控措施;对重度污染的农产品产地,禁止种植食用农产品和饲料用草,并规定了相应的风险管控和修复等责任。条例还规定了农产品产地隔离带的设置,农业生产者预防义务,农产品产地范围内禁用不符合农用标准的污水污泥,以及农产品产地和水产品养殖区内药物、化学品的减控等规范。

第四节 我国农用地土壤污染治理责任制度的基本框架与完善

一、责任主体

在《土壤污染防治法》中,应承担农用地土壤污染治理责任的责任主体包括土壤污染责任人,地方人民政府农业农村、林业草原、生态环境、自然资源主管部门,农村集体经济组织及其成员,农民专业合作社及其他农业生产经营主体。目前,我国确立了土壤污染责任人、土地使用权人和政府顺序承担防治责任的制度框架责任分配方式。

遵循"谁污染,谁负责"的一般原则,《土壤污染防治法》第45条明确规定"土壤污染责任人负有实施土壤污染风险管控和修复的义务";第47条规定"土壤污染责任人变更的,由变更后承继其债权、债务的单位或者个人履行相关土壤污染风险管控和修复义务并承担相关费用"。《农用地土壤污染责任人认定办法(试行)(征求意见稿)》(本章内简称《认定办法》)第3条规定,农用地土壤污染责任人是指:(1)1979年9月13日《中华人民共和国环境保护法(试行)》生效后,排放、倾倒、堆存、填埋、泄漏、遗撒、渗漏、流失、扬散污染物或者其他有毒有害物质等,造成农用地土壤污染,需要依法承担风险管控和修复责任的单位和个人;(2)违法生产、销售不合格的农药、化肥等农业投入品,造成农用地土壤污染,需要依法承担风险管控和修复责任的生产经营者;(3)违法使用不合格的农药、化肥等农业投入品,造成农用地土壤污染,需要依法承担风险管控和修复责任的农业生产经营组织。涉及土壤污染责任的单位和个人是指具有上述行为,可能造成土壤污染的单位和个人。《认定办法》规定,当涉及土壤污染责任的个人或单位符合下列条件,就能够认定污染行为与土壤污染之间存在因果关系,该单位或个人为土壤污染责任人:向农用地地块排放、倾倒、堆存、填埋、泄漏、遗撒、渗漏、流失、扬散污染物或者其他有毒有害物质等;生产经营者违法生产、销售不合格的农药、化肥等农业投入品;农业生产经营组织违法使用不合格的农药、化肥等农业投入品,在客观上出现了农用地土壤污染的结果的同时,农用地土壤中检测出特征污染物,且含量超出国家、地方、行业标准限制,或者超出对照区含量;土壤污染责任人的存在会向农用地土壤排放或者添加该污染物;受污染农用地土壤可以排除其他相同或相似污染源的影响;受污染农用地土壤可以排除非正常因素的影响,如高背景值、气候变化、病虫害、自然灾害等的情况。

在农用地土壤污染责任人不明确或者存在争议时,《土壤污染防治法》第48条规定由地方人民政府农业农村、林业草原主管部门会同生态环境、自然资源主管部门认定。认定办法由国务院生态环境主管部门会同有关部门制定。《认定办法》第28条规定了产生责任人不明确或有争议的情形,包括:(1)农用地周边曾存在多个污染源的;(2)农用地上存在多个农业生产经营组织的;(3)农用地土壤污染存在多种来源的;(4)农业生产经营组织使用的农药、化肥涉及多家生产经营者的;(5)其他情形。在土壤污染责任人无法认定时,《土壤污染防治法》第45条规定由土地使用权人实施土壤污染风险管控和修复。同时,法律鼓励和支持有关当事人自愿实施土壤污染风险管控和修复。

关于《土壤污染防治法》生效前责任人认定的问题,《认定办法》第3条对第一类农用地土壤污染责任人的规定明确了溯及既往的效力,对第二类、第三类农用地土壤污染责任人仅追究2019年1月1日《土壤污染防治法》生效后的责任。同时,《认定办法》第3条对于认定生产、销售、使用农药、化肥等农业投入品造成农用地污染的责任人区分合法、非法两种情况,仅处罚违法生产、销售、使用农药、化肥等农业投入品的情形。同时,在正常经营活动中造成土壤污染的单位和个人,因其污染行为而获取经济利益的,基于受益者负担原则的考量,也有责任承担一定的修复义务。

涉及多个土壤污染责任人时,《认定办法》第7条规定,鼓励土地使用权人与涉及土壤污染责任的单位和个人之间，或涉及土壤污染责任的多个单位和个人之间就责任承担及责任份额达成协议，责任份额按照各自对土壤的污染程度确定。无法协商一致的，原则上平均分担责任。

二、责任范围

《土壤污染防治法》第35条规定，土壤污染风险管控和修复，包括土壤污染状况调查和土壤污染风险评估、风险管控、修复、风险管控效果评估、修复效果评估、后期管理等活动。这意味着，土壤污染治理责任主要涉及上述环节，现对各环节及相应责任主体的责任范围予以分析。

（一）土壤污染应急责任

就农用地土壤污染应急责任而言，其条文依据、责任主体与责任范围与上章建设用地土壤污染应急责任一致，此处不再赘述。

（二）土壤污染状况调查责任

1. 主要条文依据

《土壤污染防治法》第51条规定："未利用地、复垦土地等拟开垦为耕地的，地方人民政府农业农村主管部门应当会同生态环境、自然资源主管部门进行土壤污染状况调查，依法进行分类管理。"此外，第52条第1款规定，地方人民政府农业农村、林业草原主管部门应当会同生态环境、自然资源主管部门对土壤污染状况普查、详查和监测、现场检查表明有土壤污染风险的农用地地块，进行土壤污染状况调查。实施土壤污染状况调查活动，应当依照第36条的规定编制土壤污染状况调查报告。土壤污染调查报告应当主要包括地块基本信息、污染物含量是否超过土壤污染风险管控标准等内容。污染物含量超过土壤污染风险管控标准的，土壤污染状况调查报告还应当包括污染类型、污染来源以及地下水是否受到污染等内容。《认定办法》第6条规定，农用地及周边曾存在的涉及土壤污染责任的单位和个人负有协助开展土壤污染状况调查的义务。

2. 责任分配

依据上述条文，土壤污染状况调查责任的主体为地方人民政府农业农村、林业草原主管部门会同生态环境、自然资源主管部门。对于土壤污染状况普查、详查和监测、现场检查表明有土壤污染风险的农用地地块，应当启动农用地土壤污染状况调查。对于农用地中的耕地与园地，应当由地方人民政府农业农村主管部门会同生态环境、自然资源主管部门开展农用地土壤污染状况调查,对于林地与草地,由林业草原主管部门会同生态环境主管部门开展农用地土壤污染状况调查。应注意的是,《土壤污染防治法》规定涵盖的农用地类型包括林地,《土壤环境质量 农用地土壤污染风险管控标准(试行)》(GB 15618—2018)则指明,农用地是指《土地利用现状分类》(GB/T 21010—2017)中的 01 耕地(0101 水田、0102 水浇地、0103 旱地)、02 园地(0201 果园、0202 茶园)和 04 草地(0401 天然牧草地、0403 人工牧草地)。管控标准应依据《土壤污染防治法》做相应调整。在此环节,从事土壤污染状况调查的相关单位应当遵守有关环境保护标准与技术规范,具备相应的专业能力,对土壤污染状况调查活动与调查报告的真实性、准确性、完整性、有效性负责。

与建设用地土壤污染状况调查责任由土地使用权人承担不同,负有农用地土壤污染状况调查责任的主体为政府相关主管部门,农用地及周边曾存在的涉及土壤污染责任的单位和个人仅负有协助开展土壤污染状况调查的义务。这既是由于《土壤污染防治法》和《农用地土壤环境管理办法(试行)》等法律法规的规定,也是因为考虑到农用地土壤污染状况调查技术难度较高、成本投入较大、调查周期长,难以为单位和个人所负担。

3. 责任内容

土壤污染状况调查分为初步调查和详细调查两种。《土壤污染防治法》第 49 条规定:"国家建立农用地分类管理制度。按照土壤污染程度和相关标准,将农用地划分为优先保护类、安全利用类和严格管控类。"《农用地土壤环境质量类别划分技术指南(试行)》规定,先划分评价单元,对评价单元内各点位土壤的各项污染物逐一分类,根据《土壤环境质量 农用地土壤污染风险管控标准(试行)》(GB 15618—2018)分为三类:(1)低于(或等于)筛选值(A 类);(2)介于筛选值和管制值之间(B 类);(3)高于(或等于)管制值(C 类)。根据各单项污染物分别判定该污染物代表的评级单元类别,再结合农产品质量评价结果,综合确定某一评价单元土壤环境质量类别。其划分依据如下:(1)根据土壤污染程度划分为优先保护类以及根据土壤污染程度划分为安全利用类且农产品不超标的,划分为优先保护类;(2)根据土壤污染程度划分为安全利用类且农产品轻微超标以及根据土壤污染程度划分为严格管控类且农产品不超标的,划分为安全利用类;(3)根据土壤污染程度划分为严格管控类且农产品超标以及根据土壤污染程度划分为安全利用类且农产品严重超标的,划分为严格管控类。此指南主要适用于耕地土壤环境质量类别划分,同时,园林、牧草地等土壤环境质量类别划分也可参考此指南。[1]《土壤污染防治法》第50条规定:"县级以上地方人民政府应当依法将符合条件的优先保护类耕地划为永久基本农田,实行严格保护。在永久基本农田集中区域,不得新建可能造成土壤污染的建设项目;已经建成的,应当限期关闭拆除。"对于未利用地以及复垦土地拟开垦为耕地的,地方人民政府农业农村主管部门应当会同生态环境、自然资源主管部门开展两项工作:(1)按照《土壤污染防治法》第36条的规定,实施土壤污染状况调查,明确是否需要开展进一步的风险评估、风险管控、修复等活动;(2)按照《土壤污染防治法》第49条的规定对土地进行分类管理。[2]

就农用地土壤污染状况初步调查以及详细调查的流程而言,除土壤污染物含量的判断标准调整为国家或地方相关农用地土壤污染风险管控标准(筛选值),其余可参照上章建设用地土壤污染状况调查流程,不再详述。

(三) 土壤污染风险评估责任

1. 主要条文依据

《土壤污染防治法》第52条第2款规定,地方人民政府农业农村、林业草原主管部门应当会同生态环境、自然资源主管部门,对土壤污染状况调查表明污染物含量超过土壤污染风险管控标准的农用地地块组织进行土壤污染风险评估,并按照农用地分类管理制度管理。第37条规定,实施土壤污染风险评估活动,应当编制土壤污染风险评估报告。报告包括主要污染物状况,土壤及地下水污染范围,农产品质量安全风险、公众健康风险或者生态风险,风险管控、修复的目标和基本要求等。

2. 责任分配

依据《土壤污染防治法》第52条第2款,土壤污染风险评估责任的主体为地方人民政府农业农村、林业草原主管部门与生态环境、自然资源主管部门。耕地和园林由地方人民政府农业农村主管部门会同生态环境主管部门、自然资源主管部门开展农用地土壤污染风险评估,林地和草地由林业草原主管部门会同生态环境主管部门开展农用地土壤污染风险评估。

此外,在这一环节,从事土壤污染风险评估的第三方单位应当具备相应的专业能力,对土壤污染风险评估活动与风险评估报告的真实性、准确性、完整性、有

---

[1] 《农用地土壤环境质量类别划分技术指南(试行)》(环办土壤〔2017〕97号)。
[2] 生态环境部法规与标准司:《〈中华人民共和国土壤污染防治法〉解读与适用手册》,法律出版社,2018年,第116页。

效性负责。

3. 责任内容

农用地土壤污染风险是指因土壤污染导致食用农产品质量安全、农作物生长或土壤生态环境受到不利影响。[1] 进行农用地土壤污染风险评估是土壤污染管控与修复的必要环节。根据《土壤污染防治法》，启动土壤污染风险评估的条件是土壤污染状况调查表明农用地污染物含量超过土壤污染风险管控标准。地方人民政府农业农村、林业草原主管部门应当会同生态环境、自然资源主管部门对这类地块进行土壤污染风险评估并编制土壤污染风险评估报告。土壤污染风险评估报告主要应包括：(1)主要污染物状况，即主要污染物的种类、数量等情况；(2)土壤及地下水污染范围，即土壤和地下水污染的分布情况；(3)农产品质量和安全风险、公众健康风险或者生态风险；(4)风险管控、修复的目标和基本要求等。

(四) 污染土壤风险管控与修复责任

1. 主要条文依据

污染农用地风险管控与修复的主要依据是《土壤污染防治法》第38—41条与第53—57条。第38—41条是关于风险管控活动与修复活动的一般性规定。第53条规定了安全利用类农用地地块的安全利用方案。第54条规定了严格管控类农用地地块的风险管控措施。第55条规定了地下水、饮用水水源污染防治。第56条规定了农用地风险管控要求。第57条规定了农用地地块修复要求。

2. 责任分配

制定实施安全利用方案，采取风险管控措施，进行地下水、饮用水水源污染防治的主体是地方人民政府农业农村、林业草原主管部门与生态环境、自然资源主管部门。其中，耕地和园林由地方人民政府农业农村主管部门会同生态环境主管部门、自然资源主管部门制定实施安全利用方案并采取风险管控措施；林地和草地由林业草原主管部门会同生态环境主管部门制定实施安全利用方案并采取风险管控措施；地下水、饮用水水源污染防治由地方人民政府生态环境主管部门会同农业农村、林业草原等主管部门制定防治污染的方案并采取相应的措施。

根据《土壤污染防治法》第53条，对安全利用类农用地地块，地方人民政府

---

[1] 生态环境部、国家市场监督管理总局发布的《土壤环境质量 农用地土壤污染风险管控标准(试行)》(GB 15618—2018)第3.3款。

农业农村、林业草原主管部门,应当结合主要作物品种和种植习惯等情况,制定并实施安全利用方案。安全利用方案应当包括:(1)农艺调控、替代种植;(2)定期开展土壤和农产品协同监测与评价;(3)对农民、农民专业合作社及其他农业生产经营主体进行技术指导和培训;(4)其他风险管控措施。根据第54条,对严格管控类农用地地块,地方人民政府农业农村、林业草原主管部门应当采取下列风险管控措施:(1)提出划定特定农产品禁止生产区域的建议,报本级人民政府批准后实施;(2)按照规定开展土壤和农产品协同监测与评价;(3)对农民、农民专业合作社及其他农业生产经营主体进行技术指导和培训;(4)其他风险管控措施。各级人民政府及其有关部门应当鼓励对严格管控类农用地采取调整种植结构、退耕还林还草、退耕还湿、轮作休耕、轮牧休牧等风险管控措施,并给予相应的政策支持。根据第55条,安全利用类和严格管控类农用地地块的土壤污染影响或者可能影响地下水、饮用水水源安全的,地方人民政府生态环境主管部门应当会同农业农村、林业草原等主管部门制定防治污染的方案,并采取相应的措施。

此外,政府部门还承担如下责任:(1)地方人民政府农业农村、林业草原主管部门对土壤污染风险管控措施和修复方案、效果评估报告的备案责任;(2)日常监管责任等。从事土壤污染风险管控、修复方案编制、工程实施、效果评估等的地方机构,在此环节也应对活动真实性、准确性、完整性、有效性负责。

土壤污染修复责任的主体为农用地土壤污染责任人。根据《土壤污染防治法》第45条,土壤污染责任人无法认定的,土地使用权人应当实施土壤污染修复,地方人民政府及其有关部门可以根据实际情况组织实施土壤污染修复。根据第56条,对安全利用类和严格管控类农用地地块,土壤污染责任人应当按照国家有关规定以及土壤污染风险评估报告的要求,采取相应的风险管控措施,并定期向地方人民政府农业农村、林业草原主管部门报告。根据第57条,对产出的农产品污染物含量超标,需要实施修复的农用地地块,土壤污染责任人应当编制修复方案,报地方人民政府农业农村、林业草原主管部门备案并实施。修复方案应当包括地下水污染防治的内容。修复活动应当优先采取不影响农业生产、不降低土壤生产功能的生物修复措施,阻断或者减少污染物进入农作物食用部分,确保农产品质量安全。风险管控、修复活动完成后,土壤污染责任人应当另行委托有关单位对风险管控效果、修复效果进行评估,并将效果评估报告报地方人民政府农业农村、林业草原主管部门备案。农村集体经济组织及其成员、农民专业合作社及其他农业生产经营主体等负有协助实施土壤污染风险管控和修复的义务。

3. 责任内容

风险管控与修复的定义与上一章建设用地部分中所述一致,此处不再详述。与建设用地不同,农用地种植的经济效益相对土壤污染修复的高昂成本往往较低。再加上农用地土壤污染防治的主要目的是保障农产品质量安全,对于安全利用类和严格管控类农用地地块多要求土壤污染责任人采取风险管控措施,较少要求实施修复措施。采取风险管控措施能够保障其产出的农产品质量安全。关于农用地的风险管控措施,除了《土壤污染防治法》第38条、第39条、第40条、第41条关于风险管控活动的一般性规定,还有第53条、第54条规定的对安全利用类、严格管控类农用地所采取的具体风险管控措施。被污染农用地的修复方案,应由土壤污染责任人编制,而且应包括地下水污染防治内容。

《土壤污染防治法》第57条第4款规定了农村集体经济组织及其成员、农民专业合作社及其他农业生产经营主体的协助义务。此类主体是农用地的所有权人或者使用权人,其协助义务主要包括:(1)协助配合农用地土壤污染状况调查与风险评估活动;(2)遵守风险管控措施要求,采取农艺调控、替代种植、轮作休耕等管控措施,遵守特定农产品禁止生产区域等有关规定;(3)协助配合政府土壤和农产品协同监测与评价等工作。[1]

在农用地污染土壤风险管控、修复活动结束后,应当对风险管控、修复活动的效果与预期目的实现程度进行评估,并就此编制效果评估报告。耕地和园林的效果评估报告应当报地方人民政府农业农村主管部门备案,林地和草地的效果评估报告应当报林业草原主管部门备案。除此之外,《土壤污染防治法》第42条第3款还规定了农用地污染土壤的后期管理责任。依据规定,土壤污染责任人应当在风险管控、修复活动完成后,需要实施后期管理的情况下,按照要求实施后期管理。这是由于,土壤污染及其污染损害后果的发生具有隐蔽性、滞后性、渐进性,即便进行了风险管控和修复,也不必然能解决所有潜在的污染问题,因而规定后期管理责任具有必要性。继续实施后期管理,长期监控土壤污染及污染扩散、污染导致损害的各种状况,可以尽可能减轻土壤污染人体健康和生态危害后果的发生。

综上所述,我国农用地土壤污染治理责任制度框架图如图4-1所示。

---

[1] 生态环境部法规与标准司:《〈中华人民共和国土壤污染防治法〉解读与适用手册》,法律出版社,2018年,第126页。

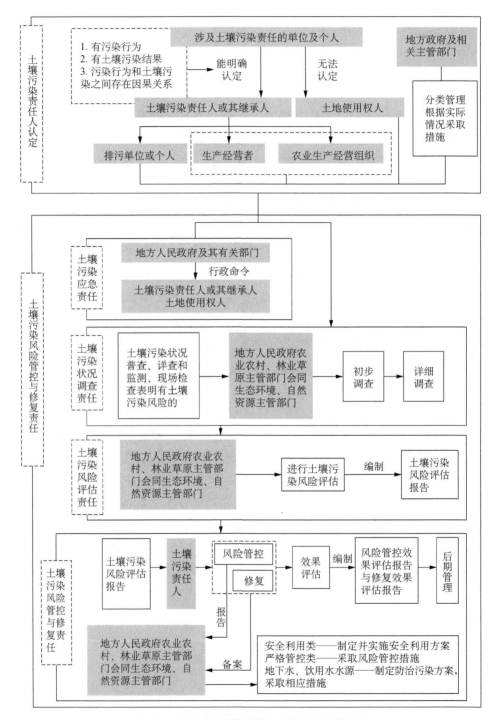

图 4-1 农用地土壤污染治理责任制度框架图

三、农用地土壤污染治理责任制度的完善

《土壤污染防治法》第四章"风险管控和修复"下设"一般规定""建设用地""农用地"三节,并在后两节规定了不尽相同的责任制度。这意味着,在我国土壤污染治理责任制度体系中,分别存在建设用地土壤污染治理责任、农用地土壤污染治理责任和其他三种类型。综合对立法产生重要影响的政策性文件《土壤污染防治行动计划》和相关的立法背景资料与历史,影响建设用地和农用地责任制度二分法的主要因素如下:(1)我国特有的国有土地与集体土地制度;(2)土壤修复高昂的成本与修复后土地的经济价值权衡;(3)农用地污染和农产品安全的状况;(4)土壤污染迁移转化路径、受体范围等。

另外,我国的这种划分方式可能也受到了域外立法经验的影响。其中,最重要的是日本土壤污染防治的立法。由于日本地域狭窄且矿山众多,许多工厂与农用地相毗邻,河流上游矿产开采导致河流水质变化,直接影响下游农业用水的质量。"足尾铜矿山矿毒事件""富山骨痛病"等公害事件相继爆发。针对这类典型问题,日本在1970年颁布了《农用地土壤污染防止法》。该法将镉、铜、砷确定为有害物质,要求行政机关指定"农用地土壤污染对策区域",制定农用地土壤污染对策计划,并相应地实施"农作物种植劝告",采取防止农业用地土壤污染的措施,进行现场调查等。由于《农用地土壤污染防止法》仅以农用地污染为规制对象,无法覆盖城市地区的土壤污染修复和治理问题,2002年,日本又制定了以城市土地为对象的《土壤污染对策法》。

然而,日本的《农用地土壤污染防止法》主要规定行政机关相关的应急、调查与管理的职责,并未涉及相关责任主体的责任划分。这意味着,日本土壤污染治理责任的划分,不论农用地还是城市土地,均依照《土壤污染对策法》进行。相对而言,我国将建设用地与农用地责任分而处之的做法确有必要,但现行的立法安排有其内在的缺陷。例如,现有的规定对于农村范围内的建设用地土壤污染如何适用?这包括乡镇(村)等合法使用农村范围内的建设用地,违法将农用地转用为工矿等建设用地,以及污染物非法在农用地中弃置等具体情形。对此,是按照建设用地追究较为严重的土壤污染治理责任,还是按照农用地追究较为轻微的责任?若依照前者,如何界定集体经济组织等的责任?再如,正如广州市白云区鱼塘污染案反映出的,如何追究在农村范围内发生的土壤污染治理责任中,可能因帮助、容许等活动而产生

实质性责任的农民或集体经济组织的责任？是否需要另行创设责任的减免机制？这些理论和实践问题亟待深入研究，以完善我国农用地土壤污染治理责任制度。

第五章
土壤污染治理责任的性质

伴随着土壤污染问题的日益显现和相关立法的推进,行政机关和司法机关土壤污染治理活动和相关司法判决增多。然而,因对土壤污染治理责任性质认识不清,立法规定、司法判决呈现出反复、模棱两可的态度。尽管学界对土壤污染治理责任表现出了空前浓厚的兴趣,但土壤污染责任性质却没有引起应有的重视,仍然是悬而未决的问题。实际上,土壤污染治理责任的性质具有根本性意义。土壤污染治理责任的内涵、主观与客观要件都与责任性质有密切的关系,对性质的界定亦会影响责任追究及责任顺位等程序法问题。因此,本章将从立法、执法、司法与学理的争议出发,讨论土壤污染治理责任的性质,并进一步研究土壤污染治理责任的一般性义务来源。

第一节 土壤污染治理责任性质的争议

一、立法中的争议

(一) 土壤污染专门立法中的争议

对土壤污染治理责任性质的争议贯穿于土壤污染专门立法的过程中。在《土壤污染防治法(草案)(征求意见稿)》中,第87条规定:"土壤污染责任人未按本法规定承担土壤污染风险管控和修复义务,土地使用权人可以向人民法院起诉,请求土壤污染责任人履行相应义务。"第88条规定:"因土壤污染对环境造成重大损害的,环境保护主管部门可以代表国家提出损害赔偿诉讼。"《土壤污染防治法(草案)(二次审议稿)》沿袭了征求意见稿第87条的规定,全条未加改动,仅将顺序调整为第 95 条。有关土壤污染公益诉讼的条款则将有权提起公益诉讼的主体修改为"有关机关和组织"。两部草案的规定似乎为了对应司法实践中有关土壤污染的两大主要诉讼类型(详见后述),规定了土壤污染的私益诉讼和公益诉讼机制。但草案条文主体部分对责任的设定方式多表现如下:"地方人民政府环境保护主管部门应当根据土壤污染状况调查和监测、现场检查结果,要求土地使用权人……进行土壤及地下水污染状况调查""按国务院环境保护主管部门规定的程序认定土壤污染责任人"等。

上述征求意见稿中,第 87 条(二次审议稿的第 95 条)规定的并非如下情形:当土壤污染责任人无法认定时,土地使用权人承担了土壤污染调查、风险评估、风险管控、修复等责任,若土壤污染责任人后得以认定,由现行承担责任的土地使用权人向责任人追偿。毫无疑问,这种诉讼是基于土地使用权人的求偿权,针对土壤污染修复费用进行的民事诉讼。解读起来,该条文适用于如下情形:土壤污染责任人已被认定,但拒不履行治理责任,由土地使用权人作为与土地权益紧密相关的主体通过诉讼请求责任人履行责任,或支付责任履行的相关费用。正如有学者指出的:"从原告、被告双方的身份来看,该诉讼似应为私益诉讼,也即因污染责任人污染土地、侵害土地使用权人对土地的财产权益所引起的侵权诉讼。""如果这样(作为基于土地财产私益诉讼),则意味着双方对诉讼拥有处分权,原告可以变更或放弃诉讼请求,在获得某种'好处'——如充分赔偿或补偿——时免除或减轻被告的修复义务,放任污染后果的存在。很显然,这种明显违背修复制度初衷的处理方式在实践中将导致该制度在多数情形下落空,因为修复费用通常远超地价,尤其是农地。而任由私主体对法定的土壤修复义务做实质处分,并以此获利,更于理不通。"[1]

(二) 民法典编纂中的争议

2016 年 6 月,经十二届全国人大常委会第二十一次会议初次审议后,公开征求意见的《中华人民共和国民法总则(草案)》(以下简称《民法总则(草案)》)第 160 条第 5 项将"修复生态环境"规定为一种民事责任承担方式,与传统的"恢复原状"并列。相较于《民法通则》第 134 条、《侵权责任法》第 15 条,"修复生态环境"成了一种新的民事责任承担方式。随后,在 2016 年 10 月十二届全国人大常委会第二十四次会议再次审议后公开征求意见的《民法总则(草案二次审议稿)》中,"修复生态环境"从该条删除。

---

[1] 巩固:《公法责任视角下的土壤修复——基于〈土壤污染防治法〉的分析》,《法学》2018 年第 10 期。

然而,提请十三届全国人大第三次会议审议的《民法典(草案)》又对包括土壤污染治理在内的生态环境修复做了新的回应。虽然草案沿袭了《民法总则》第9条对绿色原则的规定,即"民事主体从事民事活动,应当有利于节约资源、保护生态环境",并且未将修复生态环境列为承担民事责任的主要方式,但在侵权责任编第七章"环境污染和生态破坏责任"中,第1234条规定:"违反国家规定造成生态环境损害,生态环境能够修复的,国家规定的机关或者法律规定的组织有权请求侵权人在合理期限内承担修复责任。侵权人在期限内未修复的,国家规定的机关或者法律规定的组织可以自行或者委托他人进行修复,所需费用由侵权人负担。"紧接着,第1235条规定:"违反国家规定造成生态环境损害的,国家规定的机关或者法律规定的组织有权请求侵权人赔偿下列损失和费用:(一)生态环境修复期间服务功能丧失导致的损失;(二)生态环境功能永久性损害造成的损失;(三)生态环境损害调查、鉴定评估等费用;(四)清除污染、修复生态环境费用;(五)防止损害的发生和扩大所支出的合理费用。"《民法典》通过时,这两个条款未做改动。该规定涵盖了土壤污染风险管控和修复的相关责任。

(三)相关司法解释中的争议

2016年《最高人民法院关于充分发挥审判职能作用为推进生态文明建设与绿色发展提供司法服务和保障的意见》提出,要"落实以生态环境修复为中心的损害救济制度",并且要"探索土壤污染民事责任主体范围、因果关系以及修复标准等方面的认定规则"。由此,最高人民法院将土壤污染的责任明确界定为民事责任。在2014年《最高人民法院关于审理环境民事公益诉讼案件适用法律若干问题的解释》中,第18条规定:"对污染环境、破坏生态,已经损害社会公共利益或者具有损害社会公共利益重大风险的行为,原告可以请求被告承担停止侵害、排除妨碍、消除危险、恢复原状、赔偿损失、赔礼道歉等民事责任。"第20条进一步明确:"原告请求恢复原状的,人民法院可以依法判决被告将生态环境修复到损害发生之前的状态和功能。无法完全修复的,可以准许采用替代性修复方式。人民法院可以在判决被告修复生态环境的同时,确定被告不履行修复义务时应承担的生态环境修复费用;也可以直接判决被告承担生态环境修复费用。生态环境修复费用包括制定、实施修复方案的费用和监测、监管等费用。"2015年《最高人民法院关于审理环境侵权责任纠纷案件适用法律若干问题的解释》则对环境民事公益诉讼司法解释第18条做了一定的修正,其第14条规定:"被侵权人请求恢复原状的,人民法院可以依法裁判污染者承担环境修复责任,并同时确定被告不履行环境修复义务时应当承担的环境修复费用。污染者在生效判决确定的期限内未履行环境修复义务的,人民法院可以委托其他人进行环境修复,所需费用由污染者承担。"有学者指出,最高人民法院规定的变化体现了对生态修复与环境修复差异的正视,放弃了对生态修复的错误理解,转而使用更为贴合实践的环境修复概念。[1] 无论如何,我国最高人民法院司法解释的态度是一贯的,即对传统民事侵权责任中的"恢复原状"进行扩大化解释,将包括土壤污染治理在内的生态环境/环境修复纳入民事责任中"恢复原状"这一类型。

此外,我国制定的一些重要政策性文件也对土壤污染和生态环境修复的性质进行了直接或间接的规定。例如,2017年中共中央办公厅、国务院印发的《生态环境损害赔偿制度改革方案》规定:"(生态环境损害)赔偿义务人因同一生态环境损害行为需承担行政责任或刑事责任的,不影响其依法承担生态环境损害赔偿责任。""磋商未达成一致的,赔偿权利人及其指定的部门或机构应当及时提起生态环境损害赔偿民事诉讼。"土壤污染也是该方案所指的生态环境损害的重要类型。[2] 此外,该方案对生态环境损害赔偿范围界定如下:清除污染费用、生态环境修复费用、生态环境修复期间服务功能的损失、生态环境功能永久性损害造成的损失以及生态环境损害赔偿调查、鉴定评估等合理费用。因此,该方案认为土壤污染治理责任是一种民事责任。相应地,2019年颁布的《最高人民法院关于审理生态环境损害赔偿案件的若干规定(试行)》进一步将通过生态损害赔偿的土壤污染治理责任界定为民事责任,并规定了相应的管辖、诉讼当事人、因果关系等程序和实体上的关键问题。

二、我国的土壤污染治理责任分配实践中的争议

我国的《土壤污染防治法》于2019年1月1日生效,由于各项基本的配套立法尚未完备,相关主体处于观望中,近一年的土壤污染治理活动又有所停滞。因此,我们梳理了该法生效之前,以司法力量和行政力量为主导的治理责任的认定、分配、落实等实践,以从中发现司法判决和行政活动对土壤污染治理责任性质的基本认识。

---

[1] 吴鹏:《最高法院司法解释对生态修复制度的误解与矫正》,《中国地质大学学报(社会科学版)》2015年第4期。
[2] 中共中央办公厅、国务院印发的《生态环境损害赔偿制度改革方案》规定,本方案所称生态环境损害,是指因污染环境、破坏生态造成大气、地表水、地下水、土壤、森林等环境要素和植物、动物、微生物等生物要素的不利改变,以及上述要素构成的生态系统功能退化。

（一）司法力量主导的治理责任分配中的争议

我国涉及土壤污染的司法案例大致可划分为三种类型。(1)土地使用权人（主要是土地承包经营权人）认为工业有毒有害废物倾倒或污水排放、畜禽养殖污染物排放等造成土地质量下降，因而诉请作物种植经济损失等方面的民事赔偿。(2)地方人民政府在突发性土壤污染事故中采取应急措施和污染物清理措施所产生的费用，需要在事故处置后向污染者或保险人追偿，由此引发的民事诉讼。(3)环境保护组织针对危险废物的收购、处置、倾倒等严重污染环境的行为，诉请责任人整治、修复被破坏的土壤环境的公益诉讼。在第一类案例中，土地使用权人更多地关注因污染导致的土地财产收益减损，其损害赔偿请求多以金钱赔偿为主，赔偿数额与土壤污染治理所需费用相差甚远，因而严格地讲，这类案例不属于我们探讨的追究土壤污染治理责任的范围。后两类案例则是典型的诉请司法机关追究土壤污染治理责任的实践。

在后两类案例中，污染行为与土壤受污染事实的发现、提起诉讼的间隔期较短，污染者相对明确，一旦侵权责任成立，污染治理的责任主体就可确定为工业企业和污染物的运输者、倾倒者、处置者等污染行为人。由于我们搜集的这两类案例都是在《土壤污染防治法》施行之前的，我国尚未通过立法确认土壤污染治理的行政责任，所以司法机关多通过适用侵权责任法对受害人给予救济。在一些公益诉讼案件中，一些法院开展了在原有民事责任框架下的新探索，例如，在依据侵权责任法判决停止侵害、消除危险、恢复原状的同时，要求被告方制定环境生态整治方案，并对责任主体、整治的目标、时间、技术方案、验收等作出明确要求。[1]然而，由于土壤污染治理是一个系统工程，在缺乏专门立法明确规定土壤污染治理责任的类型、范围、承担方式的前提下，司法机关适用侵权责任法处理案例，面临着责任边界不清、责任划分缺乏统一尺度的困境。并且，在案件的判决执行过程中，由于司法执行人员配备不足及专业的有限性，土壤污染治理责任完成情况的验收等工作成效欠佳。

（二）行政力量主导的治理责任分配

正如本书第二章介绍的，受房地产开发热潮推动，行政力量主导的土壤污染治理实践在各地蓬勃开展，其中的责任分配模式呈现出多样化的局面。(1)地方政府担责、土地开发者实施的模式。在北京市红狮涂料厂污染场地修

---

[1] 中国生物多样性保护与绿色发展基金会：《环境公益诉讼案例汇编》，法律出版社，2018年，第72页。

复事例中,北京市土地出让中心将土地污染状况告知竞标者,中标的开发商将拟定的修复方案经北京市环境保护局验收并进行环境影响评价审批后予以实施。从表面上看,该事例中的责任分配方式属于开发者负担模式,但实质上,真正的责任人是北京市人民政府。在信息完全公开和自由市场的条件下,开发商拍得受污染地块与其他无污染地块的收益并没有变化,不过,政府牺牲了部分土地出让金、承担了治理成本,只是将具体的治理工作交由开发商完成。(2)地方政府担责、土地开发中心实施的模式。在广州市氮肥厂污染场地修复事例中,政府先将受污染地块纳入土地储备,其中一部分出让给石化企业,另一部分用于房地产开发。由于原广州市氮肥厂已经破产,所以修复成本由广州市土地开发中心全额承担。在这一事例中,广州市人民政府作为土地出让收益的收取者是土壤污染治理责任人,具体的治理任务由广州市土地开发中心出资委托有资质的机构完成。(3)污染者、土地开发者、地方政府共同担责模式。在杭州市西湖文化广场污染场地修复事例中,污染治理责任在污染者和受益者(杭州市人民政府和房地产开发商)之间进行分配,具体的责任份额由各方协商确定。

可以看出,在《土壤污染防治法》生效前,我国的土壤污染治理责任往往表现为公益的民事责任或协商式的民事责任。

三、学理争论

一直以来,对于土壤污染治理责任的性质,理论界也存在较大争议。目前的讨论主要聚焦于该责任是一种公法责任还是私法责任。

许多学者认为,土壤污染治理责任应当是一种公法责任。有观点认为,修复污染场地属于典型的消除环境危害后果的环境行政命令,是现行环境立法针对违法行为(或不以违法为前提的行为),造成环境危害后果,对相对人施加的义务。这种责任的定性赋予行政机关作出的有关污染土壤修复对象识别以及对责任人课以修复义务的决定以公定力,即行政机关可以单方面决定责任人的法律义务或责任,直到被有正当权限的机关取消或者确认无效为止。[1]有学者指出,环境行政执法是环境治理最主要的手段,因而对于绝大多数侵害公益的行为,首先还是要依靠行政机关行使行政权来加强社会管理。生态修复这样具有

---

[1] [日]美浓部达吉:《公法与私法》,黄冯明译,中国政法大学出版社,2003年,第111页。

很强社会公益性的活动更是如此。行政救济相较于司法救济具有高效率、直接、便捷的特点，从而应当作为生态修复的首选途径，司法救济是保护公益的最后手段。[1]有学者更有针对性地指出，决定责任性质的，不仅在于其"外观"——以何种名义作出或体现何种原理，更在于其赖以发生的权益基础、据以存在的法律渊源以及由前两者所决定的责任的具体内容和实际功能等。土壤修复是为了保障公共健康而由个人向公众承担的公共责任，是依公法规定而生、须严格依法实施的法定责任，而且是落实法律规定和要求、确保义务人履行法定义务的执法责任，因而是一种公法责任。[2]

针对在我国《民法总则》的制定和《民法典》的编纂过程中，是否应将生态修复纳入民事责任承担方式的争议，有学者不认可将修复生态环境作为一种独立的民事责任承担方式，而主张将其作为环境公益救济的主要责任承担方式，在专门的环境立法中加以规定。[3]有学者认为，尽管其与一般的民事责任不同，仍可将生态环境修复责任纳入民事责任的范畴，"生态环境修复责任是一个救济生态环境损害的民事责任体系……所以，（应）制定环境特别民事责任立法明确'环境损害'或者'生态环境损害'这一损害类型，将生态环境修复作为救济生态环境损害的主要方式。"[4]有学者认为土壤污染修复责任是一种个体化的环境侵权责任，并提出，当污染者（即责任主体）明确且有能力承担全部责任时，主要通过环境税制度、环境侵权损害赔偿等个体责任制度来筹措资金，[5]如对于土壤污染物清除、场地修复等土壤污染治理修复责任，污染者承担的是基于污染者负担原则的民事责任，政府承担的是补充性、替代性的民事责任，环境服务者承担的是连带的民事责任。

第二节　土壤污染治理责任性质的界定

一、土壤污染治理责任的内核

前述立法、执法、司法和学理中的争议，与其说是针对土壤污染治理责任的

---

[1] 曲冬梅：《检察机关提起环境公益诉讼体现司法担当》，《检察日报》2015年2月25日第3版。
[2] 巩固：《公法责任视角下的土壤修复——基于〈土壤污染防治法〉的分析》，《法学》2018年第10期。
[3] 吕忠梅、窦海阳：《修复生态环境责任的实证解析》，《法学研究》2017年第3期。
[4] 李挚萍：《生态环境修复责任法律性质辨析》，《中国地质大学学报(社会科学版)》2018年第2期。
[5] 王岚：《个体环境责任制度与环境责任社会化的互补》，《甘肃政法学院学报》2016年第3期。

性质这一实体性问题,毋宁说是围绕土壤污染治理责任更适宜通过何种机制予以追究和实现的程序性问题。

那么,土壤污染治理责任的性质是什么呢?对这一问题的解答离不开对土壤污染受损利益的分析。一般而言,当土壤被污染时,受损利益如下:(1)国家或集体的土地所有权利益的受损。我国实行土地公有制,土地归国家和集体所有。土壤污染是对国家、集体等自然资源资产的破坏,土壤污染造成了土地本身价值的减损。(2)单位和个人的土地使用权利益的受损。我国土地资源的所有权和使用权分离,在已经设立了土地使用权的地块上,土壤污染亦导致了使用权的损害(姑且不论土地权利人是否同时为造成污染的人)。(3)土壤和地下水环境本身的受损。土壤污染造成了土地这一环境要素和其作为植物、动物、微生物等生物要素的不利改变,造成这些要素构成的生态系统功能的退化,并且由于土壤与地下水具有高度关联性且地下水具有流动性,污染后修复难度极大,往往会造成具有高公共风险的地下水污染。(4)人体健康利益的受损。土壤污染中的成分可能向地下或地表水迁移,或形成土壤气逸出地表,地下水中的污染物也可能扩散,这种潜在风险可能会导致场地周边、相当地域范围的人群或接触、接近污染物的人群面临潜在的健康风险。当然,由于土壤污染的延时性,受到影响的主体和利益还会因时间的流逝而变得更为庞杂、多样。

在上述受损的利益中,存在因土壤污染产生的事实上的人体健康权受损的私人利益受损,也存在性质上介于私益的财产权和公益的公物之间的国家自然资源所有权的受损,更主要的是以环境要素和生态系统功能退化为表现的对环境本身的损害,以及土壤及地下水污染持续产生的不特定性的公共风险。我们发现,土壤污染造成的权利受损多数指向的是公共利益。有人可能会质疑土壤污染治理责任对国家自然资源所有权受损填补的可能性。我们的理解是,即便客观对象同指土地环境要素,我国的土地自然资源产权依然能单独存在,这是因为该权利指向土地作为自然资源的价值性功能。由于土地属于不可耗竭的自然资源,所以一般意义上不存在灭失的可能,更多表现为环境要素和生态要素受损导致的自然产权的减损。污染土壤的修复可以在合理范围内填补自然资源的受损。

无论如何,土壤污染已经超越了以对权利人私益保护为中心的财产权体系,在我国特殊的土地制度下,公共利益吸收了散逸的多种利益。因此,对因土壤污染受损的利益填补而言,除明确属于个人的受损利益外,环境要素和生态要素的退化、散逸的公共健康风险、自然资源产权(包括所有权和衍生的使用权)等其他的利益都可以被土壤污染治理责任涵盖或吸收,无另行主张的必要性。从这个意义上讲,土壤污染治理责任是典型的具有公共性的利益,属于环境公共利益。

在缺乏系统的责任追究和责任实现的机制下,民事公益诉讼的形式是可行的,这也是我国在《土壤污染防治法》生效之前的常见思路,是社会公益组织、检察机关、法院在土壤污染防治领域拓荒式的积极探索,值得肯定。考虑到土壤污染治理的复杂性、科学性、高成本,我国《土壤污染防治法》效仿世界上多数国家的做法,将土壤污染治理责任设定为经由行政作用的"公法责任"。

一方面,这来源于土壤污染治理本身的科学性、复杂性、高成本等特点。毕竟,如果通过诉讼由法官适用来挽回原有规则的失灵,其启动的被动性、单发性、耗时性、不稳定性(可因不同法官的判决而有所不同)远不如法律新创设义务更直接、普遍适用,并且借由行政机关实施也较为有效率。另一方面,这也与我国的"无限政府"思想密切相关。关于国家行政机能的任务,学者的观点颇不一致。英国学者弗里曼(Friedmann)认为国家应担负秩序的维持者、社会服务的提供者、产业经营者、经济统治者及仲裁者的任务。[1] 德国学者佛尔斯特霍弗(Forsthoff)认为现代国家之机能除其应为秩序之维护者外,更应负担起"给付者"之责任,易言之,国家应以积极照料并扶助国民生活之向上为指标,而以"干涉行政"之方法行之。[2] 法国学者杜兹(Duez)和德贝尔(Debeyre)认为现代行政机能已由昔日行政警察的消极方法转变为"为公众服务的积极方法"。[3] 瑞士学者胡伯(H. Huber)更彻底而明晰地认为现代福利国家意即一种大有为的"经营指导国家"。[4] 综上所述,不难发现,各家之间均有一点共同的认识与近似的国家观,即现代国家再也不能仅消极地固囿于对外抵御侵略、对内维持治安,更须进而积极地为公众提供服务,多方面地谋求人民的(尤其是保育性的)福利;而行政机关在"依法行政"的积极意义下,除尽量摆脱此前"最好的政府,最少

---

[1] W. Friedmann, *Law and Social Change in Contemporary Britain* (London: Stevens, 1951), pp. 298-307.

[2] Ernst Forsthoff, *Lehrbuch des Verwaltungsrechts* (Munich: C. H. Beck, 1966), p. 35; Walter Antoniolli, *Allgemeines Verwaltungsrecht* (Vienna: Manz-Verlag, 1954), p.46.

[3] Paul Duez and Guy Debeyre, *Traité de Droit Administratif* (Paris: Dalloz, 1952), pp. 501-503, 536.

[4] H. Huber, "Nidergang des Rechts und Kris des Rechtsstaates," in *Demokratie und Rechtsstaat* (Festgabe fur Z. Giacometti, 1953), p.75.

的管理"之思想桎梏外,更应该尽量减少20世纪欧陆国家所奉为金科玉律的行政之高权性及官方性中的官僚化成分。机关与国民之间再非臣民关系,而一般的国民再不被认为是国家权势下负有单方面遵从义务的被统治者。国家之法令亦非单方面他律之命令,而含有法令自治之意味,以臻于服务行政及福利国家应有之境界。现代国家行政权作用的内涵,再非仅局限于行政组织、警察、军务、司法行政、外交及财政等部门,保育行政——诸如经济、交通、教育及其他社会行政——已有转副为正的趋势。换言之,此前被认为系私法关系或纯属私人间相互关系范畴的,而今却逐步被囊括在行政作用之中,并且日益膨胀,构成行政作用的主要内容。这种政府定位在我国尤为鲜明,在"家长式"政府的定位下,社会重大问题默认应由政府处理,面对土壤污染治理责任的认定等需要政府积极作为和归属不甚明确的新问题时尤其如此。

然而,在实施《土壤污染防治法》时,我们要保持清醒的认识。土壤污染治理责任的设置旨在补救原有法律体系的失败(就已经产生的土壤污染而言),而这种补救之所以不主要通过私人的诉讼或公诉活动这种典型的补救法律失败的辅助性措施[1]来实现,是因为问题之严重、普遍,以及我们现行的诉讼制度、土地制度、环境保护制度对救济实现的阻碍。但好在通过诉讼补救并不是完全行不通的,可以进行公益诉讼,但要谨防公益诉讼形式的错用(民事还是行政)或者与生态损害赔偿相混淆。政府本身的意愿和能力具有有限性,这将使得土壤污染责任的行政追究未必及时和充分。我国《土壤污染防治法》中将土壤污染的调查、风险评估与修复的成效评价都交由地方开展,行政机关仅为其备案的规定,在我国第三方规范性严重不足的现状下,可能导致土壤污染防治目标的落空,也在一定程度上暴露了公众对"无限政府"的期待与政府本身"有限政府""多方共治"定位之间的紧张关系。

因此,我国应在土壤污染防治领域设置以行政追究为基础,以环境民事公益诉讼和行政公益诉讼为形式的司法判决并举的机制。我国土壤污染治理责任的公益诉讼,不仅要着眼于对政府行使权力的监督和督促(检察机关提起的行政公益诉讼),更要注重通过环境民事公益诉讼对政府权力的补足(环境民事公益诉讼)。因此,不能完全依赖于政府的力量。否则,不充分的权力制衡极易造成大量的土壤污染得不到重视或解决,导致非体制解决方式的泛滥。

---

[1] [英]H.L.A.哈特:《惩罚与责任》,王勇等译,华夏出版社,1989年,第39页。

二、秩序行政上的土壤污染治理责任

对于土壤污染治理责任应主要是经由行政权力作用后的"公法责任",学者越来越多地达成了共识。但经过这种方式创设的责任具体属于何种行政责任,仍值得进一步探讨。

(一)土壤污染治理责任与行政处罚

土壤污染治理责任的设定与一般而言的行政处罚责任有显著的不同。行政处罚责任是基于违反行政法中作为或不作为的义务,由国家机关依法施加的制裁,具有制裁性、不利性、非难性和震慑性。其实质上是对于违反行政法上义务之行为,行政机关为达其行政目的,对于违反义务者施以财产罚或其他种类之处罚,以示非难警告之意,借行政处罚来告知违反者应受一定之制裁,以促其将来不再犯,违反义务人必须忍受此种不利处分。对于命令除去违法状态或停止违法行为而言,虽然构成了不利处分,但并不具有制裁的性质。类似规定在环境保护类法律中相当常见。例如,《水污染防治法》第85条规定,有下列行为之一的,由县级以上地方人民政府环境保护主管部门责令停止违法行为,限期采取治理措施,消除污染,处以罚款;逾期不采取治理措施的,环境保护主管部门可以指定有治理能力的单位代为治理,所需费用由违法者承担:(1)向水体排放油类、酸液、碱液的;(2)向水体排放剧毒废液或将含有汞、镉、砷、铬、铅、氰化物、黄磷等的可溶性剧毒废渣向水体排放、倾倒或者直接埋入地下的。此条规定的"责令停止违法行为""限期采取治理措施,消除污染",前者针对向水体排放特定污染物的行为本身,要求立刻终止违法行为或者违法状态的持续,后者则针对排放行为已经造成的水体或土壤污染的后果,要求采取措施使其回复到未被该物质污染的状态。

土壤污染治理责任的设定只是对恢复造成土壤污染的行为不利后果的一般性法律义务,通过具体的行政作用,如行政调查的实施、行政决定的形成等程序,重申该义务并将其具体化,要求具体的义务人承担法律规定的一般性义务。这是从文本的法律变为活着的法律的过程,是通过具体的行政机关的执法活动,从相对人单方的守法转变为在行政机关监督、敦促和盯视下遵守法律的规定,而这一过程,是通过一次或若干次的行政权的行使实现的。该义务本就是相对人应当遵守的法律上已经明确规定的作为或不作为的义务,治理责任的设定只是对行政法上规定的导致土壤污染后果的作为义务的再次强调和重申,让相对人去承担原本就应承担的义务。

从性质上说,这种行政行为属于行政命令的范畴。在我国,行政命令这一概念有通俗用法和行政法上的专门用法之别。按照通俗用法来理解,行政命令泛指政府的一切决定或者措施;而行政法上的行政命令则是指行政主体依法要求行政相对人为或者不为一定行为(作为或者不作为)的意思表示,是行政行为的一种形式。[1]这与德国行政法之实务与理论中的"秩序行政"类似。秩序行政的作用在于行政秩序之恢复与维持,矫正被破坏的公益状态,有"向将来"的属性,主观上亦不以行为人之故意过失为成立要件。秩序行政权作为一种干预行政权,针对侵扰安全及秩序者而为,目的在于排除妨害人所导致的危险情状。因此,干预行政作用须针对就危险之产生应负责任之妨害人而为。

(二)土壤污染治理责任与行政征收

就土壤污染治理责任行政追究的性质而言,还有另外一种思路。根据日本实务相关见解,对于造成公害原因的事业活动,要求其负担公害防治费用,即使当事人无故意、过失,基于该负担金的性质与刑事罚、不法行为的损害赔偿性质不同,属于公法上之负担,在此范围内,仍合乎正义、公平之思考。"损失补偿制度,是试图以社会全体成员的负担,来补偿特定的人因公共事业的实施所蒙受的损失的制度。与此相反,有时候,以社会全体的负担来实施公共事业的结果,却让特定的人充分地享受了其开发利益。在这种情况下,有必要收回该特定的人所获得的开发利益,将其返还给公共社会全体。这便是开发利益返还社会的制度。从某种意义上讲,损失补偿是平均损失的制度。与此相对,开发利益返还社会则是平均利益的制度。这两种制度都立足于公平乃至调节的理念,在这一点上,两者具有共通的性质。"受益者负担,这是为了收回公共事业的经费,而使因公共事业获得了特别的利益者承担的负担。[2]这意味着,对于污染场地的修复,其实是一个公共事业,"作为一个惠益公众但成本高昂的公益事业,土壤修复离不开公共资金的支持……不能(单纯)寄希望于'污染者负担'原则",[3]这意味着,土壤污染治理责任的承担必然绕不过责任者与政府之间担责范围的关系。如果将责任承担理解为开发利益返还社会,是由行政机关通过行政征收的方式,

---

[1] 参见朱新立:《行政法基本原理》,浙江大学出版社,1995年,第145页。有人认为,行政命令是指各级行政机关在职权范围内对外发布的具有普遍效力的非立法性规范。它是对外抽象行政行为中排除行政立法的那一部分。这种意义上的行政命令,实质上是我们通常所说的"其他规范性文件",不属于本书所要讨论的范围。

[2] [日]南博方:《行政法》(第六版),杨建顺译,中国人民大学出版社,2009年,第139页。

[3] 巩固:《公法责任视角下的土壤修复——基于〈土壤污染防治法〉的分析》,《法学》2018年第10期。

迫使获利者返还利益,那么因为无法对这些获利者自动返还有所期待,土壤污染治理责任可能实际上就构成了一种行政征收,而不是单纯的行政命令。企业在工业生产或利用土地排放污染物时,社会全体负担了由此产生的土壤环境风险,而工业生产和土地利用的利益却主要由特定的人享有。因此,与排污费的征收类似,土壤污染治理责任立足于社会公平、正义的实现,当事人有无故意或过失在所不问,是属于社会发展风险的分担,而不是对责任者的惩罚或责难。

(三) 作为行政命令和行政征收的土壤污染治理责任

土壤污染的治理与其他环境问题不同,其关注的重心并不是对负有作为义务的当事人没有作为的违法状况的惩戒或责罚,而是尽快且有效地排除其危害的状态,避免因为土壤和地下水污染对人身、财产、环境造成危害,并避免危害或风险的进一步扩大。这是因为,这种危害是非常严重的,有些时候甚至是不可逆的,而且这些危害和风险也基于土壤和地下水的特征,极其容易扩大。应当关注的是尽快找到责任者,分配治理和修复的责任,筹集充足的资金,订立安全可行的修复标准,尽快且有效地完成污染土壤的治理和修复。因此,应秉承一种"解决问题"的哲学,注重效率和任务的达成,周延性应当成为重心,为及时、有效地减轻或消除土壤污染带来的损害和潜在危险,尽快、安全且不间断地采取应急措施,移除污染物,消除土壤污染,有效达成公共安全及秩序的维护。必须在危害发生时或之前,快速判断并作出及时反应,采取适当措施以预防、制止或排除危害。因此,土壤污染治理责任首先是一种行政命令。当土壤污染治理的法定责任人(包括污染责任人和土地权利人)无法充分实现责任的承担,需要借助政府力量或公共基金承担或补足时,土壤污染治理责任的承担同样具有行政征收的性质。

这意味着,在具体执法过程中,要通过具体程序的使用,明确告知潜在责任人具体的义务,实施的期限,抗辩、听证等权利,并在其不履行义务的情况下,为其设定相应的行政处罚或行政强制的举措,保障立法目的的实现。在涉及行政征收时,应考虑到行政征收的正当性,设定合理的行政征收目标、程序和资金分配与使用方式。

第三节 土壤污染治理责任的一般性义务来源

一、土壤污染治理责任义务来源探究的必要性

上述分析表明,土壤污染治理责任属于兼具行政命令与行政征收性质的行

为。但这只是回答了土壤污染治理责任形式上的性质,事实上,对土壤污染治理责任性质(nature)或本质(essence)探究的同时,还不可避免地涉及对其原因(cause)、目的(purpose)、证成(justification)或起源(origin)的分析。

以创设土壤污染治理责任的主要路径——秩序行政为例。经由行政命令创设的土壤污染治理责任,是指行政机关为排除土壤的物理、生化、放射性污染造成的损害或风险,采取干预性措施,要求责任人承担排除损害或风险的义务。"准确一点,行政法上'责任'乃指人们为某种事情或行为'负起责任',属行政法上义务所有存在的前阶段[正当性课题](前端性概念),而非违反行政法上义务的后阶段[付出代价问题](处罚),也不是如何收尾、善后的问题(其中部分属于行政执行的课题)。"[1]意即,我们不仅要关心土壤污染治理责任履行的末端性问题,更要进一步厘清课予责任者该行政法上责任的一般性义务来源。

之所以要做上述努力,原因在于:首先,考虑到土壤污染治理责任的重大性,我们不能满足于立法有明确规定即可。对于"为什么"要课予这种行政法上义务的进一步追问、审视及合理化论证,关系到法对形式正义和实质正义的追求,可以帮助人们建立起对法律的信赖和良好的法律秩序,尽可能地平复责任者不履行义务的冲动。其次,尽管立法者对土壤污染治理的责任主体及责任范围作了尽可能清晰的界定,在法律施行过程中,若应承担行政法上义务的主体有多种态样,则个案中谁是具体的行政法上的义务人,从有权机关的判定,到所课予义务的范围与内涵、义务违反的处罚等,均可能存在争议。通常,对相关法律条文的文义解释未必能解决这些争议,而必须探究立法者课予义务人特定行政法上义务的缘由,也就是行政法上义务的来源或理据。这关系到个案中责任主体的确定。最后,我们还应该清楚是否有某些原则限制对土壤污染治理目标的无条件追求,这关系到个案中责任范围的界定,这也要回到土壤污染治理责任正当性基础这一本源性问题。

二、土壤污染的肇因者责任及义务来源

(一) 肇因者责任

如本书第四章所述,在全球范围内,各国规定了不同类型的土壤污染治理责

---

[1] 李建良:《行政法中"裁罚性不利处分"的概念意涵及法适用上之若干基本问题——"制裁性不利处分"概念之提出》,《月旦法学杂志》2010年第181期。

任者。无论责任者范围如何,我们都可以依据他们与土壤污染间的关联度,将潜在责任人划分为肇因者和非肇因者。

所谓肇因者,是指直接造成土壤污染的污染物产生者、运输者、处置者等,其产生、运输、排放、处置污染物的行为是土壤污染的根源。为了使土壤污染得到充分治理,无论肇因者的污染行为发生在何时,土壤污染防治的法律都应要求其承担污染场地调查、污染风险评估与控制、污染场地修复及后续管理等责任。

我国的《土壤污染防治法》并未对污染责任人的概念和范围作出明确的界定,而将关系到土壤污染治理责任分配的核心事项授权有关部门通过规章制定。[1] 立法者认为,污染责任人是污染的肇因者,似乎是不证自明的道理。[2] 公认地,责任制度是构筑整个土壤污染法律制度的核心与重要基石,将如此重要的事项委托于政府部门立法,将导致法的灵活性有余,而权威性不足。不得不说,这是该法的缺陷之一。这导致我们仅能推断,从该法对污染责任人应负担实施土壤污染状况调查和土壤污染风险评估、风险管控、修复、风险管控效果评估、修复效果评估、后期管理等活动所支出费用的全过程义务的规定,[3] 以及承担第二顺位责任的土地使用权人与污染责任人称谓上的区分来看,[4] 该法中的污染责任人应当是指造成土壤污染的人。[5] 相关部门随后发放征求意见的责任人认定办法也印证了这一推断。《建设用地土壤污染责任人认定办法(试行)(征求意见稿)》第3条规定,土壤污染责任人是因排放、倾倒、堆存、填埋、泄露、遗撒、渗漏、流失、扬散污染物或有毒有害物质等,造成土壤污染,需要依法承担风险管控、修复责任的单位和个人。《农用地土壤污染责任人认定办法(试行)(征求意见稿)》也作出了类似的规定。

值得注意的是,鉴于土壤污染责任人认定中的困难,许多国家和地区的行政机关和司法机关往往倾向于对肇因责任者做扩大解释,土地的所有者和占有者极有可能出于对土地的实际控制,在占有时允许排放或明知而未清理,从而成为肇因者承担责任。例如,我国台湾地区相关规定明确将中介或容许泄露、弃置、非法排放或灌注污染物的人界定为污染行为人(类似于大陆的污染责任人)。之

---

[1]《土壤污染防治法》第48条。
[2] 我国将造成土壤污染的人叫作土壤污染责任人,土地使用权人即便负有责任,称谓上也不叫作土壤污染责任人,以做区分。
[3]《土壤污染防治法》第46条。
[4]《土壤污染防治法》第45条。
[5] 生态环境部法规与标准司:《〈中华人民共和国土壤污染防治法〉解读与适用手册》,法律出版社,2018年,第99页。

前提到的英国瑞德兰德矿业公司和克莱斯特·尼克尔森房地产公司行政复议案以及广州市白云区鱼塘污染案可供参考。

(二)肇因者责任的义务来源

通常认为,土壤污染中肇因者的义务来源于环境法中的污染者负担原则(polluter pays principle)。[1] 环境问题具有典型的外部性,生产者生产经营活动中的环境污染或破坏成本往往转嫁给他人或社会承担。为反映这些外部性成本,需要通过排污费、环境侵权损害赔偿等法律机制矫正环境成本的不当分担。土壤污染的治理是采用物理、化学或生物的方法固定、转移、吸收、降解或者转化场地土壤中的污染物,使其含量降低到可接受的水平,或者将有毒有害污染物转化为无害物质的过程。[2] 因此,土壤污染治理责任是要求污染者将其行为导致的污染状况(在一定程度上)治理至未被污染或法律认可的状态,充分体现了污染者负担原则。当然,污染者负担原则也是我国《环境保护法》一以贯之的基本法律原则。[3]

三、土壤污染的非肇因者责任及义务来源

(一)非肇因者责任

除肇因者外,许多国家还将土地所有权人、使用权人及土地的实际控制者、使用者和管理者等规定为土壤污染治理的责任者,由于他们并未造成土壤污染的后果,因而是非肇因者。

各国(地区)对非肇因者承担土壤污染治理责任的范围有不同规定。根据美国"超级基金法案"(CERCLA)第 107 条,土地权利人或土地使用者、管理者等非肇因者要承担全部的土壤污染治理责任,不过,这是一种不真正连带责任,非肇因者在承担责任后有权向肇因者追偿。总体来说,在责任主体的认定上,CERCLA 未遵循普通法上传统的"行为"判断标准,即无论相应主体是否实施了造成场地污染的危险物质处置、处理或释放行为,只要其属于 CERCLA 所界定的"身份"范围,就会产生 CERCLA 责任。根据我国台湾地区关于土壤与地下水

---

[1] 柯坚:《论污染者负担原则的嬗变》,《法学评论》2010 年第 6 期。
[2] 《污染场地土壤修复技术导则》(HJ25.4—2014)。
[3] 《环境保护法》第 5 条:"环境保护坚持保护优先、预防为主、综合治理、公众参与、损害担责的原则。"《环境保护法》第 6 条:"企业事业单位和其他生产经营者应当防止、减少环境污染和生态破坏,对所造成的损害依法承担责任。"

整治的相关规定,土地关系人(土地被公告为污染场地时不属于污染行为人的土地使用者、管理者或所有者)仅在发现有污染之虞时,才有采取紧急措施以防止污染扩大的义务,尽此义务者不承担污染治理责任。根据英国《环境保护法案》的有关规定,土壤污染责任人是造成污染或明知有污染行为却予以允许者(A类责任人),如果没有A类责任人或此类责任人无法寻找到,现有的土地所有者或占有者(B类责任人)应承担污染治理责任。事实上,非肇因者承担责任范围的大小在很大程度上取决于各国(地区)污染场地的数量、治理成本、政府财力等因素,而非其行为的可归责性。我国《土壤污染防治法》也规定了作为非肇因者的土地使用权人应当承担污染治理责任的情形。如应急性的移除污染源、防止污染扩散责任(第39条),建设用地土壤污染状况调查责任(第59条),风险评估责任(第60条),以及最主要的,当土壤污染责任人无法认定时,土地使用权人实施土壤污染风险管控和修复的责任(第46条)。该法第46条规定,因实施或组织实施土壤污染状况调查和土壤污染风险评估、风险管控、修复、风险管控效果评估、修复效果评估、后期管理等活动所支出的费用,由土壤污染责任人承担。这暗含着,土地使用权人可以向土壤污染责任人追偿相应的费用。然而,考虑到肇因者可能不存在、无法找到或无能力承担治理费用,治理费用也可能由非肇因者自行承担,作为非肇因者的土地使用权人从而成为真正意义上的责任承担者。

(二)非肇因者责任的状态责任理论

对于课以非肇因者土壤污染治理责任的正当性来源为何,有关状态责任的理论尤为值得关注。有学者指出:"土地使用人并非指违规使用土地行为之人,'使用人'的概念非可理所当然地以摆脱法律规范体系脉络的文义解释方式,解为'从事物之(物理性)使用行为之人',其概念意涵应回到使用任被课予行政法上义务的脉络与理据以判定之。使用人为对于物具有事实上的管领支配实力,方能有效维护物的安全状态,法律与行政机关方能分别课予其抽象与具体的物之安全维护义务以及危险排除义务。因此,使用人地位的建立,绝不是依据物理性使用行为,而是是否对于土地与建筑物等具有事实性的管领力,得于一段时间内继续有效地对之支配,至于是否具有法律上的使用权限或是基于何种法律关系而取得使用人的地位,在此并无大影响。"[1]在土壤污染治理中,所有人或占有人所承担的是维护其所有物处于合法与安全状态之义务,若物之状态发生污

---

[1] 陈正根:《环保秩序法上责任人之基础与界限》,《中正大学法学集刊》2008年第25期。

染,此时状态责任人即负有排除污染状况、恢复安全状态的义务。[1]

状态责任理论起源于德国警察法,在德国和我国台湾地区获得了相当的理论支持。状态责任的产生源于物的危险状态,属于财产权的社会义务。财产权的社会义务是私人财产为了社会公共福祉所应承受的正常负担,是对"所有权绝对"理念的反思,其社会经济背景是个人的基本生存状态从主要依赖私有财产到主要依赖社会关联的转变。[2] 由于状态责任并非出于人的行为或注意义务的违反,可以比较容易地推演出土地权利人等未参与土壤污染者的治理责任。

我国亦有学者主张引入状态责任。[3] 笔者认为我们应对此持谨慎的态度。状态责任具有自身的理论框架。例如,状态责任不论过错、因果关系、责任追究的顺位,并不当然位于行为责任人之后。另外,若基于状态责任理论,则承担责任大小应该依据特定人对其所具实力支配可能之"物"之状态的操控可能性与必要性,以及人与物之间的紧密程度与控制力(支配处分能力)大小而定。这与我国特殊的土地权利制度构造难免出现不易嵌合之处。

事实上,对于状态责任理论,我国台湾地区也并未全盘接受。其修改前的有关规定指出:"污染土地关系人应尽善良管理人之注意义务,防治土壤及地下水受污染。污染土地关系人因重大过失,致其土地公告为整治场址者,就各级主管机关依第十二条第一项、第十三条及第十六条规定支出之费用,与污染行为人负连带清偿责任。污染土地关系人依前项之规定清偿之费用及依第十二条第二项、第十六条第三项支出之费用,得向污染行为人求偿。"修订后的相关规定则改为:污染土地关系人未尽善良管理人注意义务,应就各级主管机关依第十三条第二项、第十四条第三项、第十五条、第二十二条第二项及第四项、第二十四条第三项规定支出之费用,与污染行为人、潜在污染责任人负连带清偿责任。污染土地关系人依前项规定清偿之费用、依第十四条第二项及第二十二条第三项支出之费用,得向污染行为人及潜在污染责任人求偿。潜在污染责任人就前项支出之费用,得向污染行为人求偿。第一项污染土地关系人之善良管理人注意义务之认定要件、注意事项、管理措施及其他相关事项之准则由相关主管机关定之。据

---

[1] 秦天宝、赵小波:《论德国土壤污染立法中的"状态"及其对我国相关立法的借鉴意义》,《中德法学论坛》2010年第8辑。
[2] 张翔:《财产权的社会义务》,《中国社会科学》2012年第9期。
[3] 胡静:《污染场地修复的行为责任和状态责任》,《北京理工大学学报(社会科学版)》2015年第6期;秦天宝、赵小波:《论德国土壤污染立法中的"状态"及其对我国相关立法的借鉴意义》,《中德法学论坛》2010年第8辑。

此，新、旧规定都以污染土地关系人"未尽善良管理人注意义务"作为承担责任的归责要件。因此，我国台湾地区所施行的也并不是真正的状态责任。我国台湾地区的土地关系人所需负担的责任，仍是以土地关系人的行为是否存在过错作为责任成立的前提，采用的依然是行为责任，而非不考虑行为样态的状态责任。这种规定的立法缘由应该是认为对土地权利人课予治理责任太过于严苛，如果不考虑过错直接课予的话，责任过于大，而且与一般的责任承担的比例性原则不太相称。

（三）非肇因者责任的义务来源

笔者认为，财产权的社会化已是各国接受的宪法原则，我国亦不例外。尽管未在《宪法》第13条私人财产权条款中直接规定，但"环保法对私人财产的限制"已经是在各部门法的实践中自然生成的宪法问题。[1] 更为直观的是，《宪法》第10条规定："一切使用土地的组织和个人必须合理地利用土地。"第26条规定："国家保护和改善生活环境和生态环境，防治污染和其他公害。"对土地的"利用"可以包括直接的物理上的使用，亦可涵盖权利上的使用。因此，土壤污染的非肇因者责任是具有宪法依据的。更重要的是，由于立法者对土地使用风险的提前预见，事先课予所有权人或事实上的管理人防止土地造成危害，或者维护土地避免危害的责任，就将原属于土地之状态的危害（状态责任）转化为作为义务（行为责任），而土壤污染治理责任是源于土壤污染非肇因者的行为责任的违反。

相较于是否引入状态责任作为非肇因者责任的正当性来源，更重要的是，在规定了土地权利人土壤污染治理责任后，向责任人追偿机制是否健全，以及在无法追偿时，是否规定了相关责任的限制和公共财政或社会资金的补足。

---

[1] 张翔：《财产权的社会义务》，《中国社会科学》2012年第9期。

第六章
土壤污染治理责任的原则

上一章对土壤污染治理责任法律性质的研究关系到土壤污染治理责任的内涵等实体规范,以及责任追究机制等程序规则的样态。在该责任具体化的过程中,还需要借助责任原则,以确立何人应承担责任的基本事由,并且明确责任主体及责任范围的大致准据。

为应对土壤污染,各国的责任制度相差甚远,并突出体现在责任原则的差别上。美国最早确立了最富争议的严格、溯及既往和连带的责任原则。[1] 德国和澳大利亚的新南威尔士州采用了类似的责任原则。欧盟采取了严格责任和过错责任并用及非溯及既往的责任。[2] 比利时采取了部分严格责任、溯及既往和连带的责任制度。[3] 英国采用了严格和溯及既往的责任原则。但无论是何种模式,各国均主要围绕归责原则、适用原则和责任分配原则三大方面,明确加害人应当承担责任的事由。我国《土壤污染防治法》并未对这些根本性问题作出直接规定,《建设用地土壤污染责任人认定办法(试行)》和《农用地土壤污染责任人认定办法(试行)》试图将其明确化的努力也暂告失败。若不予厘清,将对我国土壤污染治理责任追究的执法、司法、守法造成重大障碍。为此,本书将在分析土壤污染治理责任原则基本权衡的基础上,从这三大方面分析我国土壤污染责任制度应当遵循的原则。其中,鉴于土壤污染治理责任溯及力的重大性、争议性和理论性,我们将对这一问题着重开展研究。

---

[1] Karen S Danahy, "CERCLA Retroactive Liability in the Aftermath of *Eastern Enterprises v. Apfel*," *Buffalo Law Review* 48, No.2(2000):509-564.
[2] 依照是否从事《环境责任指令》附件三的活动而分别采取严格责任和过错责任。
[3] 以1995年《弗兰德土壤修复法》的颁布为界,历史污染为过错责任,新污染为严格责任。

第一节　土壤污染治理责任原则确立的基本思想

在讨论土壤污染治理责任的基本原则之前,有必要就土壤污染治理责任原则确立时应遵循的基本思想做一番探究。原因在于,不论在立法中确立何种责任追究的原则,为其找到合理的理论依据都并非难事。因此,找到责任原则确立背后的基本思想和权衡就显得尤为重要。毕竟,即便立法作出明确规定,在具体的案件中,责任人的认定与选择、责任范围的确定、责任的分配也不是易事。比如,土地权利人或使用人、管理人的认定,有多种不同的类型,在实际中,可能会出现不同的竞合情形,如污染者与土地关系人竞合、污染者竞合、土地关系人竞合,土地关系人也存在不同的类型。可以说,责任原则确立背后的基本思想的甄别不仅有益于立法中责任制度实体规范和程序规则的完善,对行政机关通过行政命令或司法机关通过环境公益诉讼,将抽象的责任制度转变为个案中具体的责任分配亦具有重要的价值。

纵观各国有关土壤污染治理责任制度的立法选择和运行样态,有效性原则与比例性原则实际上贯穿了各国责任主体的选择,此二者为责任制度的具象化提供了基本的法理和对于事物本质判断的依据。

一、有效性原则

土壤污染防治法属于典型的补救性立法。"长期以来,我国经济发展方式较为粗放,污染物排放总量居高不下,土壤作为污染物的最终受体,已经受到明显影响。"[1]早在1979年《环境保护法(试行)》中,我国就将土地规定为环境要素之一,并要求:"一切企业、事业单位的选址、设计、建设和生产,都必须充分注意防止对环境的污染和破坏""已经对环境造成污染和其他公害的单位,应当按照谁污染谁治理的原则,制定规划,积极治理,或者报请主管部门批准转产、搬迁。"[2]我国《固体废弃物污染环境防治法》《水污染防治法》《危险化学品安全管理条例》《农药管理条例》等法律、法规也从排放源的角度规范了污染物的排放,但显然,我国的污染控制并不成功,土壤污染的严重后果已然造成。可以说,

---

[1]　全国人民代表大会:《关于〈中华人民共和国土壤污染防治法(草案)〉的说明》,2017年6月22日。
[2]　1979年《环境保护法(试行)》第6条。

在经济高速发展的近几十年内,我国为了追求经济高速发展,在国际贸易或市场上取得更具竞争力的位置,而牺牲部分环境利益,刻意或不得已采取了比较宽松的管制思路。土壤是几乎所有类型的污染物主要的最终容纳地,多污染源的控制是土壤污染控制的题中应有之义。但是鉴于现行《水污染防治法》《大气污染防治法》《固体废物污染环境防治法》《环境影响评价法》等法律中已有明确的规定,《土壤污染防治法》对此仅主要做衔接性和补充性的规定。土壤污染的预防并不是土壤污染防治专门立法的重心。相反,《土壤污染防治法》"对农用地土壤建立了分类管理制度,分为优先保护类、安全利用类和严格管控类,采取不同的措施;对建设用地土壤建立了土壤污染风险管控和修复名录制度,规定了风险管控和修复措施,规定了修复工程的实施程序和修复中的污染防治要求"[1]。关注的重心显然是已经发生的土壤污染的治理。

就规范类型来看,土壤污染治理责任的调查、评估、风险管控、修复等责任,都是对违反了"环境保护""原初义务"的"次生义务",是一种补救性措施,不具有或仅仅具有很弱的(针对其在活动时对土壤污染的认识程度和相应的谨慎程度)制裁性。因而,有效的土壤污染治理责任的核心是土壤污染治理效果的达成。

由此可知,尽管有效性原则要求最大限度地治理被确认污染的土地,值得注意的是,若考虑到比例性,并非要求一概地、完全地清除土壤中留存的污染物,而是要求降低土壤中污染物向人体、动植物等受体迁移、转化的程度,这意味着受污染土壤修复后的用途将影响修复的程度、成本与责任分配。因此,最大限度的治理是相对而言的,因受污染土地被修复后的用途不同而存在一定差异。这也给了风险控制作为土壤污染治理重要方式的巨大空间。

由于土壤污染治理往往具有时间上的紧迫性,在有效性原则之下,主管机关选择责任人并确定责任范围时,应在众多责任人中,找出最能迅速和有效排除危害而且最有能力履行治理责任的人。因此,考虑的因素包括个人和财产的给付能力、民法上的处分和适用权限。宽泛的责任主体认定、多元的责任机制与财政保证也就成为首要关切。[2]因此,不考虑责任人主观过错、溯及既往且连带的责任就成为最优选择。

---

[1] 全国人民代表大会:《关于〈中华人民共和国土壤污染防治法(草案)〉的说明》,2017年6月22日。
[2] 王欢欢:《城市历史遗留污染场地治理责任主体之探讨》,《法学评论》2013年第4期。

二、比例性原则

(一) 比例性原则的概念

比例性原则亦称比例原则,发源于德国行政法,后发展为宪法原理,"越来越多的宪法法院,正在采用比例原则作为它们宪法裁决的主要支柱"[1]。比例原则是一组概念的集合,包含妥当性原则、必要性原则及狭义的比例性原则。妥当性原则是指一部法律或一种公权力措施的手段可以达到目的,即目的切合性。必要性原则是指在合乎妥当性的前提下,在所有能够达成目的的方式中,必须选择对人民权利侵害最少的方法。比例性原则要求公权力行为的手段增进的公共利益与造成的损害成比例。

(二) 土壤污染治理责任中的比例性原则

上文介绍的有效性原则是对土壤污染治理目的的确认,或者类似于妥当性原则,主要考虑土壤污染风险管控和修复的目的能否达成;而比例性原则更多是对达成目的各手段间的选择和手段与土壤保护这一公共利益间合乎比例的权衡。

比例性原则的纳入将极大地修正有效性原则下土壤污染治理责任的样态。以实质性影响土壤治理责任大小的修复标准制度为例。由于经济发展水平清洁技术发展和政治等制约因素的影响,一方面,并不是所有受污染的土壤都需要修复,因为对污染土壤而言,人们关注的并不是土壤中污染物的绝对浓度和数量,而是其迁移转化能力,以及最终对人类和生态造成影响的大小;另一方面,污染的土壤不可能完全恢复到未被污染的状态,污染场地的完全修复往往过于昂贵,最佳的修复目标是基于污染场地对环境和周边人口构成的风险来决定的,而这又在很大程度上取决于污染场地的使用目的以及污染场地与人口中心的距离。因此,考虑到治理成本、技术水平和效果,我们不必追求将污染物及其风险彻底清除,而应结合场地风险评估确定合理的治理目标。法律规范对土壤污染及修复科学技术原理的确认及再次整合,用糅合了行政权力的数值认可污染与人体健康和生态安全常态的逻辑联系,体现了法律对适当性而非绝对正确性的追求,只是"把风险控制在我们可以接受的范围之内"。

---

[1] [以色列]摩西·科恩-埃利亚、易多波·拉特:《比例原则与正当理由文化》,刘权译,《南京大学法律评论》2012年秋季卷。

再以土地权利人的治理责任为例。出于财产权的社会化,要求土地权利人承担全部(部分)土壤污染治理责任,即便各国通常都将其界定为与污染责任人间的不真正连带责任,考虑到污染责任人的担责能力以及土壤污染责任人寻找的困难和时常发生的不可得性,土地权利人可能实质性地成为真正的责任承担者。基于比例性原则,这类责任的赋予必须考量财产的基本保障以及私人利用。虽然我们强调财产权的社会化义务,然而财产所有权人不仅享受财产事物之利益,也承担财产利用造成的损失,在此观点下财产所有权人的责任可能是无界限的。在事物一般性的风险层面考量下,财产所有权人若对财产没有特殊的利用,他可以不必承担危害状况。因此,行政机关应考量财产权保障与过度禁止原则,因为对所有权人而言,其所受到的负担事实上已造成征收的效果,但其却无法像其他非责任人一般请求征收补偿,因而行政机关应于个案,审慎裁量责任人实施危害排除措施的范围与程度,以免造成土地权利人无法承受的负担。

2000年,德国联邦宪法法院审理的兔皮厂污染一案采纳了比例性原则。原告在1982年10月以强制拍卖的方式购得临近的一片土地。该土地上一家以兔皮为制帽原料的工厂,在1981年破产之前长期使用氯化烃作为去除兔毛的原料。1981年该公司宣布破产后,经有限满足债权人的请求,破产后的财产仅仅实现了对债权人的补偿。从1983年9月开始,原告确认其所购买的土地受到了严重污染,而污染原因可以追溯到帽子原料生产时使用的化学物质。依据1985年4月以及1986年8月的判决,主管机关采取了广泛的措施检验地表和地下水,并且对污染采取了不同的清理措施。根据资料,到1998年为止,原告已经支付清理费用110万马克,而案发当时的土地交易价值约为35万马克。该公司遂提起行政诉讼,请求撤销原行政机关之处分,遭驳回后,向联邦宪法法院提起宪法诉讼。[1] 在确认了该土地权利人的污染清除责任后,宪法法院认为,法院于个案中对土地所有权人整治陈年受污染土地之义务范围的认定,应合于比例原则,除了一些例外情形外,原则上应与该土地之交易价格相当。尤其当土地所生危险系肇因于天灾,可归咎于大众或无权使用的第三人,或是受整治的土地乃义务人最主要的财产,也是义务人与其家庭生活凭借所在时,此等情形下,整治费用即不应超过系争土地于整治后继续使用所

---

[1] 秦天宝、赵小波,《论德国土壤污染立法中的"状态责任"及其对我国相关立法的借鉴意义》,《中德法学论坛》2010年第8辑。

可获得的利益,但如果自由住宅之所有权人考量到自己的经济状况因而无法保有系争土地,若仍要求该所有权人负担系争土地于整治后继续使用所可能获得的利益,则又逾越合理负担的界限了。相反地,假如所有权人对于该等危险之发生可能早有心理准备的话,则其所负担之土地整治费用超过土地交易价格者,亦未违反比例原则。

此外,在不同类型的责任之间设定责任追究的顺序,亦是比例性原则的体现。典型做法如我国"土壤污染责任人—土地使用权人—政府"的顺序承担框架、英国的"污染责任人—土地权利人"顺序等。

第二节 土壤污染治理责任的归责原则

一、土壤污染治理责任归责原则

(一) 土壤污染治理责任归责原则的一般原理

依照本书第五章的分析,土壤污染治理责任可以通过行政命令的方式直接施加于土壤污染责任人或土地权利人上,或通过环境公益诉讼经由司法机关予以确定。不论是行政义务还是环境公益义务,都应对设立该义务的正当性作出说明,特别是对该义务的归责原则作出规定。不论是通过行政命令抑或是通过环境公益诉讼设置责任,其主要目的都是对不利土壤污染状态的纠正和对活动不利后果的补救。

与一般行政责任(如行政处罚)适用过错责任原则不同,土壤污染治理责任应采用以无过错责任为主的归责原则。对于污染者而言,其不得以自己生产或处置污染物的行为与标准的工业流程、工艺相一致或者没有预测到排放行为将造成土壤污染等事由而免责。这是因为,《土壤污染防治法》设置土壤污染治理责任制度的背景是,多年来政府为追求经济高速发展而采用了比较宽松的环境管制思路,由此造成诸多不利的环境后果,包括土壤污染。基于此,土壤污染治理责任制度不仅要对土壤污染的肇因者和非肇因者进行惩罚,还要将环境责任在土地利益相关方之间进行分配,如果不采用无过错责任原则,就会导致一些污染者难以被追究责任。为了使无过错责任原则更加合理,相关文件可以规定:如果土壤污染行为发生在《土壤污染防治法》生效之前,而且行为人没有任何违反当时的环境法律的行为,可以适当减轻其污染治理责任。此外,《土壤污染防治法》可以在无过错责任原则中设定污染者的责任限额。对于非肇因者而言,其承担土壤污染治理责任以存在过错为前提,即主观上明知或应当知道有污染行为却放任其发生,或自以为可以避免土壤污染后果发生甚至有意协助污染行为。在肇因者暂未找到时,非肇因者由于对土地具有直接管控能力,所以应基于无过错责任原则,查明土壤污染状况,防止土壤污染进一步扩大,由此产生的费用可基于不真正连带责任规则而向肇因者追偿。若肇因者不存在、无法寻找到或无能力承担治理费用,则该类治理费用由非肇因者承担,因为一旦受污染土地被修复,非肇因者将获得土壤质量改善所带来的利益。

(二) 无过错责任原则

美国"超级基金法案"第9607条对污染场地的责任进行了具体的规定,规定了四类潜在的责任人:(1)当前设施的所有者或运营者;(2)危险物质处理时设施的所有者或运营者;(3)产生或承担处理或运输危险物质者;(4)选择危害物质处理场地者。潜在责任者不得以无过失或遵守当时的工业生产标准作为不承担责任的抗辩。该法仅规定了四种有限的免责事由:不可抗力,战争,第三方行为,"无辜的土地所有者"。[1] 当然,在"超级基金法案"实施过程中,也发展出了一些针对特殊责任者减免责的规则,如小微责任者、市政垃圾处理与运输者、地方政府、无力承担责任者、经由地下水流动扩散污染物发生土壤污染者、普通房产所有者等。但总体来说,美国"超级基金法案"奉行了典型的无过错责任原则。

(三) 区分责任主体类型采用不同的归责原则

可以说,建立了土壤污染治理责任机制的大多数国家和地区都采用无过错责任作为归责原则。然而,在已有的责任体系中,确实存在一些例外情形。

我国台湾地区2000年的相关规定采纳了污染行为人的过错责任,认为污染行为人是指"因有下列行为之一而造成土壤或地下水污染之人:非法排放、泄露、灌注或弃置污染物;中介或容许非法排放、泄露、灌注或弃置污染物;未依法令规定清理污染物"。意识到此规定存在的重大缺陷后,2010年修改后的规定将土壤与地下水污染的责任者区分为污染行为人、潜在污染责任人和污染土地关系人。[2] 其

---

[1] 王欢欢:《美国城市土壤污染治理法律免责制度比较研究》,载《环境法治与建设和谐社会——2007年全国环境资源法学研讨会(2007.8.12—8.15·兰州)论文集》,2007年,第884页。

[2] 我国台湾地区相关规定如下:"污染行为人指因有下列行为之一而造成土壤或地下水污染之人:(一)泄露或弃置污染物;(二)非法排放或灌注污染物;(三)中介或容许泄露、弃置、非法排放或灌注污染物;(四)未依法令规定清理污染物。""潜在污染责任人指因下列行为,致污染物累积于土壤或地下水,而造成土壤或地下水污染之人:(一)排放、灌注、渗透污染物;(二)核准或同意于灌排系统及灌区集水区域内排放废污水。"

中,污染行为人最初指的是违法排污行为致土壤及地下水污染者,潜在污染责任人则是合法排污致污染者。后者为 2010 年修改后增设的,其理由是,土壤或地下水污染可能由长期或合法排放污染物造成。依据该规定,不论是非法排污的污染行为人抑或是合法排污的潜在污染责任人,都要对土壤地下水污染调查及评估计划、污染整治计划的制定与实施等承担责任。即便如此,对于污染土地关系人承担责任的归责原则,我国台湾地区依然采用过错归责原则。修改后的新规定指出:"(第一项)污染土地关系人未尽善良管理人注意义务,应就各级主管机关依第十三条第二项、第十四条第三项、第十五条、第二十二条第二项及第四项、第二十四条第三项规定支出之费用,与污染行为人、潜在污染责任人负连带清偿责任。(第二项)污染土地关系人依前项规定清偿之费用、依第十四条第二项及第二十二条第三项支出之费用,得向污染行为人及潜在污染责任人求偿。(第三项)潜在污染责任人就前项支出之费用,得向污染行为人求偿。(第四项)第一项污染土地关系人之善良管理人注意义务之认定要件、注意事项、管理措施及其他相关事项之准则由主管机关定之。"依上述规定可知,新旧规定均将污染土地关系人"未尽善良管理人注意义务"作为相关费用支出之可归责要件。我国台湾地区对此作出解释的相关准则规定:"污染土地关系人于土地经主管机关公告为控制场址或整治场址前,管理其土地之管理措施及注意,无重大过失或轻过失者,认定其管理土地已尽善良管理人注意义务。前项所称无重大过失系指已尽一般人处理事务之注意义务。第一项所称轻过失系指已尽与处理自己事务相同注意义务及已尽一般有经验知识及诚意之人处理事务时应尽之注意义务。"

(四) 区分时间采纳不同的归责原则

比利时弗拉芒大区划分了历史土壤污染和新土壤污染并分别采用不同的归责原则。其《土壤治理条例》将该条例生效日 1995 年 10 月 29 日以前产生的污染称作历史土壤污染。该类土壤污染治理责任者的义务并不是自然产生的,而是必须由政府认定应当予以治理方产生责任,而且其责任属于非严格责任。负有治理责任者若能证明污染并非自己造成且其在成为土地的所有者或使用者时,不知或没有理由知晓土壤污染的存在,则构成"无辜所有者"。此外,1993 年 1 月 1 日前获得该污染土地的治理责任者若能证明,即便明知或应该知晓土壤污染的存在,但并不是自己造成污染,而且该土地并未用于商业或工业用途,即可免责。对于历史污染而言,无辜所有者责任仅限于该条例生效前已有法律所规定的防止污染扩散或紧急危害控制义务。对于生效日之后的新土壤污染,责任者应承担严格责任。丹麦也采取了类似的做法。[1]德国则创设了基于个案裁量的机制。有些国家并没有规定统一的归责原则,而是采用个案衡量或法律的减免责规定。德国1998年《联邦土壤保护法》第4条第5项第2款规定:"对于土壤有害变化或污染场址发生于1999年3月1日之后者,污染物必须被去除,对先前污染若为合理要求时,亦适用。但污染发生时,因已符合当时法律规定之要求,对该污染之发生不可预见,且考虑个案之相关因素,具有值得保护的善意,不在此限。"其立法实质上授权行政机关和司法机关基于案件的具体情况,予以衡平。

(五)对我国土壤污染治理责任归责原则的建议

土壤污染活动的发生已经年代久远,多难以乃至全然无法查证和考究行为人的主观态度。对此规则的适用会最终付诸具体的行政决定或司法判决的个案衡量,由于牵涉的利益巨大,难免会出现规则的滥用或不当适用的局面,恐怕与创设制度的目标相差甚远。因此,基于有效性,不考虑责任者的主观态度,有助于责任的充分追究。但一概采用无过错责任,会在个案中存在违背社会公平之嫌。

基于这些考虑,我国试图依据污染土地类型不同施行有差别的归责原则。《农用地土壤污染责任人认定办法(试行)(征求意见稿)》规定,农用地土壤污染的,若由工矿等活动造成,无论是非法排污还是正常生产经营过程造成的土壤污染,均应当承担土壤污染治理责任。对于《土壤污染防治法》生效前工矿等活动造成农用地污染的土壤污染责任人认定未区分是否合法排污。对于农药、化肥等农业投入品造成农用地土壤污染的责任人认定则区分是否合法,即土壤污染治理责任仅针对违法生产、销售和使用不合格的农药、化肥等农业投入品的情况。这主要是因为实践中区分是否违法生产、销售、使用不合格农药、化肥具有可操作性。[2]《建设用地土壤污染责任人认定办法(试行)(征求意见稿)》则试图明确,不论何种活动造成建设用地土壤污染,亦不论发生于《土壤污染防治法》生效前后,只要是在1979年《环境保护法(试行)》生效之后造成的,都不考虑行为的违法性和过错。特别地,关于历史上是否合法排污的调查取证困难,实践中难以操作,可能导致很多历史遗留土壤污染无责任人承担,难以令社会公众信

---

[1] Eddy Bauw, "Liability for Contaminated Land: Lessons from the Dutch Experience," *Netherlands International Law Review* 43, No.2(1996): 127-141.
[2] 《农用地土壤污染责任人认定办法(试行)(征求意见稿)》,第四部分:重点问题的说明。

服。同时,即使是正常生产经营活动造成污染的单位和个人,尽管没有明显的违法责任,但是其在污染的同时获得了经济利益,基于"受益者负担"的考虑,也应承担一定的修复义务。

我国基本上采纳了土壤污染治理责任的无过错的归责原则,并且不考虑行为责任人行为的违法性。基于前述讨论,我们认为,这有可能在个案中出现违背比例性原则的情况。因此,我们应纳入更多的责任限制或个案衡量机制。可供借鉴的是前述德国1998年《联邦土壤保护法》中的规定,它并没有规定统一的归责原则,立法实质上授权行政机关和司法机关基于案件的具体情况加以衡量。

二、土壤污染治理责任的分配原则

(一)土壤污染治理责任在不同类主体间的分配原则

土壤污染治理责任的分配原则涉及:(1)责任在不同类主体之间分配的原则;(2)责任在同类主体之间分配的原则。

在不同类型的责任主体间分配时,若法律明确规定了顺序责任,则不存在是否成立连带责任的问题。例如,我国实行"土壤污染责任人—土地使用权人—政府"的责任承担顺序。这意味着,只有在土壤污染责任人无法认定时,才能诉诸土地使用权人承担责任,依然不足者,由公共财政负担。由于土壤污染责任人无法认定可能是暂时和一过性的,因而存在两类责任者责任分配的方式问题。一般认为,土壤污染责任人是真正的责任承担者,先行承担治理责任的土地权利人有权就土壤污染治理的相关支出向污染责任人行使追偿权。我国台湾地区亦有类似做法,其相关规定指出:"(第七项)场所使用人、管理人或所有人就前项支出之费用,得向污染行为人或潜在污染责任人连带求偿。(第八项)潜在污染责任人就第一项、第六项及第七项支出之费用,得向污染行为人求偿。"其立法理由为:"新增第七项。赋予场所使用人、管理人或所有人就支出之费用,向污染行为人或潜在污染责任人求偿之权利。新增第八项。污染行为人为污染之最终责任主体,爰增订潜在污染责任人可向污染行为人求偿之规定。"从这一费用求偿的规定可推断,对于我国台湾地区相关规定中的土壤污染整治及费用负担,污染行为人负首要的责任,潜在污染责任人负次要的责任,污染土地关系人仅负补充责任。在这三类责任之间,首要责任、次要责任与补充责任之关系,也显现在责任人选择的顺序上。依照其相关认定准则的规定:"主管机关认定污染土地之使用人、管理人及所有人之善良管理人注意义务时,应依序为之。"而且,污染土地关系人只有在尽善良管理人的义务时有重大过失,才需要与另外两类责任人承担连带责任。

我国《土壤污染防治法》未就土壤污染土地使用权人的追偿权作出规定,仅隐含于第46条的规定中:"因实施或组织实施土壤污染状况调查和土壤污染风险评估、风险管控、修复、风险管控效果评估、修复效果评估、后期管理等活动所支出的费用,由土壤污染责任人承担。"主要依据可能源自我国"污染责任人无法认定时,土地使用权人承担责任"的规定。立法者未考虑到现实中土壤污染责任人认定的复杂性以及场地污染治理的时效性,若土壤污染责任人无法认定之前都不会触发使用权人的责任,可能会导致许多污染土地无法及时得到治理。因此,我国应进一步地确认污染责任人无法认定的暂时性,并进一步确认两类责任主体间的不真正连带关系。

(二) 土壤污染治理责任在同类主体间的分配原则

在同类主体,特别是多个污染责任人间的责任分配,应优先使用按份责任,当责任无法分割时使用连带责任。美国"超级基金法案"确立的连带责任原则减轻了环境行政部门的负担,迫使已经承担责任的非污染排放者寻找其他责任者。这虽然确保了场地修复资金的收取,却极大地扭曲了污染者负担原则。虽然最初的司法判决多采用了连带责任,但在近年来的司法判决中,法官越来越倾向于分配各方的责任。[1] 并且有法官认为,尽管CERCLA规定了责任者之间的连带责任,但是否采用应结合具体的案情判断。[2] 如英国1990年《环境保护法》第ⅡA部分污染土地法律指南也规定:在存在多个责任人时,根据责任方对相关污染负有责任程度的高低划分责任;如果缺乏依据划分责任,那么责任应该平分。日本土壤污染防治法也采用了类似做法:当存在多个污染原因人时,都、道、府、县知事可以根据特定有害物质导致污染的程度,规定相应的污染清除措施,并对这些污染原因人发出采取整治措施的指示。也就是说,在向多个原因人下达指令时,都、道、府、县知事应适当考虑责任程度,根据这些行为人在土壤特定有害物质所致土壤污染中的责任比例要求其采取相应的污染清除等措施。按照该规定,行政长官可以向责任比例较低的行为人下达承担部分费用的指示。[3]

在我国,企业过去几十年的发展历程十分曲折,政治、经济体制变革与探索

---

[1] Robert L. Glicksman, "Pollution on the Federal Lands Ⅳ: Liability for Hazardous Waste Disposal," *UCLA Journal of Environmental Law and Policy* 12, No.2(1994): 233-344.

[2] Thomas C. L. Roberts, "Allocation of Liability under CERCLA: A Carrot and Stick Formula," *Ecology Law Quarterly* 14, No.4(1987): 601-638.

[3] 赵小波:《日本土壤污染防治立法研究》,法律出版社,2018年,第162页。

下的企业改革频频发生。土壤污染发生与修复间隔多年,真正造成污染的排污者很多已经变更、破产甚至关闭。如果采用绝对的连带责任,将往往使得非污染者成为真正的责任承担者。绝对的连带责任原则有失公平,而且可能阻碍土地的再开发与流通。因此,在行政认定和司法判决中,当责任者为多个时,应尽量合理分配各方的责任份额。我国有关污染责任人认定的两份征求意见稿作出了类似的规定。由于这两个认定办法并未获通过,可以预见的是,对于同类多个不同主体之间责任分配的原则,初期,我国较可能采用对外的连带责任,若有证据证明责任的大小,则对内按份分配,若无法予以证明,则对内承担均等责任。责任制度实施后期可能愈发倾向于按份责任。

第三节 土壤污染治理责任的溯及既往原则

在土壤污染治理责任分配时,一个备受争议的问题是:由过去活动造成,污染发生于法律实施前,而污染状态持续至法律实施后的土壤污染,新法生效前的污染者或其他潜在责任者应否承担土壤污染治理或修复责任?在土壤污染治理责任的分配中,该情形实为常态,主要原因在于:(1)土壤往往是大部分其他环境要素中存在污染物的最终消纳地。以往的相关法律,如《固体废物污染环境防治法》《大气污染防治法》《水污染防治法》主要关注污染物的排放规制。土壤污染的治理责任由《土壤污染防治法》设定。(2)土壤污染具有累积性和隐蔽性。人们发现的土壤污染往往由过去的污染活动造成,有的甚至是多次污染长期累积而成的。(3)土壤污染具有不可逆性。土壤一旦遭到污染,重金属元素和持久性有机污染物等物质将在土壤中长期累积、留存,即便一些非持久性有机污染物也需要相当长的降解时间,会对人体健康及土壤环境造成严重的危害,不经人为治理与修复,污染状态将持续。

初步看来,上述问题涉及土壤污染治理责任制度的溯及力。法律的施行日期是确定的,但法律事实在许多情况下并不是瞬时性的。"法律关系会持续经过一个时间段,如果它们正好跨越新旧法律的交替,即构成要件的成就发生在旧法的时间效力范围,但法律关系持续至新法适用开始;或者部分构成要件的成就发生在旧法适用期,部分又发生在新法开始发生效力之后。"[1]土壤污染的广泛

---

[1] 贺栩栩:《法的时间效力界限与法的稳定性——以德国民法为研究视角》,《环球法律评论》2011年第5期。

性、累积性、隐蔽性、持续性更加拉长了污染行为、污染后果等构成要件间的时间跨度,责任制度的溯及效力问题变得尤为多发与显著。新法生效与土壤污染治理责任关键构成要件完备的时间分布由此呈现出三种情形:污染行为发生在新法实施前,土壤污染后果发生在新法实施前;污染行为发生在新法实施前,土壤污染后果发生在新法实施后;污染行为发生在新法实施后,土壤污染后果发生在新法实施后。

法律构成要件事实的完备是法律规范得以适用的前提,唯有法律规范全部构成要件与社会生活中的事实完全一致时,才会产生相应的法律效果。法溯及既往的界定完全以事实发生和法律施行的先后关系为标准。[1]在许多情形下,新法的适用是否构成了法的溯及既往,难以简单判定。更进一步地,倘若构成,如何理解溯及适用与法不溯及既往原则间的关系?其溯及既往的正当性基础何在?若这种溯及适用必须且可行,我国应当建立起何种溯及既往的责任制度?在土壤污染治理法律制度行将系统性地在我国建立的当今,这些问题亟待解答。

然而,我国的《土壤污染防治法》并未明示土壤污染治理责任溯及既往的问题。只有第71条似乎所有提及,该条规定:"对本法实施之前产生的,并且土壤污染责任人无法认定的污染地块,土地使用权人实际承担土壤污染风险管控和修复的,可以申请土壤污染防治基金,集中用于土壤污染风险管控和修复。"这暗含着,对于该法实施之前产生的土壤污染,责任人依然应当承担责任。但这个间接性的条文显然不足以支撑土壤污染溯及力这一系统性问题。《建设用地土壤污染责任人认定办法(试行)(征求意见稿)》和《农用地土壤污染责任人认定办法(试行)(征求意见稿)》意在对此有所应对。前者将土壤污染责任人规定为1979年9月13日我国《环境保护法(试行)》生效后,因排放、倾倒、堆存、填埋、泄露、遗撒、渗漏、流失、扬散污染物或有毒有害物质等,造成土壤污染,需要依法承担风险管控、修复责任的单位和个人。其编制说明中另行说明,在土壤污染责任人认定上溯及既往也是不少发达国家的做法。《农用地土壤污染责任人认定办法(试行)(征求意见稿)》则区分了不同主体,追究不同的责任:排放、倾倒、堆存、填埋、泄漏、遗撒、渗漏、流失、扬散污染物或者其他有毒有害物质等,造成农用地土壤污染的责任溯及1979年9月13日我国《环境保护法(试行)》生效后;对于生产、销售不合格的农药、化肥等农业投入品造成农用地土壤污染,需要依法承担风险管控和修复责任的生

---

[1] 杨登峰:《何为法的溯及既往?在事实或其效果持续过程中法的变更与适用》,《中外法学》2007年第5期。

产经营者,以及使用不合格的农药、化肥等农业投入品造成农用地土壤污染,需要依法承担风险管控和修复责任的农业生产经营组织,都无须承担溯及既往的责任,仅追究2019年1月1日《土壤污染防治法》生效后的责任。但是,这两个试行办法都未获通过,反映了土壤污染治理责任认定中的重大争议。这使得我们有必要就土壤污染治理责任的溯及力进行更深入的研究,以提供有效的建议。

一、法的溯及力与法不溯及既往原则

当新法律得以颁布,人们最为关心的是新法适用的时间效力。多数时候,法律仅具有向未来生效的效力,即我们通常所称的"法不溯及既往"的原则,该原则已经成为现代法治国家的基本原则。然而,这项看似普遍、直接的法治原则实则蕴含着深刻的理论问题。我国理论界对此缺乏系统的研究。[1] 就本书而言,我们有必要结合土壤污染治理责任的特点,阐明法溯及力和法不溯及既往原则的几个核心问题。

(一)法的溯及力的界定

学者对法溯及力的界定大体相似,典型表述如:"法的溯及力又称法律溯及既往的效力,是指新法律可否适用于其生效以前发生的事件和行为的问题。如果可以适用,该法就有溯及力;如果不能适用,则没有溯及力。"[2] 已有界定存在如下值得考量之处。

其一,法溯及力涉及新法对"构成要件事实"而非单纯"行为"的适用。"事件"是符合特定法规构成要件的全部法律事实。"行为"则是行为人的活动,包含作为或不作为。就土壤污染治理责任而言,事件可能包含污染行为、污染后果、因果关系等诸多要素,而行为则指排放、堆放、填埋等污染活动。[3] 应当以构成要件事实为适用对象来判断法的溯及力,因为法律构成要件事实的完备是法律规范得以适用的前提,唯有法律规范全部构成要件与社会生活中的事实完全

---

[1] 朱力宇:《关于法的溯及力问题和法不溯及既往原则的若干新思考》,《法学杂志》2003年第3期,第14页。

[2] 孙国华、朱景文主编《法理学》,中国人民大学出版社,2004年,第302页。

[3] 行为只是法律构成要件事实的要素之一,是事件中的一部分。若单纯以行为作为适用对象,污染活动发生于新法生效之前,土壤污染治理责任自然构成法的溯及既往;若以事件作为适用对象,虽然污染活动发生于过去,但土壤污染的后果持续到新法生效之后,是否构成法的溯及既往难以轻易判定。因此,就土壤污染治理责任制度而言,以事件还是行为作为法适用对象,对于判断是否构成法的溯及既往可能会得出截然相反的结论。

一致时才会产生相应的法律效果。除非法律构成要件事实仅包含行为这一要素,否则单纯的行为并不能启动法律规范的适用,遑论法的溯及适用问题。

其二,法溯及力的本质不在于是否"适用"新法,而在于适用后是否会产生不同的法律效果。正如萨维尼指出的,溯及既往是指具有溯及力的法律把过去的法律事实的后果纳入它的管辖范围并因此影响这些后果。[1]中国台湾地区的相关判例亦指出:"法律不溯及既往原则,乃基于法安定性及信赖保护原则所生,用以拘束法律适用及立法行为之法治国家基本原则,其意义在于对已经终结的事实,原则上不得嗣后制定或适用新法,以改变其原有之法律评价或法律效果。"所以,新法适用于其施行前发生的事件,本质上是指新法改变了其施行前发生的行为和事件的法律效果,而这才是人们厌恶、反对法律溯及既往的根源所在。[2]

需要注意的是,土壤污染治理责任中污染后果的"发生",应以污染的客观产生而非被发现时间为准。从科学意义而言,污染物进入土壤并达到一定程度即发生了土壤污染。即便法律意义上的土壤污染需要借助相关法律规范和标准界定,二者的滞后与变动性不应成为判断法溯及力的障碍。否则,以治理过往土壤污染为主旨的责任制度就难以实现。再者,以发现污染为"发生"时间的话,会扰乱对法律责任溯及力的判断:若污染发现于新法生效后,污染后果的构成要件事实在新法生效后始完备,治理责任未溯及既往;同样的污染若在新法生效之前被发现,就可能构成了溯及既往。这无疑是不合理的。因此,只要污染活动和污染后果发生于新法生效之前并且污染后果持续到新法生效之后,都涉及本书所言的法溯及力的问题。

(二)法不溯及既往原则及其位阶

法不溯及既往原则源于法的安定性、稳定性,人们基于原有的法律秩序产生合理信赖,由此安排生产和生活,形成了稳定的行为模式和预期。因此,不能借由新法律的制定,使人们遭受不能预见的损失和负面评价。否则,对法律的信赖将难以形成,这将不利于法律秩序的建构。我国《刑法》自 1997 年修订后就明确规定了从旧兼从轻的原则。2000 年《立法法》也在宪法法律的层次规定了法不溯及既往原则。[3]

---

[1] [德]费里德里希·卡尔·冯·萨维尼:《法律冲突与法律规则的地域和时间范围》,李双元等译,法律出版社,1999 年,第 206 页。
[2] 杨登峰:《新旧法的适用原理与规制》,法律出版社,2008 年,第 36 页。
[3] 《立法法》第 84 条规定:法律、行政法规、地方性法规、自治条例和单行条例、规章不溯及既往,但为了更好地保护公民、法人和其他组织的权利和利益而作的特别规定除外。

如今,对于法不溯及既往是单纯刑事法律原则还是刑事、民事、行政等一般法律原则已争论不多,但对于溯及既往是单纯的适用原则抑或是立法原则乃至宪法原则的争论仍在持续。有学者将法不溯及既往视为一项适用原则。如:法律不溯及既往只是法律适用上的原则,并非立法上的原则,即司法者虽不能使法律效力溯及既往,立法者却仍可制定溯及既往的条文。有学者则从我国《立法法》将法不溯及既往的规定放在"适用与备案"一章及对立法者本意的解读主张法不溯及既往在我国仅仅是一项适用原则,而不是立法原则。[1] 这些观点的基础在于:既然法不溯及既往是经由立法在法律中确立的,明显地,它只是立法者的产物和意志,自然可以依立法者之意志加以更改。

如果法不溯及既往仅是一项适用原则,则意味着立法者可以不受任何约束,在其认为有必要时,制定溯及既往型法律。然而,正如约翰·洛克指出的,"虽然立法权,无论是被赋予一个机关还是多个机关,无论它是始终存在还是仅仅间或存在,在每一个共同体中都是至高无上的权力,然而,首先,它不是,也不可能是对其人民生命和财产的完全专断的权力——其在最大限度内的权力受到该社会公共利益的限制"[2]。溯及既往的法律可能会对人们基于旧法产生的信赖造成损害,因此,禁止法规溯及既往有益于维持法律生活之安定,保障人民之既得权益,并维护法律尊严。信赖保护原则已被认定为法治国家之重要原则,属于宪法上的原则,因而行政法规不溯及既往原则不仅是适用原则,而且是立法原则。是否作为立法原则并不取决于宪法中有无明文规定。[3] 这也是为什么纯粹的溯及既往型立法在现代法治国家很少见的原因。

因此,法不溯及既往不仅是一项适用原则,也是一项立法原则。更准确地讲,它是贯穿立法、执法、司法诸环节的基本法治原则。从立法原则的意义来看,立法者应当遵循法不溯及既往原则及其例外。因此,本书从立法原则的层面研究土壤污染治理责任的溯及力并提出相应建议,具有理论和实际意义。

(三)在事实或法律关系持续中的溯及力问题

法的溯及既往的界定完全以事实发生和法律施行的先后关系为标准。[4] 法律的施行日期是确定的,而法律事实在许多情况下并不是瞬时性的。在事

---

[1] 杨登峰:《新旧法的适用原理与规制》,法律出版社,2008年,第5页。
[2] 孙晓红:《法的溯及力问题研究》,中国法制出版社,2008年,第101页。
[3] 杨登峰、韩兵:《法不溯及既往的地位和适用的例外》,《金陵法律评论》2009年春季卷。
[4] 杨登峰:《何为法的溯及既往?在事实或其效果持续过程中法的变更与适用》,《中外法学》2007年第5期。

实或法律关系持续的情形下,对法溯及力的判断更为复杂。

本书拟借用萨维尼在《法律冲突与法律规则的地域和时间范围》中的一例予以说明。公元528年,查士丁尼大帝颁布了一项法令,取消了几个世纪以来20%的利息率,并规定将来只能约定6%的利息率。[1]假设,公元520年甲向乙借款,二人约定了12%的利息率,到期日是公元530年。倘若:(1)甲乙约定12%的利息率一直有效,甲向乙支付12%的利息直至公元530年。此时,新法不适用于甲、乙在新法生效之前订立且延续至新法生效之后的合同法律关系,新法不具有溯及既往的效力。(2)乙无须向甲返还520—528年依照12%收取的利息,但528年到530年应当采用6%的利息率。此时,法律对其施行前已经终结的事实或者施行前已经发生的法律效果不发生作用,但对尚未终结的、已经(通过工作或资本投入,通过契约或预约)着手进行的事实以及法律效果向未来发生作用时,则为"非真正溯及",或称法的不真正溯及既往。(3)自520年起,12%利息率的约定无效,只能适用6%的利息率,乙向甲返还多收取的利息。此时,新法适用于施行前已经终结的事实,并变更了施行前已经发生的法律效果,构成了法的真正溯及既往(见图6-1)。

由于法律生效时间的瞬时性和构成要件事实及法律关系的持续性,法溯及力的上述分类成为最广为接受的理论,并对司法判决产生深远的影响。在1960年5月31日公布的费用法修正案判决中,德国联邦宪法法院首次采纳了"真正溯及既往"与"不真正溯及既往"的二元论。德国修正的《诉讼费用法》规定:本法生效时,凡是正在法院诉讼中的民事案件,都按照新法规定收取费用。在本案的判决中,法院认为:按照当时有效的法律所实施的合法行为,人民获有对法律的信赖感,无论如何都应该享有合法的法律效果。如果立法者对这些已经完结的法律事实赋予不利的法律后果,会干涉人民的处置权,属于"真正溯及"的情形,便因违反法治国家原则而违宪。至于立法者对现存的以及尚未完结的事实,加以以后的、面向未来的规范,则属于"不真正溯及既往",不违宪。我国台湾地区和欧洲法院也在多个判决中采取了真正与不真正溯及既往的二分法。

此外,英美法系国家的不少学者和越来越多的司法判决也采纳了类似见解。美国学者率先在1967年明确提出了主要溯及既往(primary retroactivity,类似

---

[1] [德]弗里德里希·卡尔·冯·萨维尼:《法律冲突与法律规则的地域和时间范围》,李双元等译,法律出版社,1999年,第215页。

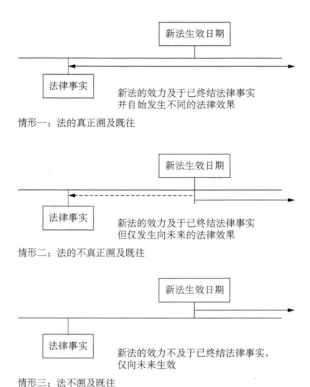

图 6-1 法溯及力的三种情形

于大陆法系国家的真正溯及)、次要溯及既往(secondary retroactivity,类似于大陆法系国家的不真正溯及既往)的二分法。[1] 在此之前,有学者提出的方法上的溯及(method retroactivity)与既得利益上的溯及(vest rights retroactivity)已具有前述二分法的雏形。[2] 有加拿大学者将法的溯及力相应地区分为回溯型(retrospective)和溯及型(retroactive),前者仅改变新法生效前行为自新法生效之后的法律后果,后者则改变新法生效前行为自始的法律后果。[3] 明显地,这种划分法与真正和不真正溯及既往的区分并无实质不同。美国的一些司法判决

---

[1] John K. McNulty,"Corporations and the Intertemporal Conflict of Laws," *California Law Review* 55,No.1(1967):12-73.

[2] W. David Slawson,"Constitutional and Legislative Considerations in Retroactive Lawmaking," *California Law Review* 48,No.2(1960):216-251.

[3] Elizabeth Edinger,"Retrospectivity in Law," *University of British Columbia Law Review* 29,No.1(1995):5-26.

也采纳或一定程度上赞同了这种分类。[1]

划分真正溯及既往与不真正溯及既往的最大意义在于：在许可溯及法律方面，真正与不真正溯及的许可性正好呈相反态势，前者为原则禁止、例外许可，后者为原则许可、例外禁止，但关键为立法者的公益判断。由于法的溯及力属于宪法层级的问题，在立法过程中，立法者如何准确理解和运用法的溯及力和法不溯及既往原则显得尤为重要。此外，这一分类还隐含着"不真正的溯及不属于溯及"的命题。这涉及对法溯及力的宽严界定问题，本书主张法的溯及既往包含真正溯及和不真正溯及两种类型，因为二者皆涉及对新法生效前法律事实的适用。

不可否认，法的真正与不真正溯及既往的分类不时地遭受质疑，有人甚至主张：就其概念而言，不真正溯及效力其实并非溯及效力，而仅仅是适用法律的问题，如此不精确地将其类型化，赋予不同的法律评价，不仅无法对溯及效力概念之厘清有所助益，实则会适得其反给人留下容易混淆，甚至错误的认识。是以，或应如学者所言，改弦更张以较清晰的用语代替，例如，以"立即效力"称之。[2] 陆续有学者提出了"新法的即行效力"或"法效果之溯及作用"/"构成要件之溯及联结"的二分法，但这些区分与法的真正溯及既往和不真正溯及既往的区分，实质上并无不同。譬如，新法即行效力的核心是指，如果新法施行时，法律事实尚在持续之中，新法原则上可以立即适用于该事实，只是对于新法施行前的事实部分，适当保留旧法律认可的原本价值。[3] 可见，这基本等同于法的不真正溯及既往，唯一的不同可能在于"即行效力理论……主张对契约的未来效力和非契约的未来效力作不同对待"。[4] 事实上，法的不真正溯及既往理论并不排斥对不同法律关系的未来效力区别对待。这完全可借助于对法的真正与不真正溯及既往的发展而不是推翻来实现。就其核心而言，这些新发展都无法摆脱对持续性法律事实和法律状态完结与否的认定问题。德国联邦宪法法院第二庭1997年对法真正溯及与不真正溯及理论的回归标志着其改变传统溯及概念的努力以失败而告终。

由于法的真正和不真正溯及既往理论发展已较为成熟，它仍然是当前理论

---

[1] 参见 *Bowen v. Georgetown Univ. Hosp.*, 488 U.S. 204, 219-220 (1988); *Landgraf v. USI Film Prods.*, 511 U.S. 244, 269 (1994)。
[2] 林昱梅：《论溯及性法规之合法性问题——从土石采取法"环境维护费收费基准"之时间效力谈起》，《东吴法律学报》2012年第4期。
[3] 杨登峰：《新旧法的适用原理与规制》，法律出版社，2008年，第143页。
[4] 同上。

界和司法判决中最具共识,特别是对解决法律事实在新法颁布以前即已产生且持续到新法颁布之后的持续性法律事实溯及既往问题判断最有效的方法。另外,它不仅对新法的适用提供了适当指引,而且能为立法中规范溯及力方法的选择提供依据。鉴于土壤污染治理责任构成要件事实的持续性,它往往会跨越新、旧法的交替,笔者将采用这一分类作为后文分析的基础之一。

二、土壤污染治理责任溯及力类型之辨

(一) 法溯及力形态的一般判断标准

如前所述,为判断法溯及力的具体类型,核心标准是法构成要件事实是否已经终结。亦有学者指出,真正溯及既往与不真正溯及既往的区分在实务运作上诚非易事,主要在于是否"已经终结"的认定十分困难。为克服这一困难,本书认为,有必要采用形式和实质的双层标准判断新法溯及力的具体形态。

就形式而言,持续性构成要件与新法间的关系呈现三种具体情形。(1)法律事实或法律状态在新法生效之前已经全部具备或消灭的,若新法给予该法律事实或法律状态以不同的法律效力,自然构成了法的真正溯及既往,反之,则为不溯及。(2)若部分构成要件事实完备于过去,部分于新法生效后实现,构成要件跨越新法施行前后,新法对其适用则构成了法的不真正溯及,而且,这种溯及对于没有结束的事实和法律关系在法律生效前的法律效果不产生影响。(3)倘若全部或部分法律事实在新法生效之前即已产生并持续到新法生效之后,则需要区分法律状态和事实状态而具体讨论。婚姻关系、合同关系等都属于法律状态,若新法仅改变该法律状态自新法生效之后的效力,对生效之前的法律状态持无视的态度,则构成了法的不真正溯及既往。侵权责任构成要件中的损害后果等属于持续性的事实状态,若仅此一要件持续而行为要件不持续,而新法设定了原本不存在的法律责任,则构成了法的真正溯及既往,因为新法赋予了在旧法下即已存在的构成要件事实以不同的法律后果,新的法律状态得以形成。

倘若持续性的法律事实或法律状态与新法律规范的关系难以判断,则需要同时结合实质上的标准,即法的安定性和信赖利益保护原则,予以判断。该标准是法溯及力的根基与理论来源,也是法的真正溯及既往与不真正溯及既往划分的依据。法的真正溯及既往是对法安定性和信赖利益保护的极大挑战,因而通常被厌恶;而法的不真正溯及既往并不会对法的安定性和信赖利益保护带来太大的损害,因而被视为平衡法变动性和安定性的有效工具并被普遍采用。这意

味着,我们可以使用新法律规范对已有的法律规范效力、秩序以及被规范者基于对旧法的信赖产生利益的影响程度来判断法溯及力的具体类型。

(二) 土壤污染治理责任构成法的真正溯及既往

基于上述形式和实质标准,对责任者追究历史土壤污染治理责任实质上构成了法的真正溯及既往,我们以责任者为污染行为人为例予以阐释。

其一,在对过去的污染行为追究土壤污染的治理责任时,污染行为和污染后果往往都发生在新法实施前,[1]污染结果延续至新法生效之后。从构成要件事实的角度考察,污染行为、污染结果、因果关系、主观态度(如果需要的话)、责任能力等要素在新法之前俱已完备。倘若污染行为或污染后果二者之一发生在新法施行之后,自然适用新法,也就不产生真正溯及的问题。土壤污染后果的持续性并不是影响法溯及力类型的因素,只是事后追溯责任时,证明污染后果乃至污染行为存在的显要证据而已。

其二,新法命令污染行为人承担土壤污染治理、修复的责任,这在新法施行前既存的法律项下并不存在。这是给予过去存在的事实,一个当初不存在的规定。新的法律规范涵摄于构成要件事实,产生了不同于旧法的法律效果,即对原来污染排放或土地使用行为的法律评价发生了变化。具体而言,是由法律的漠不关心(实际上是肯定的法律评价,至少是默许的)转变为负面评价,附加了新的法律责任,给予在旧法之下不能有效构成的法律状态以效力,新的法律状态得以产生。

其三,法不溯及既往原则最大的意义是使人的行为能依据已有的规范形成预期,并做出应对和调整。倘若仅出于污染后果持续到新法颁布之后,即构成法的不真正溯及既往乃至法的不溯及既往,就可以原则上制定该类规范,实际上剥夺了人们基于对原有法律秩序的信赖而产生的利益,此时,人们已无法向后地改变已发生的活动,调整自己行为的权利也被强制剥夺了。不得不承认的是,由于土壤污染治理高额的花费和法律责任的高强度性,相关责任主体既有利益和选择权的减损更加巨大。

其四,土壤污染治理责任构成法的真正溯及是责任继承的应有之义。在我国,历史上的污染企业(包括生产者、运输者、处置者)或自然人极可能伴随着经

---

[1] 可能会有人提出质疑:如果是过去发生的行为与污染土壤的后果,但是由于土壤的自净或其他的原因,已经没有后果的延续了,那么,如何认定?如果是真正的溯及既往,是否也要追究其责任?不需要,因为这涉及的是整治责任,是一种结果责任,没有污染后果自然无须承担整治责任,它与一般的民事损害赔偿或行政处罚而生的责任不同,不在于苛责行为,而只是利益的分担。而且,这种情况由于无法查证实际上缺乏追究责任的现实证据基础,在操作中难以实现。

济体制和企业改革以及时间的推移而变更或消灭。[1]倘若历史土壤污染的治理责任不是自始就产生的话,原责任者已经变更或消灭的,变更或消灭后的新企业作为原企业权利义务的承继者,无法因义务的继承成为治理责任的承担者,只能于新法规定的责任构成要件完备时,成立自己的原始责任。在以污染行为人作为责任人的情形下,新企业未必会实施或参与污染活动,这无疑会导致历史的土壤污染治理责任更难得到承担。因此,潜在责任者土壤污染治理责任自污染行为和后果完备后即已产生,只是自新法生效之后始能作成和落实而已。

综上所述,讨论土壤污染治理责任的溯及力及其具体类型的意义在于:在新法制定时,应否保护责任者基于原法律秩序而生的信赖利益以及是否构成真正的溯及既往,实际上关系到立法的正当性依据和该溯及责任规范的最终样态。对责任者不论发生于何时的土壤污染追究责任,如果不认为构成溯及既往而直接规定其责任,虽然为法的适用清除了障碍,但可能会引起人们的反感:责任者在原法秩序下取得的合法利益不但未得法的持续性确认,反而被施加了原本不存在的土壤污染治理责任,其经营或其他活动遭到了新法的贬抑,对于原有活动不合法的法律评价被溯及行为时,却被反向剥夺了调整自己行为的机会。总而言之,对责任者因新法生效前的活动或状态追究新法下的土壤污染治理责任构成了法的真正溯及既往,并且是一种不利的(对于责任对象而言,施加了新的责任和不利的法律负担)、强式的(责任一般而言比较重且向前溯及的时间较长)溯及责任。

三、土壤污染治理责任溯及既往的正当性基础

如前所述,对责任者因新法生效前的活动或状态追究新法下的治理责任构成了法的真正的、不利的、强式的溯及既往,那么,一个随之而来的问题是:这种溯及既往能否被允许?

(一) 法不溯及既往的例外

任何一项原则都不是绝对的,法不溯及既往原则亦是如此,它存在着适用的例外。一方面,法律一般允许有利溯及。如果新法溯及既往会赋予公民、法人或者其他组织权利,或者减少、免除他们已经承担的义务和责任,则为有利溯及。不利溯及不但会损害人们的信赖利益,而且会严重挫伤人们对于法律的信仰,所以为法治社会所不许;但有利溯及则无上述之虞。因此,不溯及既往原则只限制

---

[1] 王欢欢:《城市历史遗留污染场地治理责任主体之探讨》,《法学评论》2013年第4期。

不利溯及,不限制有利溯及。[1]我国《立法法》第84条的但书即认可了法律的有利溯及既往。另一方面,法律的不利溯及依然会在特定的情形下存在。从本质上说,法的溯及力要解决的是社会和法变动中的利益均衡问题。基于充分的理由时,若与信赖利益和法安定性利益相比,法的溯及既往能带来的利益增进极其重大,则其溯及适用可能被允许。富勒就曾指出:"有时,赋予法律规则以回溯性的效力不仅变得可以容忍,而且实际上还可能为促进合法性事业所必需。"[2]德国联邦宪法法院就发展出了一系列许可法溯及适用的规则。[3]

就真正(不利)溯及既往而言,尽管其适用的情形非常严格且狭窄,但仍可基于特定的理由存在。原因在于,法律的安定性与信赖利益其价值似乎并非绝对。在许可立法者有利的溯及方面,已提供了初步的证据。既然法的安定与信赖利益价值是相对的,那么就可以基于特定的理由允许真正溯及既往法律的存在,以使得法律具备应变社会发展的灵活性。就土壤污染而言,这样才能使得污染者、受益者负担原则实现,使污染场地尽快得到清理和修复,以免政府陷入支出匮乏的窘境,从而避免社会公众遭受双重伤害。

"在真正的溯及效力应有强制的,高于法安定性之理由予以正当化;反之,在其他情形,则只有在权衡的结果为,对于法律规定之继续存在的信赖属于优位时,溯及效力始违反法治国家原则。是故在权衡时,该对立之观点中如无可取得优位者,(原则上禁止之)真正的溯及效力应不容许,而(原则上允许之)不真正的溯及效力及其类似的情形应予允许。"[4]这意味着,土壤污染治理责任这种不利的、真正的、强式的溯及既往的正当性来源在于:公共利益与信赖利益权衡后,前者远远强于后者,亦即公共利益的强烈、紧迫和重大性。[5]换句话说,只有

---

[1] 胡健淼、杨登峰:《有利法律溯及原则及其适用中的若干问题》,《北京大学学报(哲学社会科学版)》2006年第6期。

[2] [美]富勒:《法律的道德性》,郑戈译,商务印书馆,2005年,第64页。

[3] "德国联邦宪法法院的判例指出,法律溯及的许可的情形包括:具有可预见性;消除旧法的不确定性;为填补法律漏洞;必须有极重要的公益考量。"参见孙晓红:《法的溯及力问题研究》,中国法制出版社,2008年,第5页。

[4] 黄茂荣:《夫妻剩余财产差额分配请求权之规定的溯及效力》,载葛克昌、林明锵主编《行政法实务与理论(一)》,元照出版公司,2003年,第434页。

[5] 值得进一步说明的是,溯及既往立法的正当性来源不在于,如我国《立法法》规定的,对公民、法人和其他组织的权利或利益保护。因为任何法律规范背后都盘绕着复杂的利益,对一部分人有利却可能会损害另一部分人的利益。《立法法》仅仅考虑到较单一的利益关系,而没有全面地反映复杂的利益关系。另外,基于单纯的公共利益需要也无法制定真溯及既往的法律。原因在于,公共利益的概念和界定极具模糊性;而且,新法制定所致的公益未必强于人们基于旧法秩序产生的信赖利益。若因新法制定能增进公共利益即可随意地真正溯及,会导致溯及既往的过多使用。

当土壤污染治理的公益远远大于责任者基于旧法形成的信赖利益时,方可要求责任者承担责任。此时,为实现重大公共利益而不得不溯及既往,即便可能造成信赖利益的受损亦在所不问。

(二)土壤污染治理责任真正溯及的正当性分析

基于前述分析,"如果立法者基于重大公共利益的考虑,以牺牲人民的信赖利益为代价制定溯及既往的法律,则判断和衡量何谓重大公共利益就成为决定性因素。但在立法实践中,对'重大公共利益'的衡量和判断的过程实际上是不同利益的博弈过程,哪些事项在什么情况下可以作为重大公共利益具有很大的不确定性"[1]。结合土壤污染及其责任的特点,我们认为,责任制度致力实现的公共利益和责任者基于原有法律秩序的信赖利益同时存在,而且前者极大地优于后者。

1. 土壤污染责任制度推进的公共利益极其重大

(1)构建具有溯及力的土壤污染治理责任具有公益性。首先,新法的制定本身具有公益性。新法的制定表明了新的立法形成权与旧有秩序的冲突,以及新的立法形成权代表新的公益考量。特别是伴随着社会发展,法律适应性地对已有规范漏洞进行填补,使得法律具有完整性、现实性和可执行性,可以总体上促进公益的实现。土壤污染防治的立法与土壤污染责任制度恰恰是为应对严峻的土壤污染问题而首次制定的规范。

其次,环境保护法律具有公益性。由于环境问题的公益性,环境保护法律,特别是其中以行政法为载体的规范以追求公共利益的增进为主要目标。

最后,具有溯及力的土壤污染治理责任制度旨在寻找真正的责任者,使得场地得到最大可能与最充分的治理,避免土壤中的污染物通过人体暴露、农作物种植、迁移转化等方式危害公众的健康与安全,损害土壤和地下水本身的质量与功能。从受影响的群体范围、危害后果、严重程度、治理成本等维度看,责任制度具有明显的公益性。

(2)土壤污染已经成为当前突出和迫切需要解决的环境问题。土壤污染及其防治已经成为当前环境保护工作的重中之重。越来越多的土壤污染被发现,许多严重污染的场地亟须治理和修复,谁来承担巨额的修复费用,换言之,谁应当对过去污染活动导致的土壤污染承担责任成为当前土壤污染治理的最大障碍,这也是当前土壤污染法律制度建设的首要问题。

(3)对责任者溯及追责是责任制度的必然选择。责任制度是土壤污染法律

---

[1] 杨登峰:《新旧法的适用原理与规制》,法律出版社,2008年,第85页。

制度的核心,而溯及既往是破解整个土壤污染责任制度的关键。如果不采用溯及既往的责任原则,造成历史污染的污染者将大多无须承担责任,污染者负担原则将成为空谈,巨额的治理和修复资金无人承担,而污染者则轻松地将巨大的污染成本转嫁给社会和未来的世代。[1] 如果单纯由土地使用权人来负担,则其对土地的管理责任、状态以及获益与治理责任之间严重不均衡。若由政府负担,则实际上是由一般民众负担,实质上是对公众的二次伤害。尽管污染者负担治理费用将通过价格转移机制等方式将一部分负担转嫁至普通的消费者,但正如美国诉东北制药与化学公司案中法官指出的:由一般的公众来负担不如由产品消费者这些基于产品消费和工业活动的活动者负担来得更公平。[2] 因此,对污染物的生产者、运输者、排放者等主体溯及地追究土壤污染治理责任是土壤污染责任制度的必然选择,也就是说,不以溯及既往的方式立法,则几乎难以达到土壤污染防治立法的目标,实现以责任者负担原则为基础的土壤污染的治理与预防。

2. 责任者存在减损了的信赖利益

(1) 责任者享有信赖利益。不可否认的是,污染物的生产者、运输者、处置者、排放者等潜在责任者有基于原有法律规范而生的信赖利益。事实上,我国环境法律和相关标准在改革开放后才逐步建立。许多污染活动当时可能并无法律规范须遵守。1979年《环境保护法(试行)》虽将土壤规定为环境要素,却没有明确规范土壤污染。《固体废弃物污染环境防治法》《水污染防治法》《危险化学品安全管理条例》《农药管理条例》等法律、法规只是从排放源的角度规范土壤污染的排放。我国一度没有关于土壤污染防治的法律,更没有治理、修复土壤污染的责任制度。生产者或其他的活动者若已按原法律规范采用适当技术安排生产活动和处置污染物,则对于土壤污染和土壤污染治理这一新的污染形式和责任,难以完全预见。如果要实施溯及既往的责任制度,责任者因信赖原有法律而正当取得的生产、营业所得利益将用于支付高昂的土壤污染修复成本,这可能会损害其信赖利益。况且,对于不遵守可能会造成土壤污染的水、固体废弃物等污染物的排放控制规范的,此类法律亦设定了不遵守排放规定可能被施加的法律不利评价。因此,在一般情况下,他们确实产生了信赖表现。

(2) 责任者的信赖利益有所减损。即便责任者可能存在信赖利益,但该利

---

[1] 王欢欢:《城市历史遗留污染场地治理责任主体之探讨》,《法学评论》2013年第4期。
[2] *United States v. Northeastern Pharmaceutical & Chemical Co.*, 579 F. Supp. 823.

益往往是不完整和减损了的,理由大致如下。

首先,责任者对土壤污染的治理责任应具有不同程度的预见可能性。第一,已有的环境保护法律逐步赋予了污染者、受益者等主体越来越多的注意义务和法律责任。即便规范缺位,环境保护法律对公众健康和环境状况改善总体目标的追求,从实质上要求行为者不断减少乃至消除其活动的环境风险。特别是在1979年《环境保护法(试行)》之后,这种要求已经明朗化。例如,该法第6条规定:"一切企业、事业单位的选址、设计、建设和生产,都必须充分注意防止对环境的污染和破坏。……已经对环境造成污染和其他公害的单位,应当按照谁污染谁治理的原则,制定规划,积极治理。"此外,该法还初步提及了土壤污染,即"积极发展高效、低毒、低残留农药。推广综合防治和生物防治,合理利用污水灌溉,防止土壤和作物的污染"。第二,在环境形势越来越严峻的今天,有充分的理由相信国家将采用愈来愈严格的立法和标准。第三,美国、日本以及我国台湾地区已率先确立了溯及既往的土壤污染治理责任。基于以上三点理由,责任者对溯及既往的治理责任应有一定程度的预见。根据我国台湾地区的相关判例,是否具有合理的可预见性,并非专指对具体溯及条文内容的预见,而系指是否得合理地期待已经发生之行为或已经造成之状态,其利益永远不被剥夺或永远不至于遭受任何不利益。另外,其预见可能性具有如下规律:越接近立法制定与颁布的日期,其可预见性越强;反之则越弱。

其次,责任者行为本身具有可非难性。污染的产生者或运输、处置者在从事经营活动过程中排放了污染物,造成了土壤污染,他们从污染活动中获得了利益,却未负担相应的减轻或消除污染的成本,而是外部性地由全社会负担。更何况,不少污染产生、排放活动本身已违背了行为当时的法律规范和标准,具有违法性。毋庸置疑的是,违法行为没有值得保护的信赖利益。即便是合法活动,由于土壤或地下水污染亦可能由长期合法排放污染物造成,行为人将危害后果扩散至由他人和社会公众负担而自身获利,具有社会公平和公共道德上的可非难性,其信赖利益的应保护程度亦随之降低。

最后,责任者常有较强的经济实力并掌握广泛的责任分散机制。造成土壤污染的往往是企业和其他经营者,相较于受害者,他们多具有较强的经济实力和赔付能力。他们常可以通过价格、保险等责任分散机制将风险分散至更广泛的消费者或其他人,并通过破产机制最终承担有限责任。

综上所述,溯及既往的土壤污染治理责任旨在推进公众健康、土壤环境质量和生态功能等强烈的公共利益;责任者虽具有基于对原法律秩序的认可、信仰和遵循而产生的信赖利益,即经营利益和财产收益,但由于前述缘由,其值得保护的信赖利益有所减损。相较而言,土壤污染立法本身的公益性、责任制度构建的紧迫性和溯及既往的必要性集结而成的公益性极大地优先于私益的、信赖利益的损失。因此,立法者推行这种溯及既往的责任制度是必要的,而且合乎立法和人民健康权利保护、土壤生态环境保护的正当目的。正如有学者指出的,在思索法令可否溯及适用的问题时,"溯及使用所能获致之公益效应"与"人民信赖利益所受影响"二者之间的衡量,亦是不可忽略的思考步骤。行政法令溯及适用所能获致的公益效应愈低,则溯及适用的正当性愈低。这意味着,土壤污染治理责任这种不利、真正、强式溯及的法律规范由此具有了充分的正当性基础。我国土壤污染治理责任制度中,也应当确立溯及既往的责任。

(三)新法应认可值得保护的信赖利益

倘若许可立法者制定溯及性质的法律,无疑是肯定将该当的、受限制的旧有权益列入不值得享有信赖利益之范畴。因此,要判断在不同情况下,人民由旧有法律获得的利益、处置权享有信赖到何种程度,必须由立法者及职司释宪者,依据各种不同的法律,在仔细衡量实质正义及法律安定性的重要性后归纳出结论。在这一点上,立法者应足够谨慎。具体而言,生产者、运输者、处置者等土壤污染的肇因者有不同程度的基于对原有法律规范和标准制度的认可、信仰、遵循和调适而产生的信赖利益,即责任者的经营利益和财产收益。即便这种信赖利益处于弱化的境地,考虑到权衡公益与私益的比例性原则,对其中值得保护的信赖利益,仍有必要予以认可并设置减少其不利益或过渡时期等调适机制。

总体而言,本部分剖析了溯及既往的土壤污染治理责任制度的正当性来源。这种责任制度并非不构成溯及既往,也不是被原则许可的不真正溯及既往,而是基于重大公共利益考量被允许的真正溯及既往。虽然结论看似相同,但其规范意义是不同的:在立法和规范设置过程中,一方面,溯及既往责任制度的规范形式和内容应强化这种正当性,另一方面,受损的且值得保护的信赖利益亦应得到考虑。

四、我国土壤污染责任制度溯及力的规范路径

如上所述,为实现土壤污染治理的重大公益,采用真正、不利、强式溯及的土壤污染治理责任制度具有正当性。那么,我们应该采用何种溯及既往的模式,使责任者及时、充分地治理污染场地,又能关注值得保护的信赖利益?本部分在世

界范围内筛选了 20 个土壤污染治理责任制度较为成熟的国家、地区和省(州),[1]分析其溯及既往的总体情况。随后,基于前述理论研究与各国(地区)经验,我们分别探究了责任制度溯及既往中的数个关键问题,以期形成我国土壤污染责任制度溯及的具体制度架构。

(一) 溯及既往责任制度——规范形式

在 20 个国家、地区和省(州)中,除了欧盟外,其余国家和地区都溯及地追究责任者土壤污染的治理责任。各国(地区)普遍意识到,由于土壤污染治理成本高昂,要寻找尽可能多的潜在责任者以治理过去活动造成的场地污染,赋予责任制度溯及既往的特性就成为最为有效的工具。那么,各国(地区)都通过何种规范形式确立责任制度的溯及既往?

溯及既往的土壤污染治理责任起始于美国的《综合环境应对、赔偿与责任法》(CERCLA)。然而,该法并没有明确使用"溯及地"或"可以溯及既往地"等字眼,也没有明确立法者在此问题上的意图。其责任制度的溯及力是通过司法判决确立的。在美国有关 CERCLA 的案例中,法官们几乎无一例外[2]地确认了该法应急、污染源清理和场地修复责任的溯及力。[3] 原因在于:几乎所有提出溯及适用不合理的主张都被法院否决,即便现在仍没有联邦最高法院有关 CERCLA 溯及力的案例,要想推翻这些判决依然比较困难。

法国同样未在立法中明确规定责任的溯及力,司法判决却呈现了左右摇摆的态度。[4] 有些国家或地区则在立法中做出了相对明确的规定。例如,加拿大不列颠哥伦比亚省《1992 年废弃物管理法修正案》(Waste Management

---

[1] 具体包括:(1)欧洲:欧盟、德国、英国、法国、意大利、荷兰、瑞典、捷克;(2)亚洲:日本、韩国、我国台湾地区;(3)美洲:加拿大(艾伯塔省、不列颠哥伦比亚省、安大略省、魁北克省)、美国(联邦、马萨诸塞州、密歇根州、加利福尼亚州、俄克拉荷马州)。

[2] 在已有的判决中,唯一的例外是 United States v. Olin Corporation 案一审判决。亚拉巴马州南区法院法官在判决中认为,依据联邦最高法院在 Landgraf v. USI Film Products 案的判决,"超级基金法案"不能溯及适用,该案成为美国司法审判史上第一也是唯一一个否认"超级基金法案"溯及力的判决。随后,在 1997 年的二审中,第 11 巡回法庭推翻了一审法院的判决,认为,虽然没有立法的明确表述,但立法者意欲使"超级基金法案"具有溯及力的意图是十分明显的,从而再次确认了该法 107 责任条款溯及既往的效力。参见 927 F. Supp. 1502 (S.D. Ala. 1996), rev'd, 107 F.3d 1506 (11th Cir. 1997).

[3] 参见 State of Ohio v. Georgeoff, 562 F. Supp. 1300 (N. D. Ohio 1983); United States v. Northeastern Pharmaceutical & Chemical Co. (NEPACCO), 810 F.2d 726 (8th Cir. 1985)等案件。

[4] Frédéric Bourgoin, "Soil Protection in French Environmental Law," Journal for European Environmental and Planning Law 3, No.3(2006): 204-212.

Amendment Act，1993)第20.41(1)条中明确规定,责任者应负有绝对、溯及既往和连带的责任。加拿大艾伯塔省《环境保护与改善法》第123条亦明确规定,无论污染物何时出现在土壤上方、内部或下方,该法相关部分一概适用。[1]

由此可见,用何种形式规范土壤污染治理责任的溯及力是首要问题。一方面,溯及既往的土壤污染治理责任制度改变了原有的利益格局,为责任者创设了新的法律负担。既然这种新负担具有正当性,那么就需要考虑其规范形式使其具有合法性。这样,才能使得新的利益格局尽可能地明晰并尽快得以塑造。另一方面,从法的适用来看,"法律适用机关在适用法律时必须严格遵循法不溯及既往原则,除非法律明文规定可以溯及既往。换言之,法律适用机关溯及既往地适用法律必须有立法机关在立法中的明确'授权',如果法律中没有明确规定可以溯及既往,即法律的规定模糊时,只能作不溯及推定"[2]。因此,立法机关在立法中应明确承认责任制度的溯及力。各国(地区)的经验同样表明,即便法律明确规定,也可能引起条文是否违宪的争议。

就我国而言,虽然基于《立法法》的规定,在立法违宪审查制度不完善的情形下,立法者可以很容易做出责任制度溯及既往的规定,但立法者倘若对此含糊其词,将会影响适用者的信心,更易受到利益相关方的质疑和反对,动摇立法目标。因此,我国土壤环境保护法在责任制度溯及力的规定上,应采用清晰的法律用语,以不会引起歧义的方式采用"溯及至""溯及既往""溯及"等用语,或至少采用"污染者应对本法实施以前的……负责任"等包含明确时间的词语。此外,最好将溯及既往的条文置于责任制度条款,而非附录中的时间效力条款之中,以防引起一般原则性程序条款与具体实体条款间关系的新争议。

(二) 溯及既往责任制度——规范内容

在规范内容上,土壤污染治理责任的溯及力涵盖了应承担溯及责任的主体类型、具备溯及力的责任范围、溯及的时间界限、责任的溯及既往与归责原则的关系等关键问题。纵观各国(地区)的责任制度,也大致针对该问题有所分野。

1. 应承担溯及责任的主体类型

各国(地区)规定了不同的土壤污染治理的责任主体,宽泛的如美国CERCLA规定的污染行为者、土地或设施的所有者、管理者和运输者等,狭窄的如日本《土壤污染对策法》规定的土地所有人(事实上,包括土地的所有者、使用

---

[1] 《环境保护与改善法》(Environmental Protection and Enhancement Act，EPEA)第123条。
[2] 孙晓红:《法的溯及力问题研究》,中国法制出版社,2008年,第83页。

者和管理者)和污染者。我们可以将之分为污染的肇因者和非肇因者,前者如排污企业,后者典型如并非污染者的土地所有、使用或管理者。对于肇因者和非肇因者,是否应当不加区分地施加溯及既往的责任?

(1) 全面溯及。采用此类模式的国家通过立法或司法判决确定,所有潜在责任者都应承担溯及既往的责任。譬如,美国 1980 年"超级基金法案"及相关司法判决表明,四类潜在责任者(potentially responsible person)的责任都是溯及既往的。对于历史上的土地所有、占有者而言,即便他们不是真正的污染者,都可能因在污染活动期间所有、占有或管理该土地被追责。加拿大艾伯塔省、不列颠哥伦比亚省和美国诸多州皆采用类似的全面溯及。

(2) 分主体溯及。英国、芬兰、瑞典、德国以及我国台湾地区针对不同的责任主体,施以不尽相同的溯及责任。我国台湾地区相关规定指出,污染行为人和土地关系人为责任者。需溯及承担土壤和地下水整治义务的是泄漏或弃置污染物、非法排放或灌注污染物、中介或容许泄漏非法排放或灌注污染物及未依法令规定清理污染物的污染行为人。土地关系人,即土地经公告为污染控制场址或污染整治场址时,不属于污染行为人的土地使用人、管理人或所有人,仅有在发现有污染之虞时,实行紧急必要措施,以防止污染扩大的义务,并不承担溯及既往的责任。英国 1990 年《环境保护法》第ⅡA 部分规定,土壤污染的责任者为造成或明知而允许污染者(A 类责任者),若没有 A 类责任者或无法寻找,现有的土地所有者和占有者(B 类责任者)将承担污染土壤清理的责任。

这说明,部分国家(地区)仅对污染的肇因者施加溯及既往的责任,非肇因者则无须承担溯及责任。这意味着,当前的土地权利人仅对基于对物事实的管领支配实力而生的"状态责任"承担治理责任,[1]历史上的土地权利人无须为此负责。当然,行政机关和司法机关往往倾向于对肇因责任者做扩大解释,土地的所有者和占有者极有可能出于对土地的实际控制,在占有时允许排放或明知而未清理,从而成为肇因者并承担溯及既往的责任。[2]换句话说,如果土地的使

---

[1] 吴宗育:《环境法中状态责任争议问题之研究——以土地污染清理为中心》,硕士学位论文,中国文化大学,2012 年,第 40 页。
[2] 在英国瑞德兰德矿业公司(Redland Minerals Limited)和克莱斯特·尼克尔森房地产公司(Crest Nicholson Residential PLC)不满行政机关修复决定向英国国务大臣提起行政复议一案中,在 1955—1980 年,该地块上的化工厂在生产过程中将溴酸盐和溴化物排入白垩岩的储水层。1983 年,克莱斯特公司购得该地块后用于房地产开发。复议决定认定,克莱斯特公司购买该地块时,明知该地有污染问题,却仅进行浅层土壤污染的清理,其土地开发行为使得污染物更深、更快地渗入,并且让其他污染物继续污染地下水,因而是 A 类责任者,应承担溯及既往的责任。

用者、管理者、所有权人与污染者重合的话,自然会被溯及地追究责任。[1]

(3) 启示与建议。就我国土壤污染治理责任制度而言,土壤污染者(即肇因者)应承担溯及既往的责任,土地权利人(非肇因者)的责任不应溯及既往,当土地权利人造成或允许造成污染时,应当归入肇因者而承担溯及既往的责任。原因在于,肇因者承担的是行为责任,污染物的排放者、运输和处置者是造成土壤污染的根源,他们亦在相关活动中获得利益,结合我们前述对于溯及既往合理性的分析,无论污染活动发生在何时,都应当基于新法的规定清理和修复土壤或承担相关的花费。非肇因者承担的是状态责任,是基于对土地的事实管理或掌控能力而产生的责任,使得土地不对他人和公众造成不利的影响,是出于财产权的社会化产生的责任,因而不是溯及既往的责任。

2. 溯及的时间界限

溯及力涉及法的时间效力,在设定土壤污染溯及既往责任制度框架时,一个显而易见的问题是:新法对责任者的溯及适用是否会无限制地向过去延伸?

(1) 分段溯及。芬兰依据时间段划分了责任者不同的溯及责任。作为第一类责任者,污染者对1979年之后活动导致的土壤污染负全部责任;对1962—1979年活动造成的土壤污染负部分责任,具体的责任份额依据个案情形而定;对1962年之前活动造成的土壤污染不负责任。污染者无须担责、无法寻找或已消失的,作为第二类责任者的现有土地所有权人、使用权人应负责任。作为第三类责任者,地方政府对1994年之前活动导致的土壤污染负有限剩余责任,对1994年之后活动导致的土壤污染应负全部剩余责任。

荷兰采用了类似的分段模式。1975年1月1日之前活动导致的污染被称作历史土壤污染。土地权人或污染者一般无须承担责任,法律推定他们无法知晓土壤污染,责任应由相应级别的政府承担。1975年1月1日—1987年1月1日活动导致的污染,应由土地权人或污染者承担调查和修复责任。倘若他们怠于履行其义务,政府部门可以代履行并追偿相关的费用。自1987年1月1日起,从事任何与土地相关的活动者必须采取所有必要措施预防土壤污染的发生。若发生污染,责任人必须即刻采用应急行动减缓损害,并在必要时予以修复。

(2) 时效截断。丹麦土壤污染责任制度并不区分新法颁布之前与之后,其溯及力只受制于法律中时效的规定,超过法定的时效,将导致法律义务的消失,

---

[1] 例如,日本《土壤污染对策法》第7条第1款。

从而责任制度无法溯及适用。1992年,丹麦最高法院的一项决定规定,土壤污染责任的时效为20年。这意味着,责任者无须对20年以上的土壤污染负治理责任,而且其主观态度在所不论。[1]因此,一般追诉时效优先于法的溯及力,造成了责任制度溯及力的截断。

(3) 启示与建议。对责任溯及力的分时间段处理往往基于如下考虑:一方面,由于环境问题的渐进式出现,污染控制法律规范得以逐步建立、严格和完善。污染者活动产生的物质或能量,可能在行为时并不被认为是污染物,或其产生和排放并没有被禁止或限制,或污染物排入土壤之中并不被认定为污染,或已按照当时的标准、技艺、规范处理但仍造成了今天的土壤污染。在一国法律发展的不同阶段,污染者被设定了不同的义务。最初,污染者的污染限排可能只是一般责任。因此,责任者的信赖利益伴随着法律规范的严格而趋于减弱,责任则愈来愈重。另一方面,某些污染活动可能在旧法之下已经受到了相应的处理。从这些角度看来,结合本国实际,依据不同的时间段,施加不同的溯及责任具有一定的合理性。但其问题在于,污染活动发生的时间有时明确,有时却难以查证,而且有些污染活动会跨时间点前后,如何分割前后的责任变得尤为困难。

对我国而言,我们也可以借鉴这种分段溯及的方式。回顾过去,有两个时间点尤为重要,即1949年和1979年。1949年前活动造成土壤污染的情况可能非常罕见,污染者及其承继者无须溯及地承担任何责任。对于1949—1979年活动造成的污染,污染者及其承继者则溯及地承担有限的应急、清理和修复责任,剩余部分由公共财政承担。1979年几乎是我国国有企业改制、环境保护法律和经济腾飞的共同时间起点。在此期间,对于许多造成污染的活动而言,我国几乎没有相关的标准、规范以资遵循,相关责任者也无法预知活动的法律后果。而且,原有的国有经济体制样态也使得发展的有利后果和代价都是公共一体承担,因而如果能寻找到污染者的话,由他们承担一部分责任是合理的。对于1979年以来的活动造成的污染,污染者及其承继者应溯及地承担全部的责任,无法寻找到污染者、污染者已消失或无法承担责任的,则由现有的土地使用权人承担一定的责任,[2]剩余部分由公共财政负担。当然,相关的责任者之间或与政府达成自愿治理协议的,可按照协议分配责任。

---

[1] Colin Ferguson, "Assessing Risks from Contaminated Sites: Policy and Practice in 16 European Countries," *Land Contamination and Reclamation* 7, No.2(1999): 87-108.
[2] 主要是不超过土地价值本身或不超过土地修复后的增值的部分。

这种分段式溯及也有一定的弊端：考虑到污染土壤的大容量和场地修复的高成本，如果过度强调信赖利益的保护，可能使真正的责任者获得责任的豁免，从而导致公共财政过多地负担污染治理成本。另外，单纯以时间点作为区分是否溯及的分界线过于僵化，可能并不能真正反映责任者在行为当时的主观态度和信赖程度，个案间存在巨大的差异。

3. 溯及既往与归责原则的联动

在构建溯及既往的土壤污染治理责任制度时，对于构成要件中责任者的主观态度是否因新法溯及力程度而有所不同，各国（地区）亦形成了不同做法。

（1）溯及既往影响归责原则类型。如前所述，比利时弗拉芒大区划分了历史土壤污染和新土壤污染并分别采用不同的归责原则。丹麦也采取了类似的做法。

（2）基于个案裁量的关联机制。有些国家并没有规定统一的归责原则，而是采用个案衡量或法律的减免责规定。如前述德国 1998 年《联邦土壤保护法》第 4 条第 5 项第 2 款的规定，立法实质上授权行政机关和司法机关基于案件的具体情况予以平衡。

（3）启示与对策建议。对历史土壤污染责任者采用过错责任，或考虑其行为时的主观态度予以个案衡量，这种做法看似关系到归责原则，但将归责原则与行为时间点挂钩，实质上旨在通过不同归责原则的适用缓解溯及既往造成的信赖利益和法安定的损害。例如，无过失责任是对不幸风险的合理分配，而溯及既往责任则是尽可能地使责任得到承担，通过法律制度把本已微弱的行为与后果之间的因果关系链条强化起来，用于弥补时间推移带来的因果关系的弱化。溯及责任与无过失责任的配合会弱化行为的可苛责性；溯及责任与过错责任的配合则会强化行为可苛责性对责任承担的根本意义。因此，宜对历史土壤污染的责任者适用过错责任，对新土壤污染的责任者适用无过错责任，这是因为，后者对已经公布的新法能知晓、信赖、形成合理期待并调整行为及后果预期，前者则只能依据当时的规范调适行为，对前者采用过错责任无疑能在一定程度上减轻新法溯及适用导致的信赖利益受损。

区分责任者的主观态度而溯及与前种区分时间段而溯及有异曲同工之妙，都可以在一定程度上防止信赖利益的过度受损。与后者相比，这种做法可以更客观地反映责任者行为时的样态，以判断是否产生了信赖和信赖利益的密度。[1] 其

---

[1] 信赖保护仍有其独特的关注重点，此重点为信赖保护的客体——有资格、能力享受本原则的对象，是所谓信赖利益的密度（dichte）问题。

弊端在于,土壤污染活动的发生已经年代久远,多难以乃至全然无法查证和考究行为人的主观态度。对此规则的适用会最终付诸具体的行政决定或司法判决的个案衡量,由于牵涉的利益巨大,难免会出现规则滥用或不当适用的局面,恐怕与创设制度的目标相差甚远。由此,笔者更赞成前述分段溯及的方式,通过形式正义实现实质正义。

4. 区分责任类型而溯及

(1) 美国的自然资源损害责任。为补救土壤污染或其他活动对自然资源造成的长期影响,美国"超级基金法案"、《油污法》等联邦立法设立了自然资源损害(natural resources damage, NRD)的法律责任。例如,"超级基金法案"第107(a)(4)(C)条规定,潜在责任者同样应对土壤污染导致的自然资源损害承担责任,即伤害、破坏或减损自然资源而导致的损害,以及评估该伤害、破坏或减损而产生的费用。其所指的自然资源包括土地、鱼类、野生生物、区域生物、水、地下水、供应饮用水,以及联邦、州、地方政府、外国政府、印第安部落所属的、管理的、受托的、相关联的或控制的任何其他自然资源。该法明确规定,对于自然资源损害或导致自然资源损害的有害物质排放全部发生于该法生效日期之前的,该条款不能溯及适用。[1] 这意味着,虽然同样基于土壤污染,场地清理和修复责任可以溯及既往,自然资源损害责任则不能溯及既往。

(2) 欧盟的环境损害责任。类似地,2004年3月10日欧盟《关于预防和补救环境损害的环境责任指令》(Directive 2004/35/EC of the European Parliament and of the Council of 21 April 2004 on environmental liability with regard to the prevention and remedying of environmental damage)首次在欧盟法层级提出了环境损害(environmental damage),即对自然资源,包括受保护物种、自然栖息地、水和土地的损害。它是有别于传统人身和财产损害的对环境本身的损害。因此,对土壤污染造成的环境损害的补救也是该指令的重要内容,然而,该指令并不适用于以下情形:2007年4月30日前发生的排放、事故或事件造成的损害;发生在2007年4月30日之后的排放、事故或事件造成的损害,但该排放、事故或事件源于此日之前就已发生并结束的具体活动;造成损害的排放、事故或事件发生已超过30年。[2]

这意味着,对于土壤环境损害的救济而言,欧盟环境责任指令并不具有溯及

---

[1] CERCLA, 107(f)(1).
[2]《关于预防和补救环境损害的环境责任指令》。

既往的效力。当指令在成员国层级转化时,不可避免地存在环境损害与成员国已有土壤污染治理责任间协调的问题。虽然欧盟环境责任指令允许成员国国内法采用更严格的责任制度,但只要欧盟的环境损害责任无法完全取代国内法的相关责任,无论二者间是平行、部分重叠抑或是等级关系,在许多欧盟国家,都会因责任类型不同而出现不同的溯及效力。

(3)启示与建议。污染土壤修复责任不仅关系到污染对土壤生态环境本身的损害,也关系到土地作为财产因污染而发生的价值折损,以及肇因于土壤污染的人身健康损害,后两者都是传统的损害。基于这种复合性,污染土壤修复责任与生态损害责任难以截然区分,再加上土壤污染治理的紧迫性和高成本,我国目前的土壤环境保护法仅将重点放在污染土壤修复责任制度的完善,与环境损害和生态环境损害赔偿之间的关系尚未真正厘清,是否会产生区分责任类型而溯及的问题有待时日。

5. 责任限额或免除

(1)直接设定责任限额。有些国家和地区直接设定责任限额以缓和溯及既往的责任制度可能带来的不正义。例如,我国台湾地区将土壤与地下水污染的责任者区分为污染行为人、潜在污染责任人和污染土地关系人。[1] 其中,污染行为人指的是违法排污行为导致土壤及地下水污染者,潜在污染责任人则是合法排污导致污染者。后者是修改后的规定 2010 年中增设的,其立法理由是,土壤或地下水污染可能由长期合法排放污染物造成。不论是非法排污的污染行为人还是合法排污的潜在污染责任人,都要对土壤地下水污染调查及评估计划、污染整治计划的制定与实施等承担溯及的责任。这说明,在我国台湾地区,行为人的主观态度并不影响土壤污染治理与修复责任的溯及效力。然而,它也为合法排污造成土壤污染的治理责任者设定了责任限额机制。例如,主管机关进行整治场址土壤、地下水污染范围及环境影响的调查及评估、整治场址整治计划拟定及实施的,潜在污染责任人应缴纳的费用为依规定所支出费用的二分之一;潜在责任人支出全部费用的,可以在执行完毕后检附单据,报请主管机关核付支出费用的二分之一。值得一提的是,瑞典、芬兰等国也在设定分时间段溯及责任的同

---

[1] 我国台湾地区相关规定指出:"污染行为人指有下列行为之一而造成土壤或地下水污染之人:(一)泄露或弃置污染物;(二)非法排放或灌注污染物;(三)中介或容许泄露、弃置、非法排放或灌注污染物;(四)未依法令规定清理污染物。""潜在污染责任人指因下列行为,致污染物累积于土壤或地下水,而造成土壤或地下水污染之人:(一)排放、灌注、渗透污染物;(二)核准或同意于灌排系统及灌区集水区域内排放废污水。"

时,规定了相应时段的责任限额。

(2) 间接设定责任限额与减免。有些国家则通过间接方式为责任者设定责任限额。例如,加拿大不列颠哥伦比亚省《1993年废弃物管理法修正案》设立了"小微责任者制度"。责任者若能证明自己仅排放了场地污染物的很小一部分,责任者不能因排放污染物承担单独的责任,或责任者应承担修复责任的份额仅占总成本很小一部分,并且让责任者承担连带责任过于严厉,那么,责任者就可能被认定为"小微责任者"。一旦做出认定,有权机关应决定该责任者责任数额或比例,"小微责任者"承担的责任以此为限。另外,该修正案还规定,若责任者与有权机关达成了自愿修复协议(voluntary remediation agreement),则免除其未来的修复责任。自愿修复协议这种更灵活的责任承担方式也可视作为修复责任者限定责任的方式。加拿大不列颠哥伦比亚省采用全面溯及既往的责任制度,因而这两类责任限额制度同样适用于历史上的土壤污染活动的责任者。类似地,美国2002年颁布的《小规模企业责任减轻和棕色地块振兴法》("棕色地块法")引入了多项新的责任减免制度,并修订了"超级基金法案"无辜的土地权人免责制度。其中,善意的潜在购买者(bona fide prospective purchaser)免责仅针对发生于该法生效日之后的购买行为而言,因而与本书讨论的溯及既往问题无关。无辜的土地权人(innocent landowners)免责和相邻土地权人(contiguous property owner)免责则适用于现有的和历史上的土地权人。小微责任者免责(de micromis exemption)则专门针对发生于该法生效之前的倾倒、处置或运输活动而设。这意味着,美国联邦层级的立法包含多项责任限制或免除的法律制度,其绝大多数都适用于过去的责任者,构成了修复责任溯及既往的缓冲力。当然,2002年"棕色地块法"作为新法修订1980年的"超级基金法案",其新增的责任减免制度是否能像后者那样无限溯及至过去尚未见理论和司法争议。这表明,在"超级基金法案"的全面溯及力得到普遍认可的背景下,"棕色地块法"可以同样溯及适用似乎是不言自明的。

(3) 启示与建议。如前所述,本书主张我国可以采取划分时间段设定不同的溯及责任的做法。我国台湾地区的做法有其可取之处。相关规定明确合法排污者的责任限额,在一定程度上保护了一贯守法的行为者因为信赖既有的法律、标准和规范而产生的信赖利益。但主要的问题是:由于责任大小相差巨大,对于潜在的责任人的责任而言,有社会公众予以负担的考虑,因而如何界定污染行为人和潜在责任人的区分界限就显得尤为重要。特别是对于长期、持续性污染活动而言,如何界定和证明合法排污与非法排污就显得很困难。多次合法一次违法是否构成污染行为人？特别是对过去的污染活动而言,相关证据的留存及查找就很困难,如何解决这种问题？

对于1949—1979年活动造成的污染,污染者及其承继者溯及地承担有限的应急、清理和修复责任,剩余部分由公共财政承担。那么,如何界定这里的"有限责任"？笔者建议,应该在立法中明确界定该有限责任的额度或比例及其适用的条件。具体而言,若该期间的污染者不是唯一责任者,可由行政或司法机关为其确定该当的责任额度或比例,使其从可能的连带责任中独立出来;若该期间的污染者是唯一责任者,则由行政机关或司法机关依据立法规定的额度或比例区间,并依据具体情形要求其承担相应的份额或比例。

笔者亦赞同我国可以根据自身的情况设定一些责任免除或签订自愿修复协议以免除法律责任的法律制度,以减轻土壤污染治理或修复责任溯及既往带来的信赖利益受损。这同时有助于改变僵化的"命令—控制"管制模式,在土壤污染防治中引入协商管制的思想。总之,在具体的修复实践中,应采用更灵活的机制,融入各种资金、力量,使污染场地得到有效的修复。

第七章
土壤污染治理责任范围的技术准则

在建设用地和农用地污染土壤的整治中,存在一些普遍性问题:土壤污染如何认定？土壤污染到何种程度需要修复？土壤修复目标值如何确定？污染土壤修复的环境监理和修复验收如何开展？对这些问题的解答,都有赖于土壤修复标准的制定和明确。事实上,它不仅关系到不同土地利用方式下土壤污染物的临界安全浓度、受污染土壤的风险识别准则、受污染土壤修复目标值等科学问题,[1]更从实质意义上影响了修复责任者的责任范围、责任承担方式、责任份额以及相关主体的权责等诸多法律问题的解决。本章将讨论影响土壤污染治理责任范围的技术准则,即土壤污染治理的标准制度。

第一节 我国土壤污染治理标准制度的现状

一、《土壤污染防治法》颁布之前的标准体系

在《土壤污染防治法》颁布之前,我国已经制定了若干与土壤环境相关的标准和技术导则。其中,最主要的标准是《土壤环境质量标准》(GB 15618—1995),可用于土壤环境质量分级和土壤污染的程度评价。[2]此外,还有一系列场地环境保护系列标准,包括《场地环境调查技术导则》(HJ 25.1—2014)、《场

---

[1] 参见王国庆等:《土壤环境质量指导值与标准研究:国际动态及中国的修订考虑》,《土壤学报》2005年第4期。
[2] 参见周国华等:《土壤环境质量标准的制定原则与方法》,《地质通报》2005年第8期。

地环境监测技术导则》(HJ 25.2—2014)、《污染场地风险评估技术导则》(HJ 25.3—2014)、《污染场地土壤修复技术导则》(HJ 25.4—2014),以期为污染场地的调查、风险评估、修复、监测等活动提供技术规程和方法的指导。此外,我国还有《展览会用地土壤环境质量评价标准(暂行)》(HJ 350—2007)、《食用农产品产地环境质量评价标准》(HJ 332—2006)、《温室蔬菜产地环境质量评价标准》(HJ 333—2006)、《地表水环境质量标准》(GB 3838—2002)、《地下水质量标准》(GB/T 14848—2017)、《环境空气质量标准》(GB 3095—2012)等相关标准,为特定功能区(如食用农产品产地和温室蔬菜产地)或特定环境要素(如地表水和地下水、空气)土壤环境污染的评价提供一定的依据。

在缺乏全国性标准的背景下,个别地方亦率先尝试建立了防治土壤污染的地方标准。例如,为应对一大批陆续停产搬迁的重污染企业场地将用于房地产开发或其他用途的场地环境管理,北京市发布推荐性地方标准《场地环境评价导则》(DB11/T 656—2009),规定了污染场地环境评价的工作程序和污染识别、现场采样分析、风险评价三个阶段的一般要求,适用于工业用地开发再利用时的场地环境评价。2011年,又先后颁布了《污染土壤环境风险评价筛选值》(DB/T 811—2011)、《重金属污染土壤填埋场建设与运行技术规范》(DB11/T 810—2011)和《污染场地修复验收技术规范》(DB11/T 783—2011),规定了污染场地风险评估启动的筛选值和修复后场地验收等标准。

然而,这些标准仍无法满足当时污染土壤修复实践的要求,主要表现在以下三个方面。

其一,标准的职能与定位不清。就全国性标准而言,在土壤环境质量标准之外,有关场地调查、场地监测、风险评估、修复的系列导则是否属于治理标准?两类标准之间的关系及各自的制度功能如何定位?土壤环境质量标准中的标准分级能否分别与土壤修复中的目标值、筛选值和启动值对应?这些依然是悬而未决的问题。这导致,特别是在缺乏修复目标标准制度的情况下,修复案例多由政府(或环境保护行政主管部门)与责任者间个别约定,或参照国外的修复目标值,由环境保护主管部门依约验收,[1]无疑会导致标准选择的混乱,难以保证场地修复的成效。

其二,土壤环境标准多被规定为非强制性标准。《中华人民共和国标准化法》第2条规定:国家标准分为强制性标准、推荐性标准,行业标准、地方标准是

---

[1] 李艳洁:《土壤修复标准研究进入"政府日程"》,《中国经营报》2013年3月8日第A03版。

推荐性标准。《环境标准管理办法》第 5 条则规定:环境标准分为强制性环境标准和推荐性环境标准。环境质量标准、污染物排放标准和法律、行政法规规定必须执行的其他环境标准属于强制性环境标准,强制性环境标准必须执行。然而,我国一度发布的《土壤环境质量标准》和有关场地调查、场地监测、风险评估、修复的系列导则都被界定为推荐性标准。如此一来,仅借助于责任者的自愿遵守,无疑难以推进土壤污染的有效治理和修复。

其三,已有标准范围单一、数值陈旧。例如,《土壤环境质量标准》仅规定了农业三类功能区的 8 种重金属和两种农药的最高容许浓度,非常陈旧,适用范围有限且标准值单一。[1] 此外,彼时的标准多针对城市污染场地的修复,而忽略了更广泛存在的集体所有的农用地和建设用地的污染修复。而且,当时的污染土壤修复几乎都采用异地修复的方法,将污染土壤挖出、运输,最终填埋、处置,甚至直接堆放在郊区或农村。这种做法造成土壤污染的转移,极易带来二次污染。

二、《土壤污染防治法》颁布后的土壤污染治理标准制度

鉴于标准在土壤污染治理中的核心地位,我国《土壤污染防治法》明确,要建立专门的土壤污染防治的标准体系。

(一) 建立专门土壤污染治理标准体系的必要性

土壤污染治理标准制度致力于"环境本身损害"的恢复。环境污染和生态破坏不仅会导致人身、财产等传统权利的损害,更会导致环境本身的损害,如环境质量退化、环境容量减损、物种生境破坏等。这种"环境损害""环境本身的损害""生态损害"的界定与救济成为关注的热点。[2] 对于一些存留性的损害,如土壤污染、矿山生境破坏,需要进行修复以恢复至良好的状态。因此,与现行环境标准主要发挥的预防性功能相比,土壤污染治理标准制度主要服务于受到损害的生态环境的结构、功能的补救乃至恢复,具有事后补救性。

---

[1] 夏家淇、洛永明:《我国土壤环境质量研究几个值得探讨的问题》,《生态与农村环境学报》2007 年第 1 期。

[2] 参见诸如梅宏:《生态损害——风险社会背景下环境法治的问题与思路》,《法学论坛》2010 年第 6 期;刘长兴:《环境损害赔偿法的基本概念和框架》,《中国地质大学学报(社会科学版)》2010 年第 3 期;徐祥民、邓一峰:《环境侵权与环境损害:兼论环境法的使命》,《法学论坛》2006 年第 2 期;竺效:《生态损害的社会化填补法理研究》,中国政法大学出版社,2007 年。

另外,污染土壤的治理是一个动态的过程,涉及疑似污染场地的发现、场地的初步调查、初步筛选确定优先管理名单、场地详细调查和风险评估、确定管理措施——修复或其他措施等复杂的过程。我国现行环境标准体系中的环境质量标准主要用于约束政府,尚未被赋予直接规定具体权利义务的能力,[1]排放标准则主要用于约束排放行为,二者均无法直接套用于污染土壤的治理和修复。因此,土壤污染治理[2]标准制度并不是创设一种新的标准类型,也不是意图把所有与土壤有关的标准都纳入制度体系中,而是旨在明确现有或新制定的与污染土壤修复有关的标准和技术导则在污染土壤的甄别、调查、评估、修复、验收等环节中如何适用,建立各标准数值的形成机制,并厘清行政机关、修复责任主体、修复实施者、相关评估机构的法律地位以及应采取的监管规则。从这个意义上看,污染土壤修复标准并非一簇固定的数值标准,而是这些数值确定的方法、规范和作用机制,属于法律制度的范畴,而且具有其独立价值。

(二) 我国目前的土壤污染治理标准存在的问题

《土壤污染防治法》第 12 条规定:"国务院生态环境主管部门根据土壤污染状况、公众健康风险、生态风险和科学技术水平,并按照土地用途,制定国家土壤污染风险管控标准,加强土壤污染防治标准体系建设。省级人民政府对国家土壤污染风险管控标准中未作规定的项目,可以制定地方土壤污染风险管控标准;对国家土壤污染风险管控标准中已作规定的项目,可以制定严于国家土壤污染风险管控标准的地方土壤污染风险管控标准。地方土壤污染风险管控标准应当报国务院生态环境主管部门备案。土壤污染风险管控标准是强制性标准。"该条规定意味着,在我国强制性环境标准体系中,新增了一类土壤污染风险管控标准。我国试图建立以土壤污染风险管控标准为基础的标准体系。《土壤环境质量 建设用地土壤污染风险管控标准(试行)》(GB 36600—2018)、《土壤环境质量 农用地土壤污染风险管控标准(试行)》(GB 15618—2018),取代了原有的《土壤环境质量标准》。同时,一系列环境保护标准相继出台,包括《建设用地土壤污染状况调查技术导则》《建设用地土壤污染风险管控和修复 监测技术导则》《建设用地土壤污染风险评估技术导则》《建设用地土壤修复技术导则》和《建设用地土壤污染风险管控和修复术语》。《污染场地地下水修复技术导

---

[1] 张晏、汪劲:《中国环境标准制度存在的问题及对策》,《中国环境科学》2012 年第 1 期。
[2] 本书所指的土壤污染治理是囊括了场地调查、风险评估、污染场地修复、验收、后评估、持续管理等以污染土壤修复为中心诸多活动的广义概念。

则》也在征求意见中。

可见,我国试图建立专门的土壤污染治理的标准体系,涉及疑似污染场地的发现、场地的初步调查、初步筛选确定优先管理名单、场地详细调查和风险评估、确定治理措施、效果评估等复杂的过程。但这一体系目前仍存在以下两个主要问题。

1. 规范性条文与技术性规定配置的错位

《土壤污染防治法》第12条、第13条规定了土壤污染风险管控标准的制定程序,如"制定土壤污染风险管控标准,应当组织专家进行审查和论证,并征求有关部门、行业协会、企业事业单位和公众等方面的意见"。事实上,在《土壤污染防治法》生效之前,我国土壤风险管控的标准已经颁布、生效。这在一定程度上体现了立法对已有技术规范的忽视,概括性条文规范意义丧失,从而被虚化。

更为突出地,这种错位表现为法律规范与技术性规范在法律文本和技术标准中的不合理配置。土壤污染风险管控标准是一个多层次、强规范的技术标准,主要包含三个层次:第一,何种土壤是污染土壤?该标准可指示土壤环境质量已经发生或可能发生恶化,对生物、水体、空气或/和人体健康产生或可能产生危害的现象,是初步判断和甄别污染土壤风险的阈值。当超过该阈值时,土壤可被界定为"污染土壤",并会或可能会"导致人或者生物产生不良或有害的效应"。[1] 该标准是污染土壤风险评估的启动值(筛选值),超过该阈值的,需要开展进一步的场地调查或风险评估。第二,土壤污染到何种程度需要治理修复?并不是所有被污染的土壤都需要并可以被修复。这需要考虑地块现在和将来的用途、污染物来源、暴露途径、污染受体、修复技术、修复资金等因素。有些污染土壤可以通过限制用途、封存等方式防止其危害的扩散。因此,该标准是污染土壤启动修复的干预值或行动值,超过该标准则应进行场地的治理或修复。第三,土壤修复到何种程度才算清洁?这是土壤污染治理或修复活动期望达到的,使得土壤或地下水中污染物的浓度降低或风险下降到可接受的水平,不再对生活在该地的人群或其他物种(如果需要的话)造成危害的修复目标。该标准是污染土壤修复的目标值,达到或小于该值标志着土壤修复活动的终结和成功。

因此,超过何一层次的数值会触发何种法律义务是土壤污染风险标准最重要的规范意义,会实质性界定责任者的责任启动、责任范围等。毫无疑问,这应

---

[1] 周启星等:《环境基准值的科学研究与我国环境标准的修订》,《农业环境科学学报》2007年第1期。

当是《土壤污染防治法》明确规定的规范性条文。然而,该法并没有设置必要的条款对此作出规定,仅规定"土壤污染状况调查报告应当主要包括地块基本信息、污染物含量是否超过土壤污染风险管控标准等内容。污染物含量超过土壤污染风险管控标准的,土壤污染状况调查报告还应当包括污染类型、污染来源以及地下水是否受到污染等内容"。相反地,相应的规范性条文却多由技术标准予以规定。《土壤环境质量 建设用地土壤污染风险管控标准》在"术语与界定"中明确,建设用地土壤污染风险筛选值是指:"在特定土地利用方式下,建设用地土壤中污染物含量等于或者低于该值的,对人体健康的风险可以忽略;超过该值的,对人体健康可能存在风险,应当开展进一步的详细调查和风险评估,确定具体污染范围和风险水平。"这意味着,筛选值是责任者场地调查和场地风险评估义务的触发值。建设用地土壤污染风险管控值是指:"在特定土地利用方式下,建设用地土壤中污染物含量超过该值的,对人体健康通常存在不可接受风险,应当采取风险管控或修复措施。"这意味着,风险管控值是强制性触发风险管控或修复义务的数值。《土壤环境质量 农用地土壤污染风险管控标准》则规定,被筛选值和管制值两线分隔出的三区分别对应《土壤污染防治法》中的优先保护类、安全利用类和严格管控类。由此,农用地土壤中污染物含量等于或低于风险筛选值的,对农产品质量安全、农作物生产或土壤生态环境的风险低,属于优先保护类用地。农用地土壤中污染物含量超过风险管制值的,食用农产品不符合质量安全标准等农用地土壤污染风险高,而且难以通过安全利用措施降低食用农产品不符合质量安全标准等农用地土壤污染风险,属于严格管控类,可能会触发风险管控和修复责任。农用地土壤污染物含量介于筛选值和管制值之间的,可能存在食用农产品不符合质量安全标准等风险,属于安全利用类,应采用农艺调控、替代种植等安全利用措施。《土壤污染防治法》却仅用一个条文含混地规定了标准的规范效果。[1] 尽管对应关系相对明确,但应由法律规定的数值规范意义却付之技术标准规定,影响了法律本身的完整性、权威性与规范性。

2. 修复目标标准规范的缺失

我国目前对土壤污染治理目标值标准规定尚不明确,而这一标准恰恰是影响责任人责任大小最重要的因素。《土壤污染防治法》仅规定土壤污染风险评估报告中应包括风险管控、修复的目标和基本要求等内容,而相关行政主管部门仅

---

[1]《土壤污染防治法》第49条:"国家建立农用地分类管理制度。按照土壤污染程度和相关标准,将农用地划分为优先保护类、安全利用类和严格管控类。"

对土壤污染风险评估报告进行评审,风险管控和修复效果的评估报告只需要交由地方人民政府生态环境主管部门备案。这就意味着,土壤污染修复的目标值是一个相当灵活的数值,乍一看来,这是基于风险评估的个案式解决,主要依赖从事土壤污染状况调查和土壤污染风险评估、风险管控、修复、风险管控效果评估、修复效果评估、后期管理等活动单位的自我约束和法律责任,[1]辅之以政府的弱式监管(备案),却可能因为第三方机构与市场的健全度,书面评审和备案与场地实况间的差异,政府管理能力、管理意愿,以及信息公开与公众监督的不同而产生不同的效果。我国现行的标准也未对土壤污染治理的目标值标准作出明确规定,唯一可寻的线索是《建设用地土壤污染风险管控标准》中的规定:"建设用地若需采取修复措施,其修复目标应当依据相关技术导则等标准及相关技术要求确定,且应当低于风险管制值。"由此可见,我国并未就土壤污染治理的目标值形成一个完整的规范体系。已经建立起的完全基于个案风险评估的目标值标准可能会存在一些不足。这也是本章拟解决的关键问题。

第二节 土壤污染治理标准的制度功能定位

有学者指出:"技术标准已经成为现代行政国家的重要法律问题。技术标准尽管不具备《立法法》所规定的'法'的外形,也不直接规定相对人的权利义务,但它们每每会成为行政机关进行事实认定并作出法律结论的重要依据,从而对公民的生活和福祉可能会产生比形式意义上的法律、行政法规、规则更为密切的关联。"[2]鉴于此,具备技术标准内核的土壤污染治理标准制度应在如下层面发挥制度功能。

一、法律规范体系构成上的功能

土壤环境标准应将"污染场地""须修复的污染场地""把场地修复到清洁

---

[1]《土壤污染防治法》第 43 条:"从事土壤污染状况调查和土壤污染风险评估、风险管控、修复、风险管控效果评估、修复效果评估、后期管理等活动的单位,应当具备相应的专业能力。受委托从事前款活动的单位对其出具的调查报告、风险评估报告、风险管控效果评估报告、修复效果评估报告的真实性、准确性、完整性负责,并按照约定对风险管控、修复、后期管理等活动结果负责。"
[2] 朱芒:《论行政规定的性质——从行政规范体系角度的定位》,《中国法学》2003 年第 1 期。

的状态"等原本不确定的法律概念准确化,"将其概念内核予以'实心化'"。例如,对污染场地数量和污染程度的确认将直接关系到将来开展修复工作时,如何确定哪些场地是重点污染、需要优先修复,哪些可以暂时延缓,哪些可以经过一段时间后自己恢复。[1] 由此便可确认污染场地的类型和特点,划定应修复的污染场地的范围。再如,《土壤污染防治法》第61条第2款规定,列入建设用地土壤污染风险管控和修复名录的地块,不得作为住宅、公共管理与公共服务用地。修复标准应使类似的规定具有可衡量性,从而避免模糊、变数与意义的分歧。

二、组织权限分配上的功能

"适用技术标准对法律中具有高度专业性技术性概念的解释,具有填补法律漏洞[2]的功能。它一方面具有组织权限分配上的意义,可能从而改变规制体制的框架以及规制机构之间的职权划分。"[3] 在土壤环境修复标准制度体系中,规制体制的框架以及规制机构之间的职权应被重新界定:立法者成为标准制度体系的整体搭建者,环境保护行政主管部门成为标准的审批者或标准实施的监管者,公众成为标准确定和实施过程中的监督者,司法机关成为土壤环境标准的阐释者和使用者,等等。由此,围绕着土壤污染防治的新社会、经济和利益结构/格局得以塑造。

三、修复责任配置上的功能

虽然土壤污染治理标准针对土壤环境的预防、管理与修复工作,规范了修复标准数值的选择、设定规则与方法,但它依然会直接或间接地影响私人的权利和义务,特别是修复责任者的责任份额、责任范围、担责方法,并通过行政机关采取

---

[1] 宋静:《制定我国污染场地土壤风险筛选值的几点建议》,《环境监测管理与技术》2011年第3期。
[2] 或许,这种所谓的"法律漏洞"是立法者刻意留下的,把这些更加微妙、不能为普通人直接感知而需要借助极专业的知识、科学方法才能进行的科学判断事项交由技术专家确定,因为它们已超出了立法者的能力;这是立法者与科学家之间的职能分配模式。虽然标准最终要经过特定的程序,由主管机构批并以特定的形式发布,但依然不能改变它以科学判断为内核,法律、经济等考虑只是在科学判断的框架内做出相应的调整而已。一般情况下,立法者和标准制定者都不会为标准制定是否合理负责。
[3] 宋华琳:《制度能力与司法节制——论对技术标准的司法审查》,《当代法学》2008年第1期。

的诸多确保土壤环境标准时效性的手段,"使得标准对私人产生了实际上的法律约束力和约束效果"。考虑到场地修复的特殊性,其责任应包含现行修复责任、后续管控责任和潜在责任三类。首先,现行责任包括场地调查或风险评估的费用和场地修复的费用,而且不同的修复目标值将实质性地影响责任者采取的修复技术方法和花费的成本。[1] 其次,除现行修复责任外,责任者还应承担基于"工程控制"和"制度控制"的场地持续管理责任。前者通过设置物理障碍或结构以监测并阻止或限制污染暴露水平,包括填埋覆土、防渗膜、地下连续墙、围篱等设施的设置与监测、维护。后者则通过行政或法律控制的手段限制土地或资源利用以减少人群对污染的暴露水平,包括用地类型管制、告示与警告、用地方式限制等。[2] 基于风险评估与管理方法确定的修复标准可能会触发上述持续管理责任,而这些责任将由修复责任者长期乃至永久负担,行政主管部门承担定期或不定期的监管责任。最后,潜在法律责任则包含修复标准被重新修订,更严格的新标准应否触发新的修复责任的问题。另外,即便经过修复,可能会留置于土壤的污染物引发新的民事诉讼时,会否引发新的修复责任?对此,应在土壤污染修复标准制度的基础上构建其责任框架。

四、制度关联上的功能

土壤污染治理标准制度应与诸多其他法律制度发生紧密关联。譬如,在土地市场交易中,治理标准的实施如何用于判断农业用地向建设用地、工商业建设用地向居住用地用途转换的可行性,并用作限制这两类转换的制度约束?初步设想,我国可在满足治理标准并验收审批完结后,由行政主管部门出具污染土壤后续责任的文件,使其作为土地权利流转的必备法律文件。若涉及土地出让、划拨及随后的转让的,土地用途管制、警告等制度控制措施将持续约束用地方式。对土地被擅自改用为更具环境敏感性用地类型的,应设定严厉的责任追究机制。另外,治理标准制度还可作为土壤污染应急工作开展的基础,将远远超过某层次

---

[1] Jeroen Provoost, Christa Cornelis, and Frank Swartjes, "Comparison of Soil Clean-up Standards for Trace Elements Between Countries: Why Do They Differ?" *Journal of Soils and Sediments* 6, No.3(2006): 173-181.

[2] USEPA, "Long-term Stewardship: Ensuring Environmental Site Cleanups Remain Protective Over Time," EPA Website, September 2005, http://www.epa.gov/landrevitalization/download/lts_report_sept2005.pdf.

标准值作为认定存在紧迫危险的场地,并开展人群撤离、危险物质清除、场地封存等应急行动的基础。

五、司法裁判上的功能

司法机关对土壤环境标准的阐释和适用是将其作为裁判基础的事实。此外,可以预见的是,未来将出现与行动值、目标值等标准相关的纠纷,这涉及司法权对标准的适用与态度问题,并关系到司法权对治理诸标准是否有实质审查权的问题,因篇幅所限,此处不赘。

第三节 我国土壤污染治理标准制度的完善思路

一、土壤污染治理标准制度构建的特殊性

众所周知,环境标准是糅合了社会期望、经济发展水平、技术可行性、执法能力等多种因素,形成的有关"有害物质对特定对象的剂量-反应关系"[1]的科学判断,是一种被改造了的环境基准值。由于不具备规范的结构和严格意义的法律文本载体,环境标准无法脱离相关法律制度独自发挥作用。[2] 它通常被用于判断行为与法律规范中行为模式的契合程度,或被用以量化法律后果。

大气、水、噪声等污染的环境标准,特别是环境质量标准刻画了环境中所含的有害物质或因素的容许浓度,用以提示环境污染对人体健康的影响状况。它蕴含着如下的判断:一旦数值低于质量标准,则不存在法律上认可的风险,就是安全的,其法律意义在于,任何行政法上的管制或责任追究等法律机制不会启动。[3] 因此,对这些环境污染而言,"推定风险"与"推定安全"只是一枚硬币的

---

[1] 段华波等:《土壤有机物污染控制标准制定的方法学研究》,《土壤污染与防治》2007年第1期。
[2] 对此,可参见诸多讨论环境标准与环境法关系的论文。如蔡守秋:《论环境标准与环境法的关系》,《环境保护》1995年第4期;常纪文:《环境标准的法律属性和作用机制》,《环境保护》2010年第9期。
[3] 当然,是否符合环境排放标准并不成为民事法律上责任成立的要件之一。对此,学界已有长期且充分的探讨。可参见竺效:《论环境污染赔偿责任的特殊要件》,《政治与法律》2009年第12期;陈聪富:《环境污染责任之违法性判断》,《中国法学》2006年第5期。

两面,其数值是一致的。[1]然而,就污染土壤的修复标准而言,"推定风险"与"推定安全"则是分立的,在科学判断的基础上它们被融入了更多的价值判断和利益制衡。这尤其突出地表现在如下方面:达到描述土壤污染的风险值未必会启动污染土壤的修复工作,在"推定风险"基础之上还存在修复启动的数值;污染土壤的最终修复目标,即法律"推定安全"与原初"推定风险"的数值及行动的数值是完全独立的,具有特有的判断规则。这种分立的原因在于,正如前所述,一方面,并不是所有受污染的土壤都需要修复,另一方面,污染的土壤不可能完全恢复到未被污染的状态。[2]况且,我们几乎无法知晓原初状态,对一些长期、历史积累导致的土壤污染尤其如此。

究其本质,这种分立体现了法律规范对土壤污染及修复科学技术原理的确认及再次整合,体现了法律对适当性而非绝对正确性的追求,只是"把风险控制在我们可以接受的范围之内"。[3]基于上述特点,许多国家构建土壤污染治理标准制度的基本思路呈现如下发展路径。

二、从基于多功能修复到风险管理方法标准制度的演化

荷兰1983年《土壤修复暂行法》和1987年《土壤保护法》规定了"多功能修复标准制度",为污染场地修复设定了极高的目标值,以满足当前和未来各种可能的土地用途。[4]若干国家和地区进行效仿,并构建了极其严格的标准制度。[5]更有甚者,由于1980年《综合环境应对、赔偿与责任法》未规定土壤污染修复的标准制度,美国国家环境保护局一度要求污染土壤修复至未被污染的

---

[1] "推定风险"意味着,客观上的风险唯有通过制定法和相关法律制度调整后才成为法律规范视野下的风险,进而,通过规范确立、衡量和削减风险。"推定安全"则是法律上认可的安全状态。环境法意义上的"推定风险"和"推定安全"主要依赖环境标准的数值和相应的标准制度共同界定。二者并不等同于绝对意义上或者说科学意义上的风险和安全。"推定风险"和"推定安全"主要具有行政规制上的意义。

[2] Xie Jian and Li Fasheng, "Overview of the current situation on brownfield remediation and redevelopment in China," World Bank Website, http://documents.worldbank.org/curated/en/2010/09/13132932/overview-current-situation-brownfield-remediation-redevelopment-china.

[3] 张晏:《科学的限度:环境标准制定中的合法性危机》,《清华法治论衡》2012年第16辑。

[4] Qishi Luo, Phillip Catney, and David Lerner, "Risk-Based Management of Contaminated Land in the UK: Lessons for China?" *Journal of Environmental Management* 90, No.2(2009): 1123-1134.

[5] E. U. Natter, "How Clean is Clean—Hazardous Waste/Hazardous Substance Cleanup Standards under Kentucky Law: An Overview," *Northern Kentucky Law Review*, 18(1990): 295.

状态。有学者称之为"伊甸园标准"。[1] 然而,伴随着土壤污染的日益严重,各国意识到:永久性清除污染物使其达到背景值的水平或满足最敏感的土地用途,不仅在技术水平和经济成本上缺乏可行性,而且不符合可持续发展的目标。[2] 美国国家环境保护局的"伊甸园标准"更被批评为"不现实,特别是考虑到相关成本和有效、永久修复技术的缺乏",[3] 美国国家应急计划表明,零污染水平对超级基金场地而言并不合适,事实上,《综合环境应对、赔偿与责任法》并未要求"完全消除风险",修复是否已达零污染水平无法判断。[4] 因此,基于风险管理的方法确定修复标准制度被广为采用,以确定污染场地是否会对受体(环境与公众健康)造成风险。原因在于,场地对环境和公众健康造成风险,需要经过暴露途径传递和产生暴露危害,也需要敏感的环境受体。因此,不同的环境场景和土地利用方式将会构成不同的风险水平。与"全部与永久地"清除污染物不同,在基于风险管理的方法中,是通过控制污染物扩散、限制土地用途和清理污染物等方式,将风险控制在可接受的风险水平范围内。[5]

这种思路的进阶亦反映在各国法律规范的变化中,根据美国《超级基金修正与重新授权法案》的规定,如果情况允许,美国国家环境保护局将直接选择永久性的修复方法,而不是将废弃物直接填埋于填埋场。如果采用非永久性的处理方法,环境保护署有必要每五年进行一次场地检查以确认场地是否存在污染威胁。尽管如此,面对土壤污染物完全清除的巨额成本,环境保护局仍然颁布了土壤筛选指导值、修复目标值和基于场地风险评估的方法导则,以供各州和区域使用。

三、从基于风险评估的统一数值标准到场地风险评估标准制度的演化

在各国从"多功能"普遍转向"基于风险评估"的污染土壤修复标准制度后,

---

[1] D. Engelgau, "Get Real, Superfund," *Resources* 15, No.6(1993).

[2] C. Paul Nathanail and R. Paul Bardos, *Reclamation of Contaminated Land* (Chichester: Wiley, 2004), p.1.

[3] Curtis Travis and Carolyn B. Doty, "Superfund: A program without Priorities," *Environmental Science & Technology* 23, No.23(1989): 1333-1334.

[4] U.S. EPA, "Questions and Answers Regarding the 1990 National Contingency Plan," 40 CFR 300.900, 1990.

[5] Gong Yuyang, "International Experience in Policy and Regulatory Frameworks for Brownfield Site Management," World Bank, September 2010.

在总体的风险评估方法整体框架下,应采用通用的数值标准还是基于单个场地风险评估确定修复标准便成为焦点。通用的数值标准意味着,污染土壤修复各标准值是全国或地方性标准确立的土壤环境中某些有害物质含量的阈值,当然,该统一数值也应当是基于风险评估方法确定的。基于单个场地风险评估确定的修复标准意味着,污染土壤修复各标准值是在对单个场地调查的基础上,采用一些暴露模型推导不同土地利用下不同的暴露人群通过各种暴露途径对不同类型的污染物的暴露水平确立的标准值。

在世界范围内,多数发达国家颁布的土壤污染标准值等于基准值。数值的确定未经政策、社会、经济等因素的调整,如何适用需要结合单个场地风险评估确定,如美国国家环境保护局2011年的区域筛选值、英国2009年的土壤指导值、瑞典的土壤污染指导值。[1] 有些国家的标准值则是在基准值的基础上,考虑了社会、经济、土壤管理政策等因素后颁布,属于土壤和地下水保护法或固体废物管理法的一部分,具有法律强制性。以荷兰为例,该国颁布了全国性的多层次污染土壤修复数值标准。其中,用通用数值方法界定的干预值(intervention values, IV)用于指示应修复污染土壤中污染物的浓度水平,并依据1994年《土壤保护法》判断待修复场地修复的紧急程度。就目标值(target values)而言,仅三种用地类型(居住与娱乐,非娱乐绿地,建筑与铺筑区域)和少量污染物采用通用数值方法,农业和其他自然用地修复目标值则采用单个场地风险评估方法。[2]

从法律制度运行的角度来看,统一数值标准表现为"国家(地方)标准/行政机关验收"模式,场地风险评估标准表现为"场地风险评估/行政机关审批/行政机关验收"模式。二者最大的不同在于,后者需要通过行政机关(主要是地方的)的权力审核场地风险评估的文件,确立修复标准,尤其是修复的目标值。实质上,二者体现了环境标准这一"准立法权"在中央和地方之间不同的配置模式。如果采用第二种模式,无疑是将该权力让渡于原本不具有环境标准制定权的地方各级行政机关,可能会遭受合法性的质疑。因此,应设置完善的修复标准法律制度弥合这一不足。

从科学的角度来看,对具体的场地、土壤而言,利用方式、土壤性质、污染物来源、临界健康风险受体都与制定通用指导值的标准存在一定差异。然而,

---

[1] 参见徐猛等:《不同国家基于健康风险的土壤环境基准比较研究与启示》,《环境科学》2013年第5期。
[2] Jo-Anne E. Cavanagh and Kathryn O'Halloran, "Overview of International Soil Criteria and Derivation of Numeric Values," Conference Proceedings for the 14th Annual WASTMINZ Conference, November 6-8, 2003, Rotorua, New Zealand.

由于行政权力对有资质进行场地风险评估机构的强依赖性,基于单个污染场地确定修复标准值确立的是以"风险评估"为核心的方法体系,将修复启动标准和目标标准这些最娴熟的科学家尚不能很好解决的问题交由更多的普通技术人员来判断,将使得标准的确定千差万别,缺乏统一性,使得场地管理者与利益相关者缺乏可预测性。这还可能不利于环境正义,低社会经济地位的区域和人群所在污染场地无法实现更高清洁目标的修复。此外,在我国目前的环保形势下,依单个场地确定仅适用于本场地的修复标准值的制度架构将遭遇环境地方保护主义更强烈的冲击,致使土壤环境保护的目标不能充分甚至完全不能实现,对于人体健康与土壤质量联系较为紧密的居住等用地类型的修复尤为不利。

总之,在构建土壤污染治理标准制度时,既要考虑到场地充分修复这一目标,又要考虑到修复成本、技术、场地的再开发和再利用等约束因素。因此,我们可以采用统一数值标准与单个场地风险评估相结合的治理标准制度。这种做法的好处在于:借助法律制度这一较为稳定的结构,设定以科学判断为基础的标准修订机制,尽可能地避免单一采取某种模式可能产生的问题。可初期采用基于风险的土壤环境质量标准,后期采用具体的污染场地风险评估,并将二者相结合,这是污染场地管理的最佳途径。

第四节 完善我国土壤污染治理标准制度的路径

土壤污染治理标准制度背后凸显了安全、效率考量之下的次优选择,蕴含了土壤污染治理庞大开支与责任机制、资金机制有限性之间的矛盾,以及政府在两难境地下采取的资源配置方式。标准由此成为资源配置最源头的依据、方法和准则。然而,在制定中,标准并不遵循犹如立法般苛刻的程序与形式,修复标准须承担的资源配置重担与制定程序上的宽松化不相匹配。因此,在实施土壤污染治理标准制度之前,应首先确立精准的土壤污染治理的标准制度。

一、土壤污染的筛选值标准

筛选值可由全国的土壤环境质量标准来确定,地方也可制定土壤环境质量标准中的筛选值,但前提是其标准数值低于全国性标准。筛选值的制度功能在于,在土地调查[1]后,当特定场地或土壤污染物浓度超过土壤质量标准中的筛选值时,并不认为土壤污染物一定会产生显著的健康风险,需要对特定污染场地/土壤进行风险评估。污染物浓度未超过土壤质量标准中的筛选值时,认为土壤污染物基本不会产生健康风险,无须进行风险评估。地方土壤环境质量标准中的筛选值更宽松,则意味着启动风险评估的门槛更低。

二、土壤修复启动的行动值标准

行动值可由全国土壤环境质量标准来确定,地方也可制定土壤环境质量标准中的行动值,但前提是其标准数值低于全国性标准。该数值的制度功能是判断污染场地/土壤是否需要采取治理行动:当特定场地/土壤污染物浓度超过土壤质量标准中的行动值时,则应当综合场地风险评估、未来的土地用途确定治理方法,例如,是采取暴露途径阻断措施控制风险,还是通过削减土壤中污染物浓度来降低场地污染风险;当特定的场地/土壤污染物浓度未超过土壤环境质量标准中的行动值时,则应综合场地风险评估,由环境保护行政主管部门决定是否需要进一步治理。

对我国不同类型的土壤污染而言,行动值标准不尽相同,特别是考虑到不同的保护目标。如农业用地土壤污染,是单纯以保护人体健康(以及为实现人体健康的食品安全)为目标,抑或是以人体健康、生态环境、地下水、食品安全为复合目标,行动值标准在"不治理—制度控制—场地修复"三个刻度间的分配大相径庭。若以保护人体健康为单一目标,多数污染农业土壤将不被治理(搁置、撂荒)或仅以制度控制的方式进行治理(设置围篱、调整种植结构、改变土地用途等)。若采用复合的保护目标,污染土壤的行动值标准则更多地指示污染物的清理等修复行动。对于城市污染土壤而言,则还需要考虑土地未来的用途,如住宅开发、商业开发、工业用地、绿地等,在行动值标准的基础上确定应对方法。为此,我国目前土壤环境质量标准修订方向如下:在明确保护目标的基础上,采用风险评估方法,区分不同的土地利用方式,按照背景值—筛选值—行动值的分级方式规定不同污染物的浓度限值。

---

[1] 实施场地调查和风险评估的责任者可能为房地产开发商、企业等土地利用人,也可能是土地行政主管部门,而其启动可能是因为该场地被列入优先治理名录,也可能是由于环境保护行政主管部门的责令、公众的要求、法院的判决以及责任者的主动承担等。

三、污染土壤修复的目标值标准

考虑到不同的未来用地类型对修复目标标准要求的差异性，笔者建议，我国可采用"基于未来用地类型和污染严重程度的污染土壤修复目标值标准"，具体包括两大类。

（一）现行相关强制性标准[1]

当污染土壤计划的土地用途为城乡居住区、学校、宾馆、游乐场所、公园、绿地等居住用地，种植粮食作物、蔬菜等食用农作物用地，饮用水源保护地、生态保护区等生态型用地，以及尚未被前三种类型涵盖的列入国家优先治理名录的污染场地，应严格按照已有相关标准中相应类别的相应等级设定修复目标值。目前，已有的相关标准包括《土壤环境质量标准》《地下水质量标准》《地表水环境质量标准》《食用农产品产地环境质量评价标准》《温室蔬菜产地环境质量评价标准》，标准间有重合的，依较严格者。更重要的是，如果确因土壤污染背景值、污染来源等因素须采取较宽松的修复目标值的，应报省级以上环境保护行政主管部门审批。[2] 以更高级别行政机关的审批最大限度地保障适用"其他标准"的规范性和必要性。对于已列入国家污染场地治理优先名录的，则由生态环境部审批。值得注意的是，现行相关强制性标准和经审批的目标值标准是污染土壤修复的最低目标，即修复责任者可径行选择更严格的标准值作为修复目标。

据此，居住类用地、食用农产品产地、饮用水源保护地、生态保护区和污染治理优先等级较高（往往是污染程度极重）的用地须奉行以统一数值标准为原则、个别审批为例外的原则。原因在于，上述类型用地的利用方式、土壤性质、临界健康风险受体具有很大的相似性，而人体和生态环境对风险的承受能力在风险

---

[1] 美国《综合环境应对、赔偿和责任法》及其修正案规定，对"就地修复"(on-site remediation)而言，土地修复应遵循"可适用或相关且适当规定"，相关环境标准作为"可适用规定"的重要组成，构成了土地修复的强制性标准；就"移地修复"(off-site remediation)而言，应将污染土壤转移至遵循联邦《固体废物处置法》3004、3005 部分要求的设施。Amy L. Du Vall, "Cleanup Processes and Standards of CERCLA and RCRA: Shortcomings and Recommendations," *Buffalo Environmental Law Journal* 4, No.2(1997): 225-256; Scott C. Whitney, "Superfund Reform: Clarification of Cleanup Standards to Rationalize the Remedy Selection Process," *Columbia Journal of Environmental Law* 20, No.2(1995): 183.

[2] 美国新泽西州有类似的"统一数值标准为原则、个别审批为例外"做法，参见 Remediation Standards, N.J.S.A. 13:1D-1 et seq., 58:10-23.11a et seq., 58:10A-1 et seq., and 58:10B-1 et seq, 2012。

评估与标准确定中基本上是统一化的。因此,对于此类用地,应当奉行全国性的统一数值标准,适用最严格的目标标准,这体现了人体健康是土壤环境修复最核心的价值追求,也符合我国对污染场地修复的整体态度与公众预期,避免在执行过程中行政权力造成的随意变动。同时,确实由于土壤污染背景值、污染来源等因素需要使用不同的修复目标值的,允许提出申请,但申请人须提交到更高层级的审批机构,满足更严格的审批程序、要求,并承受不予审批的后果。此外,我国土壤环境质量标准的修订工作表明,作为最主要相关标准的土壤环境质量标准也将采用风险评估的方法,这与修复标准以场地风险评估为基础的国际趋势并不违背。

当然,基于修复的复杂性与系统性,除应遵循土壤污染物的相关强制性质量标准外,还须依循有关土地、自然保护区、渔业、野生动植物保护等法律的规范;修复活动中涉及污水排放以及污染土壤移地运输、排放的,还须遵照已有的污染物排放标准并取得相应的许可。鉴于所涉标准和规范多且繁杂,宜要求修复责任人在修复方案中提供应适用标准、规范的列表,以供最终验收时一一比对。当然,正如美国《综合环境应对、赔偿和责任法》及其修正案规定的,"可适用或相关且适当规定"规则亦有适用的例外。[1] 适用现行标准或规范会对人体健康或环境造成更大风险,或者对其适用在技术上难以实现的,则应免除适用,借助前述审批机制另行确定标准。

(二) 基于个案式风险评估的修复目标值标准

污染土壤计划用于前三种类型之外的用途的,或属于国家污染场地治理优先名录之外的一般污染场地,应以环境保护行政主管部门审批的风险评估报告中的目标值为修复标准。与前类标准相比,由相应的环境保护行政主管部门基于个案审批的修复标准较为宽松,原因在于,这类土地应更强调土地的开发、利用与流转。[2]

由此,场地风险评估将成为诸多场地治理或修复程序的必要前置程序,影响

---

[1] 42 U.S.C. § 9621(d)(4)(A)-(F)(1988).
[2] 例如,在同样的修复基准下,位于城市偏僻地带和地产市场不繁荣的城市就可能出现无人拍地的情况,从而出现大量的废弃或低效利用地块。欧美发达国家亦面临这一难题。美国"超级基金法案"颁布后,土地所有者慑于"超级基金法案"严苛和不确定的责任制度,污染程度一般的棕色地块的修复和再开发受阻,造成大量的旧工厂、商业设施的遗弃或低效利用,伴随着美国经济的衰退和城市中心的转移,这一问题日益突出。为此,美国在 2002 年颁布了《小规模企业责任减轻和棕色地块振兴法》,鼓励棕色区域的自愿治理,并规定了一系列的政策优惠。因此,我国土壤环境标准制度的设置应在污染场地得到有效治理的前提下不过分阻碍土地的再开发与流通。

场地是否需要修复以及修复目标值的确定。对此,可由具备环境影响评价资质的机构开展风险评估工作,行政机关将其直接纳入对环评机构的管理体制中。需要强调的是,场地修复的风险评估和环境影响评价的主要区别在于:环境影响评价是项目实施与建设中诸多问题/维度的一个方向,是基于项目建设诸多的程序或活动的开展而进行的评价;而场地修复的风险评估则是指向场地治理或修复活动本身的,是修复活动开始之前的主要活动,直接并主要决定了场地修复活动的样态、难度、成本与结果。基于这种差异,可在相关机构进行污染土壤风险评估程序时,赋予环保部门更多的行政监督权并鼓励更充分的公众参与,实现更有效的约束。

总体而言,采用"现行相关强制性标准"与"基于个案式风险评估的修复目标值"相结合的修复标准制度,体现了国家强制与私人自治之间的灵活关系,也反映了在应对土壤环境污染问题中,污染土壤修复与土地再开发、流通双重目标间的均衡。并且,以各类技术标准为核心的土壤污染治理标准制度发挥着法律规范体系构成和组织权限分配上的功能。

第八章
土壤污染治理责任的追责机制

第一节 土壤污染治理责任的行政认定

随着《土壤污染防治法》的正式实施,遵循"谁污染,谁治理"的原则,《土壤污染防治法》第45条第1款规定,土壤污染责任人负有实施土壤污染风险管控和修复的义务。即在多数情况下,对于土壤污染治理责任者的认定就是对于土壤污染责任人的认定。

一、污染责任人认定的基本程序

(一)污染责任人认定的依据

根据《土壤污染防治法》的规定,在发现有土壤污染风险的农用地或建筑用地地块或者未利用地、复垦土地等拟开垦为耕地等多种情况下,[1]应当启动土壤污染环境调查,并制作土壤污染状况调查报告。根据调查报告确定的污染来源,一般情况下此时即可初步确定土壤污染责任人。[2]

如果在报告中无法确认土地污染责任人,或者对于调查中确定的土壤污染责任人,土地使用人或者土壤污染责任人持有异议,双方经协商无法达成一致,可以申请有关部门认定。

---

[1] 详见《土壤污染防治法》第51条、第52条、第59条、第67条的规定。
[2] 生态环境部法规与标准司:《〈中华人民共和国土壤污染防治法〉解读与适用手册》,法律出版社,2018年,第97页。

为规范土壤污染责任人的认定,生态环境部制定了《建设用地土壤污染责任人认定办法(试行)(征求意见稿)》(以下简称《建设用地认定办法》)与《农用地土壤污染责任人认定办法(试行)(征求意见稿)》(以下简称《农用地认定办法》),并向公众征求意见。虽然这两部办法尚未正式实施,我们仍能从中得知行政机关对于无法确定或有争议的土地污染治理责任者的认定过程与核心思路。

由于地块性质的不同,两部认定办法规定的责任认定过程有明显差异。首先,两部办法对土壤污染责任人的定义有所差别。对于个体农户、归责原则、是否溯及既往等,《农用地认定办法》均有其比较特殊的规定,而《建设用地认定办法》则完全适用无过错与溯及既往的原则。其次,二者的启动方式不相同。农用地土壤污染责任人认定的启动只有依职权一种方式,其他组织或个人只有投诉举报的权利。建设用地认定程序的启动则不同,可以由土地使用人或者相关报告中涉及的单位和个人申请,也可以由相关部门依职权认定。最后,负有监管权的部门不同。农用地由农业农村、林草主管部门会同生态环境、自然资源主管部门进行责任认定,而建设用地由生态环境主管部门会同自然资源主管部门进行认定。

(二)责任人认定的基本程序

因为污染土壤的性质不同,两部认定办法在规定的细节上有所差别。但是总体上,土壤污染责任人的认定都遵循调查—审查—批复的程序。认定工作正式启动后,由相关部门自行成立调查组,或指定、委托有能力的调查机构开展调查工作,在调查活动期间涉及的部门、组织、个人,都要积极支持、配合调查活动,提供相关的资料。调查的内容包括:涉及土壤污染责任的单位和个人的污染行为,涉及土壤污染责任的单位和个人的污染行为与土壤污染之间的因果关系。此外,调查组需要根据前述内容,提出责任人认定意见,并提交责任人调查报告。调查报告由土壤污染责任人认定委员会(以下简称认定委员会)进行审查,认定委员会由相关部门的专职工作人员和有关专家组成,委员会需要根据调查报告的内容,从实质与形式上给出审查意见。审查通过的由相关部门做出批复,审查没有通过的,退回调查报告,并且要求调查人员在 30 天内重新提交。

二、污染责任人认定程序中的问题及建议

两份认定办法结合我国土壤污染治理起步晚、经验不足的事实,尽量细化相

关条款,并且遵循了"尽量减少责任人认定纠纷的机制启动"的思路,为相关实践的探索留下了一定的空间。但同时两份认定办法还存在亟待改善的问题。下面,我们以《建设用地认定办法》为例进行分析。

(一) 协议确认责任分配规则的不足

《建设用地认定办法》鼓励土地使用权人与土壤污染责任人,或涉及土壤污染责任的多个个体间就责任承担及责任份额达成协议,责任份额按照各自对土壤的污染程度确定。无法协商一致的,原则上平均分担责任。根据编制说明,这一条款参考了英国《环境保护法 1990:第ⅡA 章污染土地法律指南》的规定(在存在多个责任人时,根据责任方对相关污染负有责任程度的高低划分责任;如果缺乏依据划分责任,那么责任应该平分)。然而,本条款在适用时可能存在一些缺陷。首先,污染责任认定源于初步污染调查中无法确认责任人或者责任人有争议等情形,而本条要求相关责任人按照各自对土壤的污染程度确定承担的责任份额,未免难以实现。其次,本条的表述过于模糊,认定办法规定,在无法协商一致的情况下,原则上平均分担责任。这里的平均分担责任有两种理解:(1)责任者无法协商一致的情况下,应当将责任平分后,达成协议;(2)如果无法协商一致且在后续的认定中也无法确认并划分污染者的责任,那么,应当判定责任平分。如为前一种理解,那么立法者或许过于乐观。污染土壤修复通常需要消耗大量的财力,企业在情况不明、认定未始的情况下,仅根据本条,便与其他污染者签订协议,颇难实现。若采取后一种理解,那本条完全可以向后移至第 27 条关于责任承担的内容中。第 27 条的规定是,在相关部门做出"责任者无法认定"的批复后,由土地使用权人承担修复责任。这里需要明确的是,在多个污染者责任无法划分的情况下,虽然土地使用权人需要对土壤污染实施风险管控与修复,但其仍可以对任一污染者追偿,至于污染者之间的责任如何划分,可以参照认定办法,平均划分,也可以诉至法院解决,土地使用者只有在"不存在"土壤污染者的情况下才对土壤污染负有治理责任。最后,如果行政机关鼓励责任者之间签订协议,以减少土壤污染责任的认定工作,可参考《生态环境损害赔偿制度改革方案》,将其设定为必经程序,涉及的企业与相关部门一同参与开展责任份额的磋商,同时确定土壤修复的整体计划,在协议中确认的责任份额可以提请司法确认。无法协商一致的,再进入行政认定的环节,这样做无疑可以提升企业的积极性,也能减少责任认定的数量。

(二) 认定中行政职权与技术性证据间关系的模糊化

《建设用地认定办法》第 17 条规定:"在调查认定过程中发现土壤污染状况

调查结果难以支撑认定的,可以要求申请人补充土壤污染状况调查,也可以自行调查相关污染情况。"这条规定使得土壤污染认定程序中的行政权的能动性过多让位于土壤污染调查等技术性活动。通常,根据《建设用地认定办法》的要求,使用权人提请责任人认定调查的动因正是土壤污染状况调查中无法寻找污染责任人,需要依赖行政机关使用行政职权确认。依照《土壤污染防治法》第59条的规定,土壤污染状况调查报告应当报地方人民政府生态环境主管部门,由地方人民政府生态环境主管部门会同自然资源主管部门组织评审。这种评审是对调查报告中的方法、程序、结论的技术性评定。由此,已经由相关部门评审过的土壤污染状况调查报告,再因土壤污染责任人认定不明而再行调查,一方面是对当事方义务的再行施压,另一方面亦有否认行政职权行使权威性之嫌。解决方案应当是,将相关评审与责任人认定等工作动态地嵌合,以避开滥用职权的嫌疑,并提高相关活动的效率。这也反映了与《建设用地认定办法》与《土壤污染防治法》相关规定的脱节。

(三)认定程序尚存值得改进之处

《建设用地认定办法》规定,调查报告送土壤污染责任人认定委员会进行审查。认定委员会由设区的市级以上生态环境会主管部门同自然资源主管部门专职工作人员和有关专家组成。同时,编制说明中指出,成立认定委员会有利于培养稳定的认定队伍,提高认定工作的水平。认定办法未进一步地对认定委员会组成与议事的规则作出更详细的规定。相关问题包括但不限于行政部门人员与相关专家的比例、审查规则、名录制等。

《建设用地认定办法》的第20条与第24条分别规定了调查的期限与审查不被通过的情况。其中调查期限为90天,原则上延长不超过30天。调查报告没有通过的,在30天内重新提交报告。有关期限的规定应更为明确,如调查期限在不计算监测、技术评估、鉴定等时间的情况下,能超过30天延长期限的具体情形,以及调查报告退回的次数、程序等。

《建设用地认定办法》对信息公开的规定不足。污染土壤的利益相关者不仅包括污染责任人、土地权利人,还包括土地周边的公众等。虽然第8条规定了"鼓励任何组织和个人提供土壤污染责任人认定的有关线索",但纵观该认定办法,依然缺少对于责任认定工作公开的规定。对此,可以规定在责任认定工作开展前,对于涉及地块的名称、位置、污染状况、责任认定等信息进行公示,鼓励公众将线索提供给调查组、调查机构或认定委员会,真正体现"公众参与"的原则。

第二节　土壤污染治理责任的司法解决

根据《土壤污染防治法》《侵权责任法》(将于 2020 年 12 月 31 日失效,其后适用《民法典》)《环境保护法》等相关法律的规定,结合我国土壤污染治理的实践经验,通过司法途径救济土壤污染治理责任的,大致有三种方式:个人追偿(这里的个人主要是指拥有土地使用权的个人和组织)、政府追偿,或者由检察院与公益组织提起公益诉讼。值得一提的是,2017 年,中共中央办公厅、国务院办公厅发布《生态环境损害赔偿制度改革方案》,将原来在各省(区、市)试点推行的环境损害赔偿诉讼推广至全国,与土壤污染治理责任的司法救济产生很多重合之处。对于《生态环境损害赔偿制度改革方案》与土壤污染治理责任的关系,本章在最后专设一节进行分析,在本节中暂且不提。

一、土壤污染治理责任的个人追究

(一) 概况

在我国最近几年的司法判决中,由个人追究土壤污染造成的损害,逐渐浮现出两种主要形式。第一种即土地使用权人在土地因工业有毒有害废物倾倒或污水排放、畜禽养殖污染物排放等造成土地质量下降时,诉请作物种植经济损失等方面的民事赔偿,[1]同时要求支付土壤修复的费用。第二种则是在土壤已经被污染,由土地使用权人先行承担土壤污染治理责任或者做出了相应应急措施的情况下,向污染者追偿损失及土壤修复相关费用。根据裁判文书网截至 2020 年 3 月 10 日的数据,我国目前的个人追偿案件以第一种形式为主,比较有代表性的有张建君与青岛海德龙生物科技有限公司、张俊土壤污染责任纠纷案[江苏省海门市人民法院(2015)门环民初字第 00013 号,以下简称"张建君案"],以及中国石油化工股份有限公司胜利油田分公司油气集输总厂与王寿美土壤污染责任纠纷案[山东省东营市中级人民法院(2019)鲁 05 民终 1627 号,以下简称"胜利油田案"]。第二种形式的典型案例是中山市围垦有限公司与苏洪新、李日祥、万荣均、胡锦勇、胡胜栋、中山市慈航农业投资有限公司土壤污染责任纠纷案[广东省中山市第一人民法院(2017)粤 2071 民初 10079 号,以下简称"中山市围垦有限公司案"]。

---

[1]　王欢欢、蔡守秋:《完善我国土壤污染治理责任制度的思考》,《中州学刊》2016 年第 5 期。

(二) 张建君案评析

在张建君案中,原告张建君在张俊经营的通州区先锋惠于民种子经营部,购买了海德龙公司生产的"海德龙"牌福田素有机肥6袋,用于给自己的桃园施肥。后发现,施用涉诉有机肥的部分桃树出现枯死、生长迟缓等症状。随后,双方经调解达成协议:海德龙公司补偿张建君的直接损失,同时,海德龙公司与张俊负责修复土壤。但由于海德龙公司拒绝说明"土壤修复剂"的成分、效用等,张建君随后提起诉讼。

在本案中,值得注意的是海德龙公司是农药的生产者,张俊是销售者,二者分别应该对土壤治理负什么样的责任值得关注。同时,为了修复土壤,海德龙公司提供了相应的"修复剂",这个做法又是否可以接受。在本案中,法院使用了《侵权责任法》第41条与第42条的规定,"因产品存在缺陷造成他人损害的,生产者应当承担侵权责任。""因销售者的过错使产品存在缺陷,造成他人损害的,销售者应当承担侵权责任。"法院认为,海德龙公司应当承担赔偿损失与土壤治理的责任,而作为销售者,张俊在没有过错的情况下不承担责任。法院认定不合格肥料的生产者作为土壤污染治理责任的承担者,这与农用地土壤污染责任的行政认定办法的思路类似。但有意思的是,《农用地责任人认定办法(试行)(征求意见稿)》的编制说明指出:对于该类责任人的认定不追究《土壤污染防治法》2019年正式实施之前的相关责任。本案于2017年作出判决,反映了在相关立法出现前司法权的能动性。在判定海德龙公司承担修复责任后,对于海德龙公司为张建君提供"土壤修复剂"的行为,在鉴定机构确认"土壤修复剂"有效性后,法院认为,在土壤修复的过程中,海德龙公司应当为张建君提供必要的帮助和指导,若仍不能达到土壤合理使用要求,在经专家鉴定后,张建君仍保留有向海德龙公司要求进一步修复土壤及赔偿损失的权利。通过这两个判项,我们可以发现,在个人追究土壤污染治理责任时,司法机关对于土壤修复责任的总体判断主要根据的是《侵权责任法》《消费者保护法》等民法条文,而不是《环境保护法》的条文。在本类案件中,司法机关更加关注受损个人的私人利益,即便司法机关认为污染者需要修复土壤,但究其本质,是恢复原状、停止侵害、排除妨害、消除危险等民事责任,而不是《环境保护法》《土壤污染环境法》中所指的环境(土壤)修复责任。民法的恢复原状责任与土壤环境修复责任有一定的重合,但是它不能完全包括环境修复,前者为私法上的救济,后者主要体现为公法上的救济。[1]

---

[1] 李挚萍:《环境修复的司法裁量》,《中国地质大学学报》(社会科学版)2014年第4期。

(三) 中山市围垦有限公司案评析

第二种类型的案件较少,较有代表性的是中山市围垦有限公司案。本案中,在中山市围垦有限公司(以下简称围垦公司)起诉之前,由中山市环境科学学会提起的对苏洪新、李日祥、万荣均、胡锦勇、胡胜栋、中山市慈航农业投资有限公司的公益诉讼已经由广州市中级人民法院作出判决并生效。在该判决中,法院已经判令污染者支付环境修复费用并承担环境修复责任。中山市围垦有限公司认为,其委托第三方清运、处理违法倾倒固体废物的费用也应该得到污染者的赔偿。虽然原告最终败诉,但是,法院在判决中表达的一些思路仍值得我们思考。围垦公司败诉的原因有二:一方面,原告未证明在委托第三方清运、处理涉案固体废物前,在已明确知晓华南环科所出具的评估报告所推荐之方案及相应评估的费用(包含后续所有清理处置费用、污染土壤修复费用、周边生态修复及勘察、设计、管理等费用)的情况下未采用上述方案,而根据中山市人民检察院的建议,自行委托第三方清运、处理涉案土地上的固体废物的必要性和合理性。另一方面,围垦公司认为,污染者需要赔偿其为修复土地,对涉案土地的土壤及地下水检测、钻探和打井的相关费用。在本案中比较特殊的是,"修复方案"已在之前的公益诉讼中被确定,修复环境的相关费用已经由法院做出相应的判决,使用权人如何追偿自己的损失与费用,尤为值得关注。根据判决,我们发现,使用权人不仅需要证明自身已支出费用的合理性与必要性,亦应提供土壤修复的处置方案、相关审批材料及清运后环保评估验收材料等,以证明修复的有效性。

目前,《土壤污染防治法》的配套办法尚未出台,土壤污染治理责任与传统民事侵权、环境侵权间的关系依然是理论难点,法院间对于土壤污染治理责任的理解各有不同,很多地方法院适用了侵权责任法上的民法责任对个人进行补偿,一些土地使用权人在修复土壤时也采取了许多不合理措施,从而导致土壤污染治理效果欠佳。但也要看到,随着《土壤污染防治法》的不断落实,越来越多的法院认识到,土壤治理责任不仅仅是对于私权利的救济,更是对社会的公益责任,胜利油田案的二审法院(东营市中级人民法院)指出,"土地的所有权属于国家或集体,污染修复费用涉及社会公共利益,该部分费用不能裁决支付给个人",区分了环境侵权赔偿责任与环境污染修复责任,由公权力对污染者履行环境修复责任进行监督。总体而言,由于我国长期依赖"政府治理"模式,个人追偿在我国土壤污染治理的司法救济实践中占比较少,效果较差,基本以追偿侵权带来的直接损失(如农作物的绝收、死亡等)为主。

二、土壤污染治理责任的政府及基金追偿

政府及基金追偿是指,政府或者政府所设立的投资基金(基金的主要目的是引导社会各类资本投资土壤污染防治,支持土壤修复治理产业发展),在先行对土壤污染进行治理后,对土地的污染者进行追偿。值得注意的是,这里的基金仅仅指政府独资或政府与社会资本共同出资设立的基金,与全国性公益公募基金会这类公益组织不同,其本质还是以政府投资为主导。

根据裁判文书网截至2020年3月10日的数据,以"土壤污染责任纠纷"和"土壤修复"为关键词进行搜索,其中仅有数个由政府进行追偿的案例,而由政府基金追偿的案例为零。政府追偿的案件事由一般在于,交通事故致使运载有污染物质的车辆损坏、污染物质泄漏,导致附近的土壤受到污染。政府在进行处置后,对运输公司进行追偿。法院的裁判依据一般是《侵权责任法》与《最高人民法院关于审理环境侵权责任纠纷案件适用法律若干问题的解释》。

笔者认为,此类案件之所以数量少,一方面,当然是由于《土壤污染防治基金管理办法》于2020年1月17日发布,而各地方性基金尚未设立。另一方面,我国对于政府追偿这一行为,始终没有明确的法律法规条文予以支持,在《土壤污染防治法》颁布前,各地往往比较依赖"政府负担"的模式,缺少将污染者负担原则在土壤污染治理领域具体化的条文使其更具可操作性。《土壤污染防治法》虽然规定了风险管控与修复费用由污染者承担,但是在其不愿意承担时,采取的行政处罚措施的有效性仍值得进一步观察。同时,在《土壤污染防治基金管理办法》中,没有关于基金在先行承担土壤修复的费用后,如何向污染者追偿的问题的具体规定。这种缺失导致法院更倾向于按照《侵权责任法》等民事法律进行裁判。美国的"超级基金法案"就规定造成土壤污染的单位和个人作为污染地块治理责任主体,政府可以向上述责任者追索污染物清除或修复费用,体现了污染者负担原则。[1] 德国《联邦土壤保护法》规定,当找不到污染责任主体时,由政府先行治理,并调查寻找污染责任者,在责任者明确时予以追偿。[2] 最后,在政府追偿土壤治理费用有关法律法规缺失的情况下,大量的政府机关选择了重合

---

[1] 谷宝庆,颜增光,周友亚等:《美国超级基金制度及其污染场地环境管理》,《环境科学研究》2007年第1期。
[2] 李静云:《土壤污染防治立法国际经验与中国探索》,中国环境出版社,2013年,第154页。

度较高的生态环境损害诉讼来解决资金问题,同时对污染者进行追责,具体见后述。这里的核心理论争点在于,政府先行承担全部或部分土壤污染治理责任后,向污染责任人或土地权利人的追偿权的性质。该追偿权是像一般的民事权利一样,为可协商、可放弃的,抑或是一种行政职责,在承担责任后,必须向责任人追偿相关花费?这值得更加深入的研究。

三、土壤污染治理责任的公益诉讼

(一) 概况

土壤污染治理责任的公益诉讼追责是指,污染者污染土壤损害国家利益、社会公共利益的,有关机关和组织可以依照相关法律的规定,向人民法院提起诉讼。我国的环境公益诉讼已经过了十多年的发展与实践,目前已经形成以《民事诉讼法》《环境保护法》《侵权责任法》《土壤污染防治法》等相关法律条文为框架,以《最高人民法院关于审理环境侵权责任纠纷案件适用法律若干问题的解释》(以下简称《环境侵权解释》)、《最高人民法院关于审理环境民事公益诉讼案件适用法律若干问题的解释》(以下简称《环境公益诉讼解释》)、《检察机关提起公益诉讼试点方案》等为补充的公益诉讼立法体系。相比个人追偿与政府追偿,有关土壤污染治理责任的公益诉讼数量较多,司法程序比较成熟,形式也比较多样。

根据我国现行的公益诉讼制度,原告主体一般为社会公益组织(包括社会团体、民办非企业单位、基金会等)与检察机关。在民事公益诉讼中,原告方要求污染者承担的土地污染治理责任比较多样,不仅包括停止侵害、排除妨碍、消除危险、恢复原状、赔偿损失、赔礼道歉等传统民事责任,在一些案例中(如中华环保联合会诉无锡市蠡湖惠山景区管理委员会生态环境损害赔偿案),法院在"无法修复"的情况下,判令被告方采取"异地补植"等环境修复的方式,让被告承担土壤污染治理的责任。在行政公益诉讼中,原告方可以要求相关行政机关责令污染责任人停止非法排污、进行限期治理、消除污染或支付相关费用,以行政责任为内核的路径概括为"法院—政府—责任人"的间接规制路径。[1] 总体上,我国关于土壤污染治理的公益诉讼呈现出以民事公益诉讼为主要诉讼形式,以环

---

[1] 何江:《论环境规制中的法院角色——从环境公益诉讼的模式选择说开去》,《北京理工大学学报(社会科学版)》2020年第1期。

境污染者承担费用为主要承担形式,多种责任承担形式并存,多元主体共同参与,胜诉率较高的特点。

(二) 公益诉讼追究土壤污染治理责任的现存问题及完善思路

就土壤污染治理责任的公益诉讼解决,我国目前的制度还有许多应改善的地方。在常州外国语学校土壤污染案中,原告方要求三公司承担案涉场地环境污染风险管控和修复责任,但是法院认为:"在地方政府已经对案涉地块进行风险管控和修复的情况下,该项诉讼请求难以支持。""新北区政府已经有效组织实施案涉地块污染风险管控、修复,没有判令三公司组织实施风险管控、修复的必要性。""因无法确定该后续治理所需费用的具体数额,本案尚不具备判决被上诉人承担生态环境修复费用的条件。""公益组织一方提出三公司承担地方政府支出的污染治理费用的诉讼请求不属于本案审理范围。"[1]该判决引起了公众与学界的争议与广泛讨论,其核心问题是环境民事公益诉讼的目的究竟在于解决环境问题或控制环境风险,还是在达成这些目标的同时,要求追诉污染者责任,公平合理地分配环境损害产生的成本。[2]显然,后一种诉讼目的更符合贯穿于土壤污染防治的污染者担责原则,如果公益诉讼仅解决表面的问题,其背后还是可能导致"政府为污染者买单",则本质上还是社会公共利益与国家利益的损失,并不能起到保护公众利益的效果。

另外,在本案中,行政主体已经开始了土壤污染的修复,并已有初步成效。这涉及《土壤污染防治法》第68条有关土地使用权已经收回的土壤污染治理的理解与适用。当然,该案已赶在《土壤污染防治法》生效前结案,不涉及对第68条的适用问题。但伴随着《土壤污染防治法》的行政实施和司法实施,相关争议会愈发凸显。在本案中,法院认为修复费用应当由政府进行追偿。如果政府没有追偿,是否能够认为,由于政府没有向土地污染者追偿,导致了国有资产流失,公众利益受到损害?这时又需要检察机关对政府提出行政公益诉讼,要求政府履行追偿的职责,徒增了司法成本。在公益诉讼过程中,行政权与司法权在土壤污染治理的过程中如何衔接,行政公益诉讼与民事公益诉讼如

---

[1] 北京市朝阳区自然之友环境研究所、中国生物多样性保护与绿色发展基金会与江苏常隆化工有限公司、常州市常宇化工有限公司等二审民事判决书,裁判文书网,HTTP://wenshu.court.gov.cn/website/wenshu/181107ANFZ0BXSK4/index.html?docId=775020b109414504892ca9c4014a5b0b(2020年3月20日访问)。

[2] 徐以祥,周骁然:《论环境民事公益诉讼目的及其解释适用——以"常州毒地"公益诉讼案一审判决为切入点》,《中国人口、资源与环境》2017年第12期。

何选择,也成为目前公益诉讼中缺失的一角。针对这一问题,学界也形成了多种观点。一些学者认为公益诉讼应当以行政公益诉讼为主,民事公益诉讼无视行政机关对于土壤污染防治的监督职责,实质上造成了司法权对于土壤污染治理的提前介入,而行政公益诉讼实质上是检察机关行使监督权敦促行政机关履行自身的职责,没有引起司法权与行政权的冲突,故应当坚持以行政公益诉讼为主。[1]另外,也有一些学者认为应当坚持以民事公益诉讼为主,因为公益诉讼产生的原因本来就是行政机关的不作为,而行政公益诉讼要求行政机关履行职责极有可能导致社会公益不能得到及时的维护,而民事公益诉讼直接将矛头聚焦到污染者,直接向污染者追责,更有利于解决土壤污染治理的问题。[2]还有学者认为,结合中国环境公益诉讼产生的背景、多年来的实践结果、司法权在环境治理中的位置等因素,环境民事公益诉讼与环境行政公益诉讼二元并存才是比较合理的结果。[3]同时,随着2017年《生态环境损害赔偿制度改革方案》的推出,也有学者认为,可以参考美国的公民诉讼制度将二者融合,消除民事公益诉讼与行政公益诉讼的壁垒。[4]笔者认为,行政公益诉讼与民事公益诉讼各有优势、不可偏废,随着《生态环境损害赔偿制度改革方案》的推出,可以看出,我国在尝试将二者融合到生态环境损害赔偿诉讼中。但是目前,生态环境损害赔偿诉讼尚不能适用于所有的土壤污染责任纠纷案件,在我国司法体制下,二者共存并行的方式可能是最优的,将选择权留给相关组织,根据案情的具体情况起诉。

另外,在公益诉讼中还体现出了其他问题,包括公众参与度不高、公益诉讼费用过高、土壤修复费用的费用管理主体不明确、刑事民事行政的交叉、专业问题过度依赖"专家证人"等。但应认可,公益诉讼在整个土壤治理责任的司法追责机制中,是体系最完整、案件数最多、受到关注最多的类型。随着《土壤污染防治法》的生效、各地相关法规条例的出台、配套法律法规的落实,相信我国的公益诉讼机制也会继续完善。

---

[1] 王明远:《论我国环境公益诉讼的发展方向:基于行政权与司法权关系理论的分析》,《中国法学》2016年第1期。
[2] 何莹、尹吉、莫斯敏:《民事公益诉讼与行政公益诉讼的程序衔接问题研究》,载《深化依法治国实践背景下的检察权运行——第十四届国家高级检察官论坛论文集》,中国检察出版社,2018年。
[3] 杜辉:《环境司法的公共治理面向——基于"环境司法中国模式"的建构》,《法学评论》2015年第4期。
[4] 张忠民:《论环境公益诉讼的审判对象》,《法律科学》2015年第4期。

第三节　土壤污染治理责任行政实施与司法诉讼的关系

一、问题的提出

土壤污染责任的行政认定与司法诉讼的关系，究其实质，是在土壤污染治理责任追责的过程中行政权与司法权的关系，以及在此期间，二者的权力如何合理分配、分工合作、平稳衔接的问题。

传统理论认为，行政权和司法权之间的本质区别在于行政权是管理权，而司法权是判断权。[1] 政府作为社会的管理者，以法律明确规定的公法责任为保障，通过自身的执法维护公共利益；而司法权作为"土壤环境污染治理的最后一道防线"，对行政权起监督和补充的作用。然而，随着土壤污染问题的日益严重，责任认定问题的日益复杂，一些地方政府能力不足并懒政的缺点就开始体现出来。为了加快解决土壤污染问题，我国通过司法解释、政策文件等大大强化并扩张了司法权，相关组织可以跳过行政监督的环节直接向司法机关起诉，从而导致行政机关从决策者变为辅助者，司法权提前介入了行政的领域，这使得司法权与行政权突破了原有的框架。裁判者在裁判的过程中扮演了公共利益"处分者"的角色，具有"准行政化"色彩，[2] 也即"司法能动"（在追求法律效果的同时追求社会效果，实现法律效果与社会效果相统一）。[3] 然而需要注意的是，司法能动必须是在司法权的范围之内的"有限能动"，必须明确行政权在土壤污染治理责任追究中的主导地位。

二、行政权为主导的土壤治理追责机制

纵观西方发达国家的司法权与行政权的处理模式，从"夜警国家"模式（被限制的行政权与偏向能动的司法权）到"福利国家"模式（行政权扩张，司法权通过对行政权的程序的设计来限制行政权）再到"风险社会"模式（行政权进一步扩张

---

[1] 孙笑侠：《司法权的本质是判断权——司法权与行政权的十大区别》，《法学》1998年第8期。
[2] 巩固：《环境民事公益诉讼性质定位省思》，《法学研究》2019年第3期。
[3] 姚莉：《当代中国语境下的"能动司法"界说》，《法商研究》2011年第1期。

的同时,司法权采用能动主义介入公益领域,督促行政机关更加公开透明地行使自己的权利),[1]行政权的扩张是大势所趋。对于扩张的行政权而言,司法权起动态平衡的作用,督促行政行为更加合理、公开、透明,而非过度干涉行政权的决策与执行。司法机关只有在行政机关不履行或错误履行职责,并且在行政程序中用尽救济手段的情况下才能够介入土壤污染防治领域。

根据我国的实践经验,构建行政权为主导的土壤污染防治体系是必然趋势。《土壤污染防治行动计划》要求,要形成政府主导、企业担责、公众参与、社会监督的土壤污染防治体系。《土壤污染防治法》规定,各地方政府应当对本行政区域土壤污染防治和安全利用负责。之所以要求政府(行政权)主导,也并非对国外先进经验的简单复制,而是因为在土壤污染防治领域,行政权比司法权具有更大的优势。首先,政府在土壤污染防治的相关法律、法规、政策的要求下,建立了完善的土壤环境监测体系,相较于司法权的被动,行政权能够更早地发现问题。其次,政府比较完善的环境部门建制与行政程序的高效能够"批量化"解决大量有共性、较普遍土壤污染防治问题,从而形成可反复适用的"行政规则"。再次,行政机关往往拥有远超司法机关的科技力量,行政机关都常备土壤污染防治领域的专业人员与鉴定部门,通过第三方力量的引入和专家评审机制的建立,更能够了解污染地块、污染企业的内部信息,迅速做出修复方案。最后,行政权主导的程序相对于比较漫长的司法程序和高额的诉讼费用,更加容易获得民众的信任与选择,同时比起司法机关主导的诉讼过程更能够让公众真正参与其中。

三、司法权对行政土壤治理追责机制的补充

司法权在土壤污染防治领域有不可或缺的作用。司法权作为土壤污染防治体系的最后一道防线,不仅仅是对于行政权的补充,更多的是对行政权的监督与督促。在尊重行政机关技术专业性的同时,应发挥司法权在法律方面的优势,灵活地解决个案责任认定中比较疑难复杂的问题。

若要在行政权与司法权之间,建立相互配合、优势互补的土壤污染防治体系,设立一套完善的行政权与司法权衔接机制是必要的。目前,对于二者的衔接,仅在《最高人民法院、民政部、环境保护部关于贯彻实施环境民事公益诉讼制度的通知》

---

[1] 王明远:《论我国环境公益诉讼的发展方向:基于行政权与司法权关系理论的分析》,《中国法学》2016年第1期。

《最高人民法院关于审理环境民事公益诉讼案件适用法律若干问题的解释》和《检察机关提起公益诉讼试点方案》中有所提及,结合这三份文件可以得知,我国目前的衔接制度如下:在法院受理公益诉讼起诉后,应当在10日内通知环境保护主管部门,环境保护部门收到案件线索后及时处理,并将处理结果通知法院;同时,由检察院提起的行政公益诉讼要求更加明确,要求行政部门在接收到检察建议后30日内处理,并书面回复检察院。通过常州外国语学校土壤污染案中"政府"这一重要角色的缺失可以看出,目前的衔接机制并非尽善尽美。要做好衔接机制,可以建立完善的诉前程序。可以参考美国的做法,美国的"公民诉讼"在被提起之前必须要经过两个重要的诉前程序,即"通知"与"勤勉执法",原告在起诉60天以前必须通知污染者和政府监管部门,给予政府相关部门处理问题、弥补过错的机会,保障了在土壤污染治理过程中行政先行。在我国,应将检察机关发起行政公益诉讼的诉前告知程序予以完善,对于涉及土壤污染治理责任的认定等问题,视土壤污染治理的具体环节,要先通知行政机关进行处理,行政部门懈于处理或处理不当的再行立案。同时,诉讼过程中,行政部门也要积极参与,特别是在裁判结束后的执行环节,行政机关作为本地区土壤污染防治工作的监督者,掌握了大量土壤污染信息,需要配合法院进行资金的管理,修复的评估,项目的验收与案涉地块的后续管理。

四、公众参与机制的完善

无论是行政认定还是司法诉讼,在土壤污染责任的追责过程中,公众参与至关重要。作为土地的使用者、惠益享有者和污染的受众,民众是土壤污染防治过程中最重要的"相关利益者",也是地块使用者历史变迁的见证者。所以,无论是在行政认定的过程中还是在公益诉讼的过程中,必须要设定听取民众意见的渠道,将民众的意见作为重要的参考依据。在行政认定的过程中,可以设定奖励鼓励民众积极参加;在司法裁判的过程中,也可以听取民众的意见,使认定过程更加公开透明化。

第四节 土壤污染治理责任与生态环境损害赔偿责任的关系

一、两责任间的重合及问题的提出

2015年12月,中共中央办公厅、国务院办公厅印发了《生态环境损害赔偿制度改革试点方案》(以下简称《试点方案》),在国内首次推出生态环境损害赔偿制度,并在部分地区开始试点工作。2017年,中共中央办公厅、国务院办公厅印发《生态环境损害赔偿制度改革方案》(以下简称《改革方案》)以取代两年前的《试点方案》,并在国内全面实行生态环境损害赔偿制度。2019年,印发了《最高人民法院关于审理生态环境损害赔偿案件的若干规定(试行)》(以下简称《环赔解释》),《环赔解释》在制定的过程中总结了各地关于生态环境损害赔偿案件审理的经验,进一步充实了我国生态环境损害赔偿制度的结构内容。然而,纵观整个生态环境损害赔偿制度,可以发现其与土壤污染治理责任体系之间的关系含糊不清。仅就土壤污染的治理修复的适用情况而言,二者有很大的重合,但是,因为两责任定位的不同,处理方式截然不同。

可以看出,我国已经构筑起一套比较完整的土壤污染治理追责体系,但同时,《改革方案》认为:"生态环境损害,是指因污染环境、破坏生态造成大气、地表水、地下水、土壤、森林等环境要素和植物、动物、微生物等生物要素的不利改变,以及上述要素构成的生态系统功能退化。"《生态环境损害鉴定评估技术指南 土壤与地下水》中生态环境损害的标准如下:(1)土壤中污染物平均浓度超基线水平20%以上;(2)土壤中生物物种种群数量、密度、结构、群落组成等指标与基线相比存在显著差异;(3)土壤发生质变且不再具备原有的生态功能。满足条件之一,即可认为该地块的生态环境受到损害,目前根据《改革方案》与《环赔解释》所构筑的生态环境损害赔偿制度如图8-1所示。

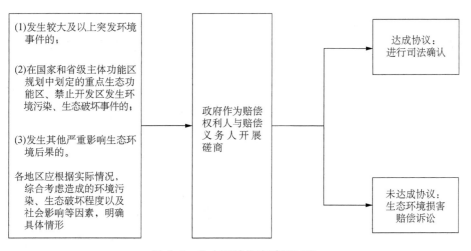

图8-1 生态环境损害赔偿制度

在土壤污染治理追责的过程中,土壤污染的风险管控与修复与生态环境损害赔偿的责任范围存在很大的重合。但问题在于,土壤污染的风险管控与修复是《土壤污染防治法》立法确认的,以行政机关为主导的体系,行政机关可以通过采取强制行政措施对土壤污染进行风险管控与修复工作。生态环境损害赔偿机制则不同,其颇具特色的"主动磋商,司法确认"的原则导致行政机关不得使用行政强制措施(动用公权力)来要求污染者进行赔偿或修复,其设立之初的核心思想是政府基于"全民所有自然资源资产所有权"[1]要求加害者对于损害进行赔偿,可以说,形态上是一种民事责任。然而,国内有很多学者认为环境修复责任不是民事责任,[2]是公法责任,[3]笔者对此认同。但是,从生态环境损害赔偿的运行机制、诉讼程序、相关实践来看,不得不承认,目前其在形态上更接近于民事责任。这就与前者产生了冲突,在实践中,二者如何协调已成为目前土壤污染治理的追责机制中的一大难题。

二、两责任机制的区别

协调土壤污染治理责任与生态损害赔偿责任,必须厘清二者的不同之处。首先,二者关注的核心不同。生态环境损害不是仅限于某一要素的损害,而是肇始于某一环境要素的污染或破坏和随之而来的整体环境的不利改变,以及提供生态系统服务能力的破坏或损伤,[4]更强调污染所造成的整体生态环境功能的退化或丧失。土壤污染治理责任则不同,仅关注土壤污染本身。也就是说,土壤污染治理工作的启动条件比起生态环境损害赔偿更简单明了,即,一旦发现污染物超越了土壤污染风险标准所确立的"基线",治理工作就相应启动。[5]其次,二者的修复标准有所不同,根据《环境损害鉴定评估推荐方法(第Ⅱ版)》的规定,生态环境损害的修复标准有两条,分别是"降至可接受风险水平"与"恢复至基线状态",前者是"环境修复",而后者为"生态恢复"。土壤污染治理则仅要求达到"环境修复"的状态。[6]最后,生态环境损害赔偿制度对于不能修复或不

---

[1] 参见《生态环境损害赔偿制度改革方案》。
[2] 吕忠梅:《"生态环境损害赔偿"的法律辨析》,《法学论坛》2017年第3期。
[3] 巩固:《环境民事公益诉讼性质定位省思》,《法学研究》2019年第3期。
[4] 吕忠梅、窦海阳:《修复生态环境责任的实证解析》,《法学研究》2017年第3期。
[5] 具体数值参见《土壤环境质量 建设用地土壤污染风险管控标准(试行)》等相关标准。
[6] 生态环境部法规与标准司:《〈中华人民共和国土壤污染防治法〉解读与适用手册》,法律出版社,2018年,第95页。

能完全修复的情形,提出了"替代性修复"的概念,而土壤污染治理中对于不能修复的情形没有规定。综上所述可以得知,在土壤污染的领域中,生态环境损害赔偿的适用范围较大(不仅仅是土壤领域),启动条件比较严苛,但是对于生态环境的修复更加完全,污染者付出的代价也更大。

三、两责任机制协调的路径

在可以启动生态环境损害赔偿的情况下,优先适用土壤污染治理的公法责任体系,在达到"环境修复"的状态,或者在确认土壤污染情况处于"无法修复"或"无法完全修复"的状态下,再启动生态环境损害赔偿。在这条路径下,由于优先适用了土壤污染治理机制,行政部门可以快速介入,并通过其掌握的信息优势、高效的责任认定模式、相对成熟的修复流程管理,比较迅速地完成土壤污染的初步修复工作。同时,在行政机关完成初步土壤污染修复工作后,根据后期管理的实际情况,再行启动生态环境损害赔偿,也可以最大限度地避免生态环境损害赔偿制度的滥用。生态环境损害赔偿机制作为一项技术复杂、负担沉重的机制,必须谨慎使用。

自生态环境损害赔偿机制在全国推广以来,有演变成环境公益诉讼核心的趋势,[1]行政部门为了政绩和舆论效果大量使用这一制度,而法院为了宣传司法在环境保护中的能动性,往往积极配合行政部门,导致许多"天价赔偿"的产生,给义务人造成了极大的负担,具体生态环境修复情况也不得而知。其固然可以迫使潜在的污染者更加重视土壤污染问题,但是这样做可能会导致大量本来可以由行政机关高效处理的土壤污染事件被拖入诉讼的泥潭,同时使污染者负担大量不必要的赔偿款项与修复义务,有过犹不及之嫌。

当然,生态环境损害赔偿制度作为对于《土壤污染防治法》的补充,将整个土壤污染治理体系变得更加完整,其创立的"磋商优先,司法确认,诉讼补充"的原则也非常符合土壤污染防治中"行政主导,司法补充"的原则。但是,由于目前该制度仅有《改革方案》与《环赔解释》两份文件支撑,其在权力来源、程序衔接、责任承担、适用条件、资金管理等方面的规范依据略显模糊。同时,《改革方案》将大量权力下放至地方,任其自由探索,导致各地间差异较大、适用混乱的情形。

---

[1] 巩固:《环境民事公益诉讼性质定位省思》,《法学研究》2019 年第 3 期。

目前来看,应当尽快结合地方实践经验,"启动环境责任专门立法,明确环境侵害的各种法律后果,建立系统的专门环境法律责任制度,为生态环境损害提供完整的法律依据"。[1]

---

[1] 吕忠梅:《为生态损害赔偿制度提供法治化方案》,《光明日报》2017年12月22日第2版。

第九章
污染土壤信息管理制度

第一节 污染土壤信息管理制度的基本界定

一、问题的提出

我国的土壤污染问题因频发的土地施工事故、活跃的土地产权变更与开发、密集的污染受众变得引人关注。污染地块包括但不限于关闭、搬迁、转产的工业企业场地、已废弃或关闭的垃圾和固体废弃物填埋场、固体废弃物或危险废弃物堆放地、遗弃的矿业用地中存在污染或污染威胁的场地。[1] 其形成是经济和城市发展的历史产物,主要表现为工业企业遗留的土壤污染。在土壤污染责任的界定中,由于土壤污染的累积性、隐蔽性、发现的迟滞性,往往因为责任认定与污染发生在时间上相距甚远,导致污染者虽排放污染但行为实施时并不违法或违规。土地使用权频繁更迭但缺失用地记录和土地污染历史数据,企业发生变更或消亡但难以确定债务的承继者等因素,也使得真正的污染者或责任者难以确定或查找,责任认定由此变得更为复杂。许多场地需要参照历史航空照片、工商注册资料、房屋设施建造资料、工厂生产日志、地下油罐腐蚀模型、化学物质上市时间、化学物质生产过程、化学物质"指纹图"、化学物质降解模型、污染物在土壤和地下水中运动模型、化学物质同位素等证据考察。[2]

---

[1] 卞正富、王俊峰:《欧美工商业废弃地再开发对中国城市土地整理的启示》,《中国土地科学》2008年第9期。

[2] 蒲民等:《推动污染场地修复须先确定污染责任》,《环境保护》2012年第Z1期。

然而,我国污染场地的基础资料严重缺乏,对于污染场地风险评估关键参数的取值,本土化做得还不够充分,场地环境信息和历史资料少,已有的信息资料往往不规范。这造成了土壤污染治理责任者寻找时的重大障碍。为了加强未来的土壤污染治理责任机制的有效性,有必要进行土壤污染治理信息化管理,对土壤环境监测和评估,长期追踪土壤污染的状况及其变化,并建立、健全相应的制度,将其纳入基础信息库管理,结合污染地块名录,融入不动产登记的制度,发挥相应的数据管理、信息公开、交易限制、责任追究等功能。

二、污染土壤信息管理

(一)污染土壤信息管理的界定

污染土壤信息管理是一个宽泛的概念,主要指向以污染土壤档案为基础和后台信息,以污染场地名录和不动产污染登记为表征和前台的活动。污染土壤档案是指记载土壤的基本信息,如地块名称、地理位置、占地面积、地块主要生产活动、地块使用权、土地利用方式,以及地块污染物类型和数量,地块污染程度和范围等,具有查考和保存价值的文字、图表、声像等各种形式的记录材料。[1]污染土壤名录是指在污染调查、风险评估的基础上,将污染土壤信息记载于特定的名单,向公众公开并供查阅。污染土壤登记则是指在特定情形下,将土壤污染状况、责任人、污染治理状况等信息记载于不动产登记簿,供不动产交易方和公众查询。污染土壤信息管理是土壤污染状况的真实记录,内容涵盖地块基本信息,包括污染物含量特征、土壤污染调查信息、风险评估信息、土地产权状况等,这些信息是污染土壤最全面、最准确的数据系统,属于后台数据,相应地应用到污染土壤数据库、名录制度、不动产登记制度等活动中。

(二)污染土壤信息管理与相关制度的关系

在我国,污染土壤信息管理与更宽泛的土壤质量档案和环境保护档案制度紧密相关。环境保护档案主要是指中央和地方环境保护机构在各种环境保护活

---

[1] 《污染场地术语》(HJ 682—2014)规定,污染场地档案(archive of contaminated site)是记载场地基本信息,如场地名称、地理位置、占地面积、场地主要生产活动、场地使用权、土地利用方式,以及场地污染物类型和数量,场地污染程度和范围等,具有查考和保存价值的文字、图表、声像等各种形式的记录材料。取代该技术导则的《建设用地土壤污染风险管控和修复术语》(HJ 682—2019)规定,地块档案(archive of site)是指记载地块基本信息,如地块名称、地理位置、占地面积、地块主要生产活动、地块使用权、土地利用方式,以及地块污染物类型和数量,地块污染程度和范围等,具有查考和保存价值的文字、图表、声像等各种形式的记录材料。

动中直接形成的,具有保存价值的各种文字、图表、声像等不同形式的历史记录。[1]目前,我国已经建立了森林资源档案制度、野生动植物资源档案制度、国土资源档案制度等档案制度。国土资源档案是国土资源管理部门在国土资源管理活动中形成的具有保存价值的文字、图表、图纸、声像等各种载体的历史记录材料。[2]国土资源档案是管理国土资源的一项基础工作,其主要任务是加强土地管理,保护、开发土地资源,合理利用土地。国土资源档案作为国家档案的重要组成部分,在依法管地、防治地质灾害、制定土地和矿产资源利用规划及解决土地、矿权权属纠纷等国土资源管理工作中起到了重要作用。[3]土壤信息系统(Soil information system,SIS)是依靠计算机软硬件将土壤相关数据按照统一的地理坐标,以一定的编码和格式采集、存贮、操纵、修改、分析和综合应用的技术系统。其主要目的在于快速、精确、综合地对土壤调查研究数据进行管理,按不同的专业需要进行解释和评价,使土壤信息得到最大限度的利用。[4]

另外,我国还有土壤质量档案的称法,它是在土地质量的调查和评价过程中形成的具有保存、利用价值的文件、图表、光盘等资料,在表现形式上可分为土地综合质量档案、富硒土地质量档案和污染土地档案三种主要类型。[5]建立污染土壤信息管理制度,是对掌握和追踪土壤环境质量状况、加强土壤环境监管这一现实需求的回应。

污染土壤信息、国土资源档案与土壤环境质量档案存在内容和作用上的交叉,都有涉及土壤土地资源保护的内容,都可以为土壤资源利用和管理提供依据。因此,有必要明确各自的功能,将污染土壤信息管理制度化,使其成为土壤环境监管中具有法律效力的依据。

三、污染土壤信息管理制度

污染土壤信息管理制度是指按照一定的技术导则对在土地调查、详查、日常监管、风险评估过程中,形成的土壤环境污染基本信息的基本内容、分类与形式、

---

[1]《环境保护档案管理办法》第2条。
[2] 徐志,马慧莉:《浅谈如何加强国土资源档案管理工作》,《档案与建设》2013年第12期。
[3] 林华,谭圣忠,杨海英:《如何做好国土资源档案的管理与利用》,《资源与人居环境》2011年第7期。
[4] 魏永胜,常庆瑞,刘京:《土壤信息系统的形成发展与建立》,《西北农业科技大学学报(社会科学版)》2002年第3期。
[5] 黄春雷等:《土地质量档案建立方法研究》,《上海地质》2010年第31卷。

编制、日常管理与更新、公开及其管理要求等所作的规定。

污染土壤信息管理制度是土壤环境监管中的重要一环,其与土壤环境监测制度、土壤环境质量评估制度、土壤环境质量分区制度、土壤环境质量标准制度、土地用途管制等监管制度紧密相关。土壤环境信息是根据土壤环境监测调查结果、土壤环境质量评估分析结果、土地利用情况等相关数据信息汇集而来的,调查、评估以及土地管理工作的好坏直接影响污染土壤信息内容的准确性及真实性。土壤污染信息的建立,为土壤环境的后续监测管理、功能分区、土地利用等提供依据。因此,建立土壤环境信息制度,也需要完善土壤环境监测调查、土壤环境质量评估分析、土壤环境质量标准、土壤功能分区等相关的监管法律制度。只有把土壤污染信息制度与这些监管法律制度结合起来,才能全面把握土壤污染状况,最有效地防治土壤污染和修复受污染土壤,防止土壤环境质量恶化。

第二节 污染土壤信息管理制度的功能

一、土壤污染责任主体的确立

土壤污染责任主体的确定是土壤污染防治中的重要问题,也是当前面临的难题之一。土壤污染治理过程涉及造成污染的企业或农户、当地生活的居民、政府的各部门,以及重新利用该土地的房地产开发商等各利益相关方,而且各利益相关方之间关系比较复杂。如何处理各方的利益与责任关系到土壤污染法律责任的落实,关系到土壤污染治理工作的成败。虽然我国对土壤污染采取"谁污染,谁治理"的原则,然而具体落实却困难重重,或因为污染企业因搬迁或重组而不复存在,或因为有些企业或农户无力负担土壤污染治理的成本,等等。此种情况下,对受污染土地的处理要么是由政府负责治理然后将土地出让给开发商,要么是政府作为管理者制定优惠政策吸引开发商开发污染土地,由开发商负责治理或者由污染企业、开发商、城投公司按比例负责治理。然而,当前有关土壤环境保护的法律条款中,对以上主体缺乏明确的定位和有效的约束,甚至在"谁污染,谁治理"的最初落实阶段就遇到问题,难以明确认定污染者。

污染土壤信息管理与土壤污染责任者的确定密切相关。污染土壤信息管理制度是追踪土壤环境信息的制度,可以在掌握新增的污染土地时,帮助追踪源头污染者,遵循"谁污染,谁治理"的原则,确定污染责任者。因此,污染土壤的信息管理能够帮助确定土壤污染责任者,或者说为确定土壤污染责任者提供依据。特别地,污染土壤信息是对土壤环境质量的原始记录,也是对土壤污染状况的如实反映,因此,如实反映出来的土壤污染状况、污染者的具体污染行为可以影响土壤污染责任主体的责任大小。

二、环境信息公开

环境信息公开是将收集整理好的与环境保护有关的各种显性和隐性的信息,在一定范围内以适当形式公开,以提供各种刺激与激励机制,从而改进环境行为,改善环境质量的制度。[1] 环境信息公开是政府与企业信息公开的重要组成部分,是环境知情权和公众参与的必然要求。以污染土壤档案为基础的环境信息管理最重要的功能之一是环境信息公开,让利益相关者或公众有权查阅、获取、知晓土壤的环境信息,将土壤环境质量信息档案作为土壤环境信息的公开形式,可以降低土壤环境信息公开的行政成本和社会风险。因此,土壤环境质量档案制度承载着土壤环境保护领域环境信息公开的任务,是关于土壤环境保护的信息公开制度。

例如,依据《土壤污染防治法》,设区的市级以上地级人民政府生态环境主管部门根据有毒有害物质排放等情况,制定土壤污染重点监管单位名录。重点监管单位应当严格控制有毒有害物质排放,并按年度向生态环境主管部门报告排放情况,建立土壤污染隐患排查制度,保证持续有效防止有毒有害物质渗漏、流失、扬散,制定、实施自行监测方案,并将监测数据报生态环境主管部门。生态环境主管部门也应定期对土壤污染重点监管单位周边土壤进行监测。在对土壤污染单位的日常监管中,应当将相关的信息形成档案,并就其中与公众健康风险休戚相关的部分主动公开或依申请公开。进一步地,《土壤污染防治法》第67条规定了土壤污染重点监管单位的土壤污染状况调查和不动产登记义务。该条规定:"土壤污染重点监管单位生产经营用地的用途变更或者在其土地使用权收回、转让前,应当由土地使用权人按照规定进行土壤污染状况调查。土壤污染状况调查报告应当作为不动产登记资料送交地方人民政府不动产登记机构,并报

---

[1] 贺桂珍,吕永龙,张磊,Mol Arthur P. J.,冯嫣:《中国政府环境信息公开实践效果评价》,《环境科学》2011年第11期。

地方人民政府生态环境主管部门备案。"这意味着,土地的用途和使用权变化应当构成不动产登记的重要组成部分,而不动产登记的主要目的在于公示,也就是说,通过登记将不动产的情况向公众公开,使公众了解某项不动产上形成的物权等状态。

三、土地利用的准入与交易限制

《土壤污染防治法》第 61 条第 2 款规定,列入建设用地土壤污染风险管控和修复名录的地块,不得作为住宅、公共管理与公共服务用地。该条设置了特定类型的土地再开发与再利用的一般限制,并呼应了我国土壤污染的如下现状:随着我国产业结构调整深入推进,大量工矿企业关闭搬迁,原有地块作为城市建设用地被再次开发利用。根据全国土壤污染状况的调查结果,污染地块及周边土壤环境问题突出。再次进行开发利用前,很多污染地块未经土壤环境调查、风险评估、风险管控、治理与修复,直接开发建设居民住宅或商业、学校、医疗、养老机构等公共设施,将对公众健康和生态环境构成严重安全隐患。

然而,土地利用的准入与交易限制应不止如此。例如,我国台湾地区有关规定根据污染控制场址与污染整治场址的土壤、地下水污染范围或情况,将其划分为不同区域。在污染管制区内,除依法核定的污染控制计划、污染整治计划或其他污染改善计划外,不得置放污染物、注入废(污)水、排放废(污)水;禁止如下土地利用行为:环境影响评估的相关规定中的开发行为,新建、增减、改建、修建或拆除非因污染控制计划、污染整治计划或其他污染改善计划需要之建筑物或设施,其他经主管机关指定影响居民健康及生活环境之土地利用行为;并不得在地下水污染管制区内,饮用、使用地下水作为饮用水资源。整治场址之污染管制区范围内属污染行为人、潜在污染责任或污染土地关系人之土地,不得变更土地使用分区、编定或为违反土壤及地下水污染管制区事项之利用。与此相比,《土壤污染防治法》仅针对农用地的安全利用类用地和严格管控类用地的活动做了限制性规定。因此,以土壤污染信息为基础的名录应当负担更丰富的行为限制功能,而污染信息的不动产登记应承担交易限制或禁止的功能。

第三节 污染土壤信息管理制度的境内外发展现状

一、污染土壤信息管理制度的境外经验

(一) 美国国家优先治理名单制度

在《综合环境应对、赔偿和责任法》("超级基金法案")中,美国政府建立《国家优先治理污染场地顺序名单》(NPL)制度,对需要优先采取清除行动的污染场地进行管理。NPL 是美国国家应急计划的一部分,是超级基金制度运作过程中的重要一环。[1] NPL 包括由美国国家环保局(EPA)进行评估及修复的场址和由其他联邦机构负责处理解决的场地两个部分。[2] 国家环保局通过对污染场地取样调查和实验分析,并通过危害定级系统(the hazard ranking system)[3] 进行评分排名,将评分高的污染场地列入 NPL 中。列入 NPL 的污染场地将会被优先采取治理行动,并可以先期动用超级基金的钱来支付治理费用。列入 NPL 的污染场地,其详细的污染状况、面积、救助行动调查、清理行动计划等都会被记录在 NPL 中。经 EPA 会同相关机构确定污染场地的治理行动全部实施完毕且无须采取进一步救助行动后,EPA 就会在联邦登记册上发出将该场地在 NPL 中除名的公告,如果异议期内无特别的异议,则除名公告生效。[4]

NPL 一方面通过对污染场地的优先排序来进行污染场地的管理工作,并在有限的超级基金中合理安排超级基金资金的利用,另一方面记录了被优先治理的污染场地的各种信息,并进行追踪更新,向社会公众公布。"超级基金法案"下的基金是在无法查明责任者的情况下启动的,针对的是污染比较严重、治理比较困难的区域。[5] 因此,NPL 所包含的污染场地是有限的,并不包括受污染的农

---

[1] 王曦,胡苑:《美国的污染治理超级基金制度》,《环境保护》2007 年第 10 期。
[2] Terry C. Clarke, "A Practitioner's View of the National Priorities List," *Environmental Law*, No. 2(1995)57.
[3] "超级基金法案"中的危害定级系统是评定土壤环境污染程度的基本准则,该系统值主要包含废物特性及其暴露途径以及潜在的危害目标等方面,评估场地对人体和环境造成的危险程度。得分超过 28.5 分的场地需进行为期 60 天的公示。在此期间,EPA 通过综合考虑公众的意见、政府的支持程度、超级基金的预算和其他因素等,来最终决定是否将该场地列入 NPL 中。
[4] 李挚萍:《美国土壤污染治理的若干法律机制探讨——以〈超级基金法〉为中心》,载《环境法治与建设和谐社会——2007 年全国环境资源法学研讨会(年会)论文集》,第 934 页。
[5] 王欢欢:《美国城市土壤污染治理法律免责制度比较研究》,载《环境法治与建设和谐社会——2007 年全国环境资源法学研讨会(年会)论文集》,第 883 页。

业用地,其更多地承载着对污染场地的排序及管理功能。

(二) 比利时弗拉芒大区污染土壤登记簿制度

比利时弗拉芒大区《土壤治理条例》(The Decree on Soil Remediation)中,根据该条例生效时间(即1995年10月29日)将土壤污染划分为历史土壤污染、新的土壤污染以及混合型土壤污染。[1]所有关于土壤污染的信息都应被载入弗拉芒大区公共废弃物管理局(Public Waste Agency of Flanders, OVAM)设立的污染土壤登记簿中。[2]污染土壤登记簿中根据土壤污染的类型分为不同的清单,对土壤治理义务进行落实:对于"必须执行土壤治理的历史性污染土壤清单"上所列明的污染地块,弗拉芒政府应当优先治理;[3]如果经营者、土地所有者或使用者等相关利益方被列入"必须执行土壤治理的历史性污染土壤清单"中,OVAM可以命令上述主体履行土壤治理与修复的义务。[4]

由此看来,污染土壤登记簿不仅具有记录土壤污染信息和管理不同类型污染土壤的功能,更是划分土壤污染治理责任的依据。对不同类型土壤污染的划分,不仅便于了解不同类型土壤污染的状况,而且针对不同类型土壤污染的污染土壤登记簿便于明确土壤污染责任主体。

(三) 日本指定区域台账制度

日本《土壤污染对策法》和《农用地土壤污染防止法》中建立了"指定区域台账"制度。日本立法规定,当使用有害物质的特定设施废止时或土壤中含有特定有害物质造成的土壤污染可能影响人体健康时,对这些存在污染可能性的土地必须进行调查。当调查结果显示该地块污染超过规定的标准时,政府(都、道、府、县知事)应当将该地块公告为指定区域,区分于其他土地,并制作指定区域台账,记录相关事项供公众识别和查阅。[5]指定区域台账详细记录了指定区域被指定的时间、指定区域的所在地、面积、污染状况、指定区域调查机构的名称、指定区域进行去除污染的执行情况以及指定区域土壤采样图纸等内容。[6]指

---

[1] Bernard Vanheusden, "Brownfield Redevelopment in the European Union," *Boston College Environmental Affairs Law Review* 34, No. 3 (2007): 559-575.

[2] [比]L. Lavrysen:《比利时土壤污染立法——以弗拉芒地区为例》,赵小波译,载《环境法治与建设和谐社会——2007年全国环境资源法学研讨会(年会)论文集》,第827页。

[3] Art.30(2), Decree on Soil Remediation(22/2/1995)(OVAM).

[4] Art.30(3), Decree on Soil Remediation(22/2/1995)(OVAM).

[5] H. Kobayashi, "Japanese Law for Remediation of Soil Contamination," *Asia Pacific Journal of Pacific Law*, No. 7 (2002): 25-49.

[6] 《土壤污染对策法施行规则》(平成14年环境省第29号令)

定区域所在地的政府(都、道、府、县知事)负有管理指定区域及及时披露指定区域信息的责任,环境省大臣或地方行政长官可以要求指定区域的土地所有者、实施污染整治措施行为者等人报告并说明指定区域的情况、污染整治措施的实施状况等。

指定区域台账制度及指定区域台账自由查阅的原则,在改善整治措施方面发挥了重要作用:受污染土地被载入指定区域台账并被公众知晓后,会在一定程度上影响企业的社会形象,同时也会影响该块土地的价值,不利于土地的转让和再开发利用,因而会促使土地所有人积极采取合理的措施来消除污染。[1]指定区域台账制度不仅承载着记录土地污染信息、管理被指定区域的功能,而且具有公示、查阅指定区域土壤污染信息的功能,从而促使土地所有人积极承担改善土地环境质量的责任。

综上所述,美国的NPL制度是在场地风险评估基础上的土壤污染修复名录,用于确定土壤污染治理的先后顺序,提示场地的环境与健康风险,并向公众公开场地污染状况和治理的动态过程。因此,NPL的范围受制于危害定级系统的评定,是污染场地分类排序后的结果,是整个超级基金在污染场地综合治理过程中运作的全记录。比利时弗拉芒大区污染土壤登记簿更类似于污染土壤的档案,将污染土壤的信息按照不同类型记录在污染土壤登记簿中,并通过登记簿对不同的污染土壤进行管理。污染土壤登记簿制度在记录和追踪污染土壤信息的同时提供了一种以法案生效时间为划分依据进行污染土壤分类管理的思路。日本的指定区域台账同样类似于污染土地的档案,而与弗拉芒大区污染土壤登记簿不同的是,指定区域台账是根据每一个指定区域量身制作的档案的汇总,并没有对指定区域进行分类。指定区域台账制度承载了更加明晰的信息公示查阅功能,并且在其上施加了土地利用与产权变更的限制。

二、我国污染土壤信息管理制度的立法与实践现状

在土壤环境保护的地方性立法和实践活动中,我国关于土壤环境质量的保障、改善,土壤环境质量信息的管理、追踪等方面已经积累了一定经验。建立全国性的土壤环境质量档案并将其制度化,是对已有的地方立法及实践经验的肯

---

[1] 窦小利:《日本〈土壤污染对策法〉及其对我国立法的启示》,载《环境法治与建设和谐社会——2007年全国环境资源法学研讨会(年会)论文集》,第821页。

定及借鉴。

（一）立法现状

我国现有的土壤污染信息管理制度体现在对土壤污染的普查、详查、调查，以及名录制度、土壤污染信息的不动产登记等方面。我国《土壤污染防治法》第14条、第36条规定了土壤污染的普查、详查和调查，并对该制度的主要应用领域，即名录制度和不动产登记做了较为明确的规定。《土壤污染防治法》第58条规定，"国家实行建设用地土壤污染风险管控和修复名录制度，建设用地土壤污染风险和修复名录由省级人民政府生态环境主管部门会同自然资源等主管部门制定，按照规定向社会公开，并根据风险管控、修复情况适时更新。"第61—64条规定：对列入建设用地土壤污染风险管控和修复名录的地块，不得作为住宅、公共管理与公共服务用地；对名录内的地块，土壤污染责任人应当采取相应的风险管控措施，地方人民政府也可根据实际情况采取划定隔离区、监测土壤及地下水污染状况及其他风险监控措施；对名录内的地块应修复的，责任者应采取相应的修复措施。第67条规定了土壤污染重点监管单位的土壤污染状况调查和不动产登记义务。该条规定："土壤污染重点监管单位生产经营用地的用途变更或者在其土地使用权收回、转让前，应当由土地使用权人按照规定进行土壤污染状况调查。土壤污染状况调查报告应当作为不动产登记资料送交地方人民政府不动产登记机构，并报地方人民政府生态环境主管部门备案。"这意味着，土壤污染状况应当是不动产登记的重要组成部分。

相对于国家层面而言，部分地方立法涉及了土壤环境质量档案或者类似制度的设计。例如，《沈阳市污染场地环境治理及修复管理办法（试行）》第12条、第21条中关于"环境保护、规划、国土资源、矿产、建设等相关部门应当建立污染场地评估与治理联合监管制度，及时互通信息""环境保护行政主管部门应当定期公布所辖范围内污染场地的治理和修复情况，保障公众对污染场地的治理和修复的知情权""环境保护行政主管部门根据评估及认定结果建立本行政区域内的污染场地清单"的规定提出了多部门联合、及时互通信息、通过污染场地清单进行监管的思路。上海市《关于保障工业企业及市政场地再开发利用环境安全的管理办法》第6条规定，场地责任方应在土地供应前，委托具有独立承担场地环境调查与评估能力的单位，按照国家和本市相关标准规范的要求，开展场地环境初步调查评估，编制场地环境初步调查评估报告。场地责任方将相关材料报送所在地区（县）环保局。区（县）环保局在15个工作日内组织论证，对场地环境初步调查评估报告是否科学合理进行核实，并出具意见，场地责任方办理土地使用权转移手续时应当提供证明报告科学合理的材料。这意味着场地状况的信息应当是土地使用权转移活动中的必备资料。《湖北省耕地质量保护条例》第26条建立了耕地质量档案制度：要求省人民政府农业行政主管部门会同环境保护行政主管部门组织开展每五年一次的全省耕地质量详查，评价耕地质量等级，建立耕地质量档案，并将耕地质量调查、评价结果予以公示。《广东省土壤环境保护和综合治理方案》中提出建立土壤环境保护和综合治理协调管理机制，并明确要求"建立农产品产地土壤环境质量档案和土壤污染分级管理制度"，是地方规范性文件中率先采用"土壤环境质量档案"这一表述的。

不论是江苏省的"污染场地档案"、沈阳市的"污染场地清单"、湖北省的"耕地质量档案"，还是广东省的"农产品产地土壤环境质量档案"，都是以档案或者清单的方式进行土壤环境质量信息管理、加强土壤环境监管的尝试。虽然这些地方性立法比较粗放简略，但是已经有了污染土壤信息管理制度的雏形，积累了立法及实践经验。全国性的制度在借鉴、吸收这些地方立法和实践经验的基础上，可以将地方经验上升到国家层面，建立国家层面的法律制度。

（二）实践现状

我国已经开展了数次土壤污染的全面调查。2005—2013年，环境保护部会同国土资源部开展了首次全国土壤污染状况调查，调查面积约为630万平方千米。1999年以后，国土资源部开展了多目标区域地球化学调查，截至2014年，已完成调查面积150.7万平方千米，其中耕地调查面积13.86亿亩[1]，占全国耕地总面积的68%。2012年，农业部启动了农产品产地土壤重金属污染调查，调查面积16.23亿亩。

此前，全国土壤环境污染状况调查基本摸清了我国土壤环境质量的总体状况，获取了较为系统和完整的各类土壤质量数据。[2]这些数据是建立全国土壤环境质量档案的基础。但是，由于调查时间跨度大，调查方法不统一，调查精度难以满足土壤污染风险管控和治理修复的需要，迫切需要在现有调查工作基础上，进一步提高调查精度，真正摸清土壤污染底数，获得地块尺度的土壤污染数据。2016年，《土壤污染行动计划》要求深入开展土壤环境质量调查，在现有相关调查基础上，以农用地和重点行业企业用地为重点，开展土壤污染状况详查，2018年年底前查明农用地土壤污染的面积、分布及其对农产品质量的影响；

---

[1] 1亩约为666.67 m²
[2] 胡静：《关于我国〈土壤环境保护法〉的立法构想》，《上海大学学报（社会科学版）》2012年第6期。

2020年年底前掌握重点行业企业用地中的污染地块分布及其环境风险情况。制定详查总体方案和技术规定,开展技术指导、监督检查和成果审核。建立土壤环境质量状况定期调查制度,每10年开展1次。

一些地方,如江苏、湖南、重庆、贵州、广东等省份已分别开展了各自行政区划内的土壤环境污染调查工作。为指导地方加强对污染场地流转、再开发利用及竣工验收等关键环节的环境监管,推动解决监管难点问题,2014年8月,湖南、重庆以及江苏常州、靖江等地率先开展污染场地环境监管的试点工作。其中,江苏省已经启动污染场地调查工作,为省内所有退出使用的工业场地建立档案。这些地方性的土壤环境污染状况调查工作也为编制全国土壤环境质量档案积累了经验,为全面掌握全国土壤环境质量状况打下了良好的基础。很多地方也依据土壤污染风险评估的结果,相应地制定污染地块名录,以合理确定土地用途。符合相应规划用地土壤环境质量要求的地块,可进入用地程序。暂不开发利用或现阶段不具备治理修复条件的污染地块,由所在地县级人民政府组织划定管控区域,设立标识,发布公告,开展土壤、地表水、地下水、空气环境监测;发现污染扩散的,有关责任主体要及时采取污染物隔离、阻断等环境风险管控措施。

第四节 我国污染土壤信息管理制度的构建

即便我国就土壤污染的信息管理制度(污染档案、污染场地名录、土地污染不动产登记等)做了一定的立法和实践探索,但对于该制度的组成、功能、公开、相关权利义务等规定尚不够细致,本部分将予以详述。

一、编制对象

我国国土面积辽阔,土地类型多种多样,污染土壤管理信息的编制需要大量的前期工作,如土壤环境质量监测调查、土壤环境质量评估分析等,需要投入极大的人力、物力、财力,故对每一寸土地都编制污染土壤管理信息不切实际,也无必要。因此,笔者认为,污染土壤信息管理的对象是已经受污染或者正在受污染的土壤。

此外,在我国土壤污染治理的立法中,土地被着重区分为农业用地和非农业用地。我国已有的相关立法及实践,都是针对某一类型的土地编制土壤环境质量档案或者清单,如广东省的"农产品产地土壤环境质量档案"、江苏省的"污染场地档案"。污染土壤信息管理的根本目的在于加强土壤环境的监管，为科学地指导土壤污染的治理修复和污染土地的再利用管理提供依据，从而保障人体健康和社会可持续发展。所以，根据我国国情，笔者认为，编制对象包括已受污染或者正在受污染的农业用地和污染场地。

（一）农业用地

农业用地是开展农业生产的基础，包括耕地、园地、林地、牧草地等直接或间接为农业生产所利用的土地。日益严重的土壤污染导致农作物减产和农产品污染，直接或间接危害人体健康，造成其他环境问题。当前学术研究中，多数学者研究的重点在于耕地的污染，很少涉及农用地的其他类型。然而，无论是耕地还是其他类型的农业用地，其占陆地总面积的比例都在以惊人的速度缩小。因此，农业用地是土壤环境保护的优先区域，无论是耕地还是其他类型的农业用地都应当纳入污染土壤信息管理的范围。其中，对用于农产品生产的农业用地因涉及农作物和农产品安全应予以更高的重视。应对农业用地进行监测调查，根据土壤环境质量标准判断其是否受到污染，查明已经受到污染或者正在被污染的农业用地状况。

（二）污染场地

污染场地是指因堆积、储存、处理、处置或其他方式（如迁移）承载了有害物质，对人体健康和环境产生危害或具有潜在风险的空间区域。污染场地危害人体健康及环境安全，制约土地开发利用。尤其是土地使用权人变更或土地利用方式变更为农用地、居住用地、商业用地以及学校、公园、绿地等公共设施或公共管理用地的污染场地，其对人体健康和环境安全产生危害的风险更高，必须编制这些污染场地的管理信息以严格监管。根据土壤监测调查结果、土壤环境质量评估分析结果，对全国范围内的污染场地一一编号制档。对于对人体健康、居住环境等有重大威胁的污染场地应严格控制其转变土地使用用途。依据这些信息编制污染土壤的风险管控与修复名录，已被污染的污染场地变更土地使用权人时，应当将土地使用权变更时土地使用权人的变更情况、该地块土壤环境质量情况、是否进行土壤修复治理等信息登记在该场地的土壤环境质量档案中，以便落实污染场地的修复治理责任。

二、编制依据

基于污染土壤信息管理制度的目的及功能，其编制依据包括但不限于以下三个来源。

（一）土壤污染状况普查、详查与调查

土壤污染状况调查成果是阶段性的对土壤环境质量的摸查结果，包含各类图表及文字说明资料等。通过调查掌握土壤、农作物、地下水等所含的有害物质种类和数量，是土壤污染状况调查的主要任务之一。从调查范围来看，土壤污染状况调查包括全国范围内、各重点区域内以及各地方行政区划内的土壤污染状况调查，形成全国土壤污染状况调查公报、重点区域或地方土壤污染状况调查公报。从调查启动主体来看，土壤污染状况调查包括由政府有关部门启动的调查，以及由私主体，主要是污染责任者、环保非政府组织和土地使用权人变更时原土地使用权人（如关停搬迁的工业企业）自行进行的调查。由于我国土地归国家、集体所有的性质，由政府部门启动土壤污染调查即政府作为国家、集体的代表行使对土地这一所有物的管理权，同时，政府部门也有能力进行大规模乃至全国范围的土壤污染调查行动。但是，仅靠政府有关部门依职权进行调查是不够的。并且，根据各国立法中将污染源调查、污染场地调查等责任赋予污染行为人等责任人的规定，逐渐由污染行为人承担土壤污染调查责任是当前的趋势。因此，土壤污染状况调查要逐步建立及完善污染责任者负责污染土地调查的制度，并更多地发动公众的力量，发动环保非政府组织及原土地使用人进行土壤污染调查，原因在于：虽然政府部门具有较强的专业性，有一定人力、物力、财力的支持，更为中立，但原土地使用人对原使用的土地状况更加了解，其在转让土地使用权时也有义务告知受让人受让土地的环境质量状况。

（二）污染土壤调查、风险评估等报告

污染土壤风险评估主要通过调查统计土壤污染因素的含量来分析评估土壤的受污染程度，是土壤这一单一环境要素的环境现状评估分析。[1]风险评估结果是根据土壤环境质量标准对工农业生产等活动造成的污染土壤进行风险评估，预测土壤污染物引起的生态效应可能对人体健康产生的危害，并定量评估风险产生的大小及概率的资料。《土壤污染防治法》第62条规定，土壤污染责任人应当按照国家有关规定以及土壤污染风险评估报告的要求，对建设用地土壤污染风险管控和修复名录中的地块采取包括地下水污染防治内容在内的相应的风险管控措施，并定期向地方人民政府生态环境主管部门报告。第64条规定，土

---

[1] 路健,李玲,吴克宁,赵华甫,黄勤：《基于农用地分等和土壤环境质量评价的耕地综合质量评价》，《农业工程学报》2011年第2期。

壤污染责任人应当结合土地利用总体规划和城乡规划,对建设用地土壤污染风险管控和修复名录中需要实施修复的地块编制包括地下水污染防治内容在内的修复方案,报地方人民政府生态环境主管部门备案并实施。第 65 条规定,在风险管控、修复活动完成后,土壤污染责任人应当另行委托有关单位对风险管控效果、修复效果进行评估,并将效果评估报告报地方人民政府生态环境主管部门备案。这些报告和相关资料都应当成为污染土壤信息的重要内容。

(三)土地用途、权属变更的文件和资料

土地用途变更和权属变更的文件和资料是国土资源档案中的重要部分,同时也是污染土壤信息管理的重要材料依据。土地用途、权属变更的真实记录关系到土壤污染责任主体的查找与确定。土地用途、权属变更的文件和资料是国土资源部门在国土资源管理过程中形成的文件材料。加强土壤环境质量监控,需要环境行政主管部门和国土资源部门协同合作。因此,国土资源部门应积极配合,将土地用途、权属变更的文件和资料与环境行政主管部门共享。

三、污染土壤信息管理的基本内容

从其他国家和地区的立法及实践经验来看,无论是美国的 NPL 制度、日本的台账制度,还是比利时的污染土壤登记簿制度,对污染土地信息的记录基本上都涉及污染土地编号、名称、地址、污染物种类及数量、土壤污染修复治理方案、土壤污染修复治理情况等内容。因此,结合域外经验及我国国情,污染土壤信息管理主要包括以下三个内容。

(一)污染土地的基本情况

污染土地的基本情况包含三方面的内容:首先,污染土地的编号、名称、面积、所处地址图纸(有土地附着物的应记录地上附着物信息)、航拍照片等;其次,当前土地的污染状况,具体而言是指污染土地的污染范围、污染物种类和数量、污染时限等;最后,土地的使用利用情况,具体包含当前土地的使用权人信息、当前土地用途、历次土地权属及用途变更的记录等信息。对于通过行政执法或司法判决找到的过去污染责任主体、查清的污染状况等信息,也应当如实记录在档案中。

(二)污染土地的监测调查及评估情况

污染土地的检查调查及评估情况主要记录该污染土地的历次监测调查数据、调查结果、监测调查责任主体(或负责人)、该地块的土壤环境质量评估报告、

评估主体(负责人)、该地块的土壤质量等级等信息。

(三)污染土地的修复治理情况

污染土地的修复治理情况主要包括:污染土地的修复治理方案、修复治理行动的环境影响评价报告、修复治理责任主体、修复治理方案的实施情况、修复治理资金来源及使用情况、完成修复治理的后续监测结果以及该地块修复后的使用利用用途评估等。

除此之外,污染土壤信息管理还包括全国、重点区域或各地方土壤环境质量图,污染土地统计表,污染土地再利用经营规划图,各种相关调查、评估、科研等资料。

四、污染土壤信息管理的形式

(一)土壤环境质量档案

为了更好地通过土壤环境质量档案有效管理污染土地,有必要将土壤环境质量档案进行分类,这也是科学管理档案的必然要求。传统的档案分类通常是根据档案的来源、事件、内容等的异同点,按一定的标准,对档案进行有层次的区分并形成相应的体系。由于土壤环境质量档案并不完全相同于传统的档案,对土壤环境质量档案的分类应充分考虑土壤环境质量档案的编制对象及土壤环境质量档案的主要任务。

土壤环境质量档案编制对象的范围包含已受污染或者正在受污染的农业用地及污染场地。土壤环境质量档案的内容是针对这两个对象编制的,其主要任务之一也是追踪编制对象的环境质量状况。因此,土壤环境质量档案的分类可按照编制对象的分类进行划分,即分为农业用地土壤环境质量档案和污染场地土壤环境质量档案。无论是农业用地还是污染场地,所限定的范围皆是已经受污染或者正在污染的场地。所以,本文认为可以借鉴比利时弗拉芒大区污染土壤登记簿制度的经验,根据法案生效时间将土壤环境质量档案再进行分类,即以《土壤污染防治法》的生效时间为准,将农业用地和污染场地土壤环境质量档案分为历史遗留型农业用地/污染场地土壤环境质量档案,新的农业用地/污染场地土壤环境质量档案,以及混合型农业用地/污染场地土壤环境质量档案。采用这一分类方案,一方面划分标准(即以《土壤污染防治法》生效时间为准)更为客观,争议较小,另一方面更符合我国当前土壤污染治理实践中的具体操作以及学术研究中的趋势。

土壤环境质量档案还可以按照污染土地的污染程度来进行划分。通过确定污染等级,进行安全性划分,根据风险评估和修复实施可能确定污染分级标准,划定分级管理名单。[1] 在分级管理名单的基础上,再划分土壤环境质量档案。例如:按照污染登记和危害程度,确定"优先修复地块的土壤环境质量档案"。此种分类,须在建立健全土壤污染调查制度、土壤环境质量评估制度、土壤环境质量标准等制度之后,按照土壤环境质量评估等级分类进行完善,有利于集中人力、物力、财力优先治理修复重污染、高风险的污染土地。

此外,还可以根据编制对象的行政区划分为四级,即县一级土壤环境质量档案、市一级土壤环境质量档案、省一级土壤环境质量档案以及全国土壤环境质量档案,或者根据土壤污染重点区域、流域等编制重点区域土壤污染质量档案、某流域土壤环境质量档案等。土壤环境质量档案的分类应以满足土壤环境质量管理及方便治理土壤污染为基础,可以更加灵活。

土壤环境质量档案的建立涉及环境保护部门、国土资源部门、农业部门、水利部门等部门的利益。完善土壤环境监管体制,明确主管部门,划分不同部门之间的职权范围,规定相应的权利和义务,是建立土壤环境质量档案必须先解决的问题。土壤环境保护是一项长期的系统工程,监管部门的统一更能保障土壤环境保护的力度,提高土壤环境监管的执行效果。应以生态环境保护主管部门为统一监管部门,综合推进土壤环境行政政策权限统一至生态环境部,针对不同区域的土壤污染情况,统一协调国土资源部门、农业部门、水利部门、建设部门等有关部门的监管工作。

(二)风险管控与修复名录

风险管控与修复名录制度具有多重规范意义。(1)污染场地分级分类管理的功能。《土壤污染防治法》第 61 条规定,省级人民政府生态环境主管部门应当会同自然资源等主管部门按照国务院生态环境主管部门的规定,对土壤污染风险评估报告组织评审,及时将需要实施风险管控、修复的地块纳入建设用地土壤污染风险管控和修复名录,并定期向国务院生态环境主管部门报告。系争地块经过场地污染风险评估后,若显示对人体健康和生态具有不可接受的风险,则属于污染较为严重,需要采取风险管控和修复措施的地块。因此,风险管控与修复名录,是在污染严重程度和治理可行性的基础上确定的土壤污染治理的先后顺

---

[1] 中华人民共和国环境保护部:《重金属污染综合防治"十二五"规划》,http://gcs.mep.gov.cn/hjgh/shierwu/201409/P020140903541942699572.pdf,2020 年 4 月 13 日访问。

序,以提示场地的环境与健康风险。(2)启动污染土壤的风险管控和修复的功能。一旦场地被纳入污染场地和修复名录,法律规定的污染土壤的风险管控与修复义务就会启动。土壤污染责任人应按照国家有关规定以及土壤污染风险评估报告的要求,采取相应的风险管控措施,并定期向地方人民政府生态环境管理主管部门报告。[1]地方人民政府生态环境主管部门也应该依照实际情况,主动采取划定隔离区域、监测土壤及地下水污染状况等风险管控措施。[2]对于需要实施修复的地块,土壤污染责任人应当结合土地利用总体规划和城乡规划编制修复方案,报地方人民政府生态环境主管部门备案并实施。[3]然而,目前绝大多数地方制定的污染土壤名录仅将正在进行修复的场地纳入其中,而未能发挥此功能。

除上述两个功能外,污染土壤风险管控与修复名录还应发挥土壤信息管理的功能。列入名录的场地,应包括详细的污染状况、面积、救助行动调查、清理行动计划等信息。要依据土壤污染调查制度和土壤环境质量定期监测制度,定期收集土壤污染调查信息和质量监测数据,并结合土壤污染治理的各个环节,严格按照《中华人民共和国档案法》的相关规定进行移交归档,集中管理,避免任何人将其据为己有,从而避免文件材料不移交或移交不及时、不全面,有关信息不通报或通报不及时的情况。

(三) 作为土地登记资料的土壤环境信息

虽然《土壤污染防治法》仅规定将土壤污染状况调查报告作为不动产登记资料送交地方人民政府不动产登记机构,作为土地登记的重要内容。但笔者认为,为了避免土地交易中交易方因不了解土壤污染的状况而产生经济纠纷,应进一步完善作为土地登记资料的土壤环境信息制度,使其更好地与我国不动产登记公示制度相结合。在实践中,已有一些地区进行了探索,将污染土壤的相关信息纳入土地使用权变更程序中。如北京市规定,规划国土部门在污染地块的转让、改变用途等环节,要将土壤环境状况有关信息纳入地块基本信息;贵州省规定,各地在污染地块征收、收回、收购以及转让、改变用途等环节,国土部门要将该污染地块土壤环境质量状况有关信息纳入地籍管理资料;南京市要求,国土及房产部门在土地出让及房地产出售等环节,应实行土壤污染状况公示制度。然而,鉴

---

[1]《土壤污染防治法》第62条。
[2]《土壤污染防治法》第63条。
[3]《土壤污染防治法》第64条。

于土壤污染治理责任与不动产交易间密切的关联,相关制度仍显不足。

五、土壤环境信息的动态管理

(一)土壤环境档案信息的更新

一方面,伴随着我国城市化和工农业经济的快速发展,我国土壤污染状况正在不断变化。因此,要掌握土壤污染变化规律和趋势,有必要加强对土壤环境的监测和调查,定期更新土壤环境变化情况、质量状况和污染程度等信息。考虑到土壤调查工作烦琐、过程长、耗费巨大,综合当前我国土壤环境情况,土壤调查应定期进行。在定期进行调查的基础上,加强并完善土壤环境的日常监测。另一方面,土地权属变更、用途变更将影响污染土地的修复治理及污染土地的再利用,对此,环境保护主管部门和国土资源部门、农业部门等部门之间要加强协作,将土地权属变更、用途变更、农业用地环境质量状况等相关信息及时通报给环境保护主管部门。对于处在修复治理中的污染土地,应当根据修复治理方案实施情况及时记录相关修复治理信息。另外,应当建立健全基层土壤环境信息反馈机制和公众举报机制。各地环境保护主管部门应主动深入现场调查,并对公众通过各种渠道方式举报的土壤污染情况及时开展调查评估工作。

(二)污染土地修复环节的动态管理

对于已经完成修复治理的污染土地的管理,不同国家有不同的处理方式。法国土壤数据库制度中,将已经被修复且不再需要进行持续监测的污染土地从 Basol 数据库转移至 Basias 数据库,进行后续的管理。美国 NPL 制度中,完成修复治理的污染场地将从 NPL 中除名。日本类似于美国,对于已经完成修复治理工作的指定区域,会解除指定并删除该指定区域的台账。依照《土壤污染防治法》第 58 条,我国的建设用地土壤污染风险管控和修复名录由省级人民政府生态环境主管部门会同自然资源等主管部门制定,按照规定向社会公开,并根据风险管控、修复情况适时更新。依据《土壤污染防治法》第 66 条,对于经过风险管控和修复,达到土壤污染风险评估报告确定的风险管控、修复目标的建设用地地块,土壤污染责任人、土地使用权人可以申请省级人民政府生态环境主管部门移出建设用地土壤污染风险管控和修复名录。省级人民政府生态环境主管部门应当会同自然资源等主管部门对风险管控效果评估报告、修复效果评估报告组织评审,及时将达到土壤污染风险评估报告确定的风险管控、修复目标且可以安全利用的地块移出建设用地土壤污染风险管控和修复名录。

(三) 作为土地登记资料的土壤污染信息

土壤污染可能引发不动产交易中的诸多民事法律责任。在许多国家已出现大量案例,以日本为例,比较有代表性的是侵权法责任和合同责任,相关请求权的基础可能包括瑕疵担保责任、侵权行为责任、不当得利返还请求等。[1] 尽管立法可以规定卖方将土地污染状况告知买方的义务,否则将承担瑕疵担保责任,但要求将土壤污染状况调查、风险评估、风险管控和修复等信息作为土地登记资料,可以在更大程度上避免土壤污染对土地交易的影响,减少不动产交易中的纠纷。因此,与我国现有立法中将土壤污染重点监管单位生产经营用地的用途变更或者土地使用权收回、转让前的土壤污染状况调查报告纳入不动产登记的规定相比,[2] 作为土地登记资料的土壤污染信息制度应在适用对象、登记资料内容等方面予以扩大。对于已修复的或拟修复的污染土地,也应当伴随土壤污染治理相应环节的进展,将更多类型的关键资料纳入土地登记,以固定责任,并供交易方查阅和公示。

六、土壤环境管理信息的公开

信息公开与公示是土壤环境管理信息制度的本质要求。作为土壤环境信息的共享、查阅制度,土壤环境管理信息公开制度提供公众获取和查阅土壤环境质量相关信息的渠道。土壤环境质量信息公开是公众应该享有的基本权利,这是毫无疑问的。[3]《环境保护法》规定,环境保护主管部门应当依法公布环境质量、环境监测等信息。《土壤污染防治法》第 81 条规定,生态环境主管部门和其他负有土壤污染防治监督管理职责的部门应当依法公开土壤污染状况和防治信息。国务院生态环境主管部门负责统一发布全国土壤环境信息;省级人民政府生态环境主管部门负责统一发布本行政区域土壤环境信息。生态环境主管部门应当将涉及主要食用农产品生产区域的重大土壤环境信息,及时通报同级农业农村、卫生健康和食品安全主管部门。该条还赋予了公民、法人和其他组织依法获取土壤污染状况和防治信息、参与和监督土壤污染防治的权利。第 82 条进一

---

[1] 赵小波:《日本土壤污染防治立法研究》,法律出版社,2018 年,第 247 页。
[2]《土壤污染防治法》第 67 条。
[3] 郑玉歆:《我国土壤污染形势令人堪忧》,《科学》2012 年第 4 期。

步规定,土壤污染状况普查报告、监测数据、调查报告和土壤污染风险评估报告、风险管控效果评估报告、修复效果评估报告等,应当及时上传全国土壤环境信息平台。因此,环境保护主管部门应当为公众查阅、利用土壤环境质量档案创造便利条件。将土壤环境管理信息公开,不仅是加强土壤环境监管的题中应有之义,更是对政府开展土壤环境保护工作的监督,乃至对排污者环境行为的监督。只有加强土壤环境信息的公开,保障公众的环境知情权,让公众真正地参与到土壤污染治理修复工作中,才能更好地保护土壤环境。

第十章
土壤污染治理责任的社会化承担机制

第一节 土壤污染治理的基金制度

一、土壤污染治理基金基本界定

基金一般是指为兴办、维持或发展某种事业而储备的资金或专门拨款,必须用于指定的用途,并单独进行核算。土壤污染防治基金是指以防治土壤污染为目的而储备的资金或专门拨款,具体而言,是指由省、自治区、直辖市、计划单列市级财政通过预算安排,单独出资或者与社会资本共同出资设立,采用股权投资等市场化方式,发挥引导带动和杠杆下效应,引导社会各类资本投资土壤污染防治,支持土壤修复治理产业发展的政府投资基金。[1] 专项资金是指上级人民政府拨付本行政区域和本级人民政府安排的用于社会管理、公共事业发展、社会保障、经济建设以及政策补贴等方面具有指定用途的资金。[2] 在设立土壤污染防治基金之前,我国曾以土壤污染防治专项资金的形式为土壤污染防治提供资金支持。土壤污染防治专项资金是指由中央一般公共预算安排的,专门用于开展土壤污染综合防治、土壤环境风险管控等方面,促进土壤生态环境质量改善的资金。[3]

从概念上,专项资金一般来源于政府的公共预算,而基金的来源更加多元

---

[1]《土壤污染防治基金管理办法》第2条。
[2] 孙贤荣:《加强财政专项资金监督和管理的对策》,《现代经济信息》2013年第10期。
[3]《土壤污染防治专项资金管理办法》第2条。

化,包括专门拨款。因此,土壤污染防治基金的来源多于土壤污染防治专项资金,即除了中央公共预算,土壤污染防治基金还应有其他来源。

从用途上,土壤污染防治专项资金重点用于五个方面:一是土壤污染状况调查及相关监测评估;二是土壤污染风险管控;三是污染土壤修复与治理;四是关系我国生态安全格局的重大生态工程中的土壤生态修复与治理;五是土壤环境监管能力提升以及与土壤环境质量改善密切相关的其他内容。[1] 土壤污染防治基金则主要用于农用地土壤污染防治和土壤污染责任人或者土地使用权人无法认定的土壤污染风险管控和修复以及政府规定的其他事项。[2] 土壤污染防治基金与土壤污染防治专项资金的用途均在于土壤污染的防范与治理,只是各自的侧重点不同。土壤污染防治专项资金更加着眼于宏观的土壤生态环境的提升,而土壤污染防治基金更聚焦于当下亟待解决的社会问题,即农用地污染和历史遗留污染。

我国的土壤污染防治基金是为日益严峻的土壤污染问题所催生的。土壤污染问题需要我国从立法层面指导治理,治理的过程离不开稳定的资金支持,而专门的法律制度才能解决救济土壤污染的资金问题。因此,基于环境治理工程理念,为规范土壤污染防治相关资金的管理和使用,与大气、水相配套的土壤污染防治基金便应运而生。

二、我国的土壤污染治理基金制度

我国《土壤污染防治法》首次在立法层面上明确规定了土壤污染防治基金制度。土壤污染防治基金制度是针对我国国情设立的,专门从资金角度提供的措施,力求从源头上解决我国土壤污染治理过程所涉及的资金问题。

此次立法将土壤污染防治基金分为了两类:一类是中央土壤污染防治专项资金,主要是中央财政一般公共预算安排的专项用于土壤污染环境调查、风险评估及污染修复的基金;另一类是省级土壤污染防治基金,由各省、自治区、直辖市人民政府及其财政、生态环境等部门组织设立,用于各省、自治区、直辖市土壤污染防治的基金。[3]

---

[1]《土壤污染防治专项资金管理办法》第5条。
[2]《中华人民共和国土壤污染防治法》第71条。
[3] 生态环境部法规与标准司:《〈中华人民共和国土壤污染防治法〉解读与适用手册》,法律出版社,2018年,第152—153页。

中央土壤污染防治专项资金的用途已于前文介绍，其使用和管理遵循"国家引导、地方为主、突出重点、以奖促治、强化绩效"的原则，[1]要求我国总体土壤环境质量在该政策的指引下逐渐达到稳定状态。在分配方面，具体分配方式由财政部和生态环境部综合考虑确定，根据国务院工作部署确定专项资金支持的重点地域。[2]省级土壤污染防治基金的用途与中央土壤污染防治专项资金一致，但关于其适用和分配的具体管理办法还未出台。财政部已颁布的《土壤污染防治基金管理办法》对相关问题的规定较为简略。

《土壤污染防治法》还规定了土壤污染防治基金的三种用途：一是农用地土壤污染防治，二是在土壤污染责任人或者土地使用权人无法认定时的土壤污染风险管控和修复，三是政府规定的其他事项。土壤污染防治基金侧重于农用地的污染防治，是因为农用地涉及国家粮食安全问题，对受污染农用地优先进行污染防治，有利于保障食品卫生和公共安全。对于历史遗留污染，如果无法认定土壤污染责任人或者土地使用权人，则会导致污染者负担原则无法适用，修复土壤污染的责任无人承担，故此时应当由省级土壤污染防治基金承担治理责任。同时，也有没有对土壤实际造成污染的主体，因土地流转拥有土地使用权而承担土壤污染治理责任的，出于公平性的考虑，该类主体可以申请土壤污染防治基金。政府承担历史遗留污染场地治理的最终责任，有利于提高污染治理效率和修复结果，从而更好地保障公众健康和生态安全。

然而，这个制度也存在较为突出的问题。一方面，土壤污染防治专项资金来源狭窄，土壤污染防治专项资金基本以政府的财政拨款为主，其他主体所承担的比重极小。这是由于我国在环境修复的过程中以政府为主导，具体工作由政府投资并组织运行，而作为污染责任人的企业却在其中扮演参与者的角色。[3]这种局面不仅导致各级政府财政压力过大，而且会使关于土壤修复的投入很不稳定。另一方面，土壤污染防治专项资金在相关程序方面缺乏规范性，包括对于治理资金的启用、管理、监督和追偿等方面。如此各自为政的状态会大幅降低对土壤污染修复的效率和对专项资金的使用效果。

---

[1] 生态环境部法规与标准司：《〈中华人民共和国土壤污染防治法〉解读与适用手册》，法律出版社，2018年，第152—153页。
[2] 《土壤污染防治专项基金管理办法》第5条。
[3] 李挚萍：《环境修复法律制度探析》，《法学评论》2013年第2期。

三、土壤污染治理基金制度的国际经验

(一) 美国超级基金制度

为了满足治理土壤污染的资金需求,填补美国土壤污染防治的法律空白,1980年《综合环境应对、赔偿与责任法》创设了污染场地管理与修复基金,即超级基金,首次用联邦资金保障在无法确定责任主体或责任主体无力承担治理费用时的土壤污染治理责任。

超级基金的来源主要包括,该法案设立之初向石油和化工行业征收的专门税及少部分联邦财政拨款,1986年起增设的对年收入在200万美元以上的公司征收的环境税,[1] 1995年起取消上述行业税收后,仅有向对与危险废物处置相关的环境损害负有责任的公司及个人追回的费用、基金利息及不愿承担相关环境责任的公司及个人的罚款所得。

关于超级基金的适用和支付范围也有明确规定,而只用于《国家优先治理污染场地顺序名单》内污染场地的治理与修复,具体包括:由联邦政府或州政府实施的不属于《国家应急计划法》管辖范畴的迁移和补救行为的全部费用;任何个人实施的不属于《国家应急计划法》管辖范畴的其他必需的责任费用;申请人因他人污染而造成的对自然资源的损害并且该种损害无法获得司法救济;对环保治污技术研发的资助以及对地方政府治污费用支出的补偿。[2]

在"超级基金法案"实施初期,一旦发生土壤污染或有土壤污染风险,美国国家环保局就会立即开展治理工作,然后再起诉责任主体以追回治理费用。但经过约十年的运行,国家环保局将行动模式改变为"执行优先",首先确定责任主体并与其协商,要求其承担治理责任。若责任方未能履行治理责任,则环保局可以先进行治理,再通过诉讼向污染者追回相应的费用,并附加以惩罚措施如罚款。[3]

(二) 我国台湾地区土壤及地下水污染整治基金

20世纪七八十年代,我国台湾地区频繁发生土壤及地下水污染事件。为遏制愈演愈烈的污染形势,我国台湾地区于2000年2月正式公布了土壤及地下水

---

[1] 张辉:《污染场地环境管理法律制度研究》,博士学位论文,安徽大学,2015。
[2] 姚慧娥:《美国〈超级基金法〉中环境法律责任分析及对我国环境立法的启示》,《能源与环境》2008年第3期。
[3] 王曦,胡苑:《美国的污染治理超级基金制度》,《环境保护》2007年第10期。

污染整治的专项规定,在参考美国超级基金制度的基础上,结合该地区的特殊情况,建立了土壤及地下水污染整治基金,专款用于土壤及地下水的污染整治工作。

我国台湾地区的土壤及地下水污染整治基金来源广泛,包括土壤及地下水污染整治费收入、污染行为人、潜在污染责任人或污染土地关系人按规定缴纳的款项、土地开发行为人按规定缴交的款项、基金孳息收入、主管机关按照预算程序的拨款、环境保护相关基金的部分提拨、环境污染的罚金及行政罚款的部分提拨和其他有关收入等。目前以征收的整治费为主要来源。土壤及地下水污染整治费是对指定公告的化学物质,依照企业的产生量和输入量,向制造者及输入者征收的费用。自2001年开征起,共征收约100亿元台币。

该法对基金的用途也做了详细规定,具体包括:一是各级主管机关对污染状况查证,采取应变措施,监督、订定、审查、调查、评估、实施、变更计划,管制工作,检查执行情况,征收整治费的费用;二是基金求偿及涉讼费用;三是基金人事、行政管理及相关工作人事费用;四是涉及相关国际环保工作事项的费用;五是整治技术研究、推广、发展及奖励费用;六是关于补助预防工作事项等的费用。

台湾污染整治基金制度也采取先垫付后追偿的模式,针对的是污染已经危害到当地居民健康、污染存在扩大风险、污染者难以迅速查明等情况。承担修复责任或垫付费用清偿责任的主体除了污染行为人和潜在污染行为人,还有污染土地相关人。[1] 为了能有效地对污染进行整治,同时推广污染防治理念与技术,我国台湾地区成立了土壤及地下水污染整治基金管理委员会,专门负责基金的管理。此外,在整个运行过程中都重视社会公众的作用,在整治基金管理委员会中设置专家、学者委员等,为制度运行提供专业和科学的建议。[2]

四、我国土壤污染治理基金的完善

(一) 扩充基金的来源

1. 政府财政拨款

由于土壤生态环境的改善属于公共利益的范畴,政府作为公共利益的代表,

---

[1] 孙飞翔、李丽平、原庆丹、徐欣:《台湾地区土壤及地下水污染整治基金管理经验及其启示》,《中国人口·资源与环境》2015年第4期。
[2] 冯汝:《论我国土壤污染防治基金制度的构建——以我国台湾地区土壤及地下水污染整治基金制度为鉴》,《山西农业大学学报(社会科学版)》2017年第16期。

承担投入部分资金的义务是理所当然的,[1]维护生态环境、保障民众安全是其应尽的职责。此外,土壤污染企业主要集中在重工业领域,这些企业通常是地方政府的纳税大户,排污企业通过生产也带动了当地经济的发展,当地政府是重要的间接受益人。[2]而且历史遗留污染场地的修复责任主体本来就是当地政府,故在污染修复费用承担上,"受益者付费"应当成为"污染者负担"的有益补充。[3]

2. 环境保护税

环境保护税是基于保护生态安全、防止环境污染,依法向环境污染责任人征收环境保护费用的制度。[4]税收具有无偿性、强制性、稳定性和固定性,可以有效弥补排污费收缴率低的不足,达到对企业减排行为的激励作用。[5]环境保护税长期稳定、可持续的特点,符合环境污染修复对资金的要求,同时可以有效弥补排污费的资金缺失,非常具有现实意义。

3. 追偿的费用、罚款及孳息

污染者排放的污染物是导致土壤污染的最直接原因,因而让污染者承担修复费用是理所当然的,也是污染者负担原则的具体体现。同时,没有实质惩戒的责任难以获得自觉履行,[6]对做出排放行为的污染者必须加以惩治。对生态环境危害行为的罚款原本属于国库,按比例纳入土壤污染防治基金,可以使其更好地发挥作用。

4. 社会捐赠

公众参与原则的具体体现就包括吸收来自社会的捐赠。政府应当鼓励社会公众积极地参与环境污染治理,对土壤污染防治进行捐赠,为环境污染的治理贡献一份力量。对于社会捐赠,政府也应给予奖励、税收优惠等表示支持,鼓励更多公民或者企业参与公益性事业。

(二) 规范基金的使用

1. 使用范围

基金应该主要用在土壤详查和场地调查、土壤污染风险防控、污染土壤修

---

[1] 李挚萍:《环境修复法律制度探析》,《法学评论》2013年第2期。
[2] 魏挺:《环境损害赔偿基金制度分析》,《吉林省教育学院学报》2013年第1期。
[3] 郭红欣:《城市污染场地修复法律框架分析》,载吕忠梅等编《依法治国背景下生态环境法制创新研究》,湖北人民出版社,2015年,第10页。
[4] 张海星:《开征环境税的经济分析与制度选择》,《税务研究》2014年第2期。
[5] 吴健、陈青:《从排污费到环境保护税的制度红利思考》,《环境保护》2015年第16期。
[6] 巩固:《公法责任视角下的土壤修复——基于〈土壤污染防治法〉的分析》,《法学》2018年第10期。

复、未污染土壤保护、土壤污染修复技术研发等五个领域及其急需的细分领域。

详细来说,土壤污染防治基金可用于开展详查、建设土壤环境质量监测网络和建立土壤环境基础数据库等。由于土壤污染防治基金有限,应主要将其用于国家和地方政府确定的土壤污染综合防治先行区建设以及修复治理试点,总结经验后再向全国推广,这样可以降低投资风险,事半功倍。为了保护未污染耕地,需要减量使用化肥、农药,推广使用有机肥,农户可能因此受到经济损失,可以用基金补偿这些受损失农户。在未污染耕地周边严格限制工业企业建设,可以用基金补偿当地政府,弥补因此减少的收入。土壤污染防治基金还可主要用在推进土壤污染诊断、风险管控、治理与修复等共性关键技术研究,研发先进适用装备和高效低成本功能材料、药剂等方面。[1]

2. 使用方式

基金的具体分配方式由土壤污染防治基金中心的专门小组负责按年度预算、资金使用效益、工作开展需求等因素确定并逐年完善。基金在具体使用时可以采取拨款、贷款等多种形式。如果遇到污染责任无法确定的污染土壤,即资金必须由政府来承担时,基金以拨款形式支出;对于污染责任明确但现期不具备治理资金的企业,基金可以以贷款形式支出,要求责任人分期偿付贷款金额。若基金在治理计划之内有剩余,可以考虑将多余资金投资于国内土壤修复企业,促进土壤修复产业的发展。[2]

(三)完善基金的监督

1. 部门监督

土壤污染防治基金离不开完整的监督体系,在基金委员会外,还应允许其他部门对该基金的使用及基金委员会的工作进行监督。比如:生态环境、自然资源等部门可对基金委员会的相关决策进行监督,以保障决策的合理性;土壤污染防治基金的拨款、追偿、捐赠和使用等还应接受财政部门和审计部门的监督,其工资由财政统一拨款而非使用基金。

2. 社会监督

建立健全社会监督机制,鼓励建立民间环保机构,充分利用民间机构的积极效应监督环境基金的使用,增强民众关于污染场地的环保意识、积极参与关于污

---

[1] 张杰、童克难:《设立土壤污染防治基金有何思路?》,《中国环境报》2017年3月17日第6版。
[2] 董战峰、璩爱玉、王夏晖、逯元堂、王金南:《设立国家土壤污染防治基金研究》,《观察》2018年7月10日。

染场地的调查研究。公众还可以通过参加听证会、建言献策、评估审核等多种途径参与污染场地的治理。[1] 基金的来源和使用情况也应该向公众公布,接受社会组织和公民个人的询问和监督。

第二节 土壤污染治理责任的保险制度

一、环境责任保险的基本界定

环境责任保险是指以被保险人因污染和破坏环境而应当承担的损害赔偿和治理责任为标的的责任保险。有学者认为,环境(污染)责任保险是环境污染侵权损害赔偿责任保险的简称,是指以被保险人因污染环境而应向受害人承担的环境侵权损害赔偿责任为标的的责任保险。[2] 责任保险制度将污染者的责任转嫁给责任保险人承担,以分散污染者的负担,使污染者免于陷入资力困难的境地,避免受害人无法获得完全的赔偿。由此,设立环境责任保险能使污染受害人的赔偿请求权得以更完全地实现和满足,从而保障人民的权利,避免公害纠纷,维护社会稳定。[3] 同时,还能增进被保险人控制污染危险的自主意识,鼓励被保险人通过增加污染防治设备投资以降低保费,激励企业选择更加慎重的发展道路。

事实上,经过多年的发展,环境责任保险的范围已远远超过环境侵权责任,而越来越多地将一些造成环境本身损害的责任涵盖在内。土壤污染是环境责任保险制度发展较快的领域。在英美国家,有关土地的环境责任保险包括:(1)环境损害责任保险,或污染责任保险,承保因被保险人的行为使土地受到污染,进而对他人造成的损害。(2)场地清理责任保险,承保被保险人因为行政机关施加的场地清理命令而进行土壤污染治理而发生的费用,或政府先行治理土壤污染后向被保险人追偿的相关花费。

早在 2007 年,我国就开展了环境污染责任保险的试点工作,但一直成效不佳,进展缓慢。2013 年,中国证监会和环保部发布了《关于开展环境污染强制责任保险试点工作的指导意见》,要求在高污染风险行业推行环境污染强制责任保

---

[1] 李志涛、翟世明、王夏晖、陆军:《美国"超级基金"治理案例及对我国土壤污染防治的启示》,《环境与可持续发展》2015 年第 4 期。
[2] 竺效:《论环境污染责任保险法律体系的构建》,《法学评论》2015 年第 1 期。
[3] 陈慈阳:《环境法总论》,中国政法大学出版社,2003 年,第 394 页。

险。2014年修订的《环境保护法》较为谨慎地为环境污染责任保险设置了鼓励性条文。2015年的《生态文明体制改革总体方案》提出,要在环境高风险领域建立环境污染强制责任保险制度。2018年,《环境污染强制责任保险管理办法》获得原则性通过。该办法规定,在中华人民共和国境内从事环境高风险生产经营活动的企业事业单位或其他生产经营者应当投保环境污染强制责任保险。环境高风险企业包括从事石油和天然气开采,基础化学原料制造、合成材料制造、化学药品原料药制造、Ⅲ类及以上高风险放射源的移动探伤、测井、收集、贮存、利用、处置危险废物,建设或者使用尾矿库,经营液体化工码头、油气码头等工作的企业。环境污染强制责任保险范围包括第三者人身、财产损害、生态环境损害和应急处置与清污费用等。

尽管我国已颁布相关立法,但环境责任保险的发展仍存在诸多障碍。其在土壤染治理领域的运用,仍须专门研究。本部分将介绍美国发展较为成熟的棕色地块的环境保险制度,为我国土壤污染名录以外、难以获得土壤污染资金或基金支持的、轻度或中度污染地块的污染保险提供借鉴。

二、土壤污染治理环境责任保险的必要性

随着可持续发展思想的深入,人们的环保意识不断增强,使得环境保护立法和法规不断健全和完善。同时,随着环境技术的发展,越来越多的企业或者机构都与环境发生了各种各样的联系。企业或个人经常面对环境责任问题,这种问题有时比较简单,有时却相当复杂。例如,一个企业,只要它的生产操作不慎或者因其他不可预知的原因造成了废弃物或污染物排放的事故,就要承担巨额的罚款或赔偿,有时甚至会导致企业的破产。再如,一些专业的环境公司,在其承担的环境项目的设计、咨询、建设、运输、管理和操作中,可能会产生环境损害和责任等问题,使其蒙受经济损失。[1]在这一背景下,出现了一种新型的环保产业——环境保险。

环境保险的出现对于污染者和被污染者都有较好的补偿作用。保险具有分散风险、消化损失的作用。环境侵权救济采取保险这一排除侵害的方式,突破了传统救济手段的局限,由过去个别污染者对污染受害者的私人性损害赔偿,转化为社会对污染受害者的社会性分担。设立环境保险后,一方面杜绝了因污染者

---

[1] 安树民:《环境保险在中国的可行性探讨》,《重庆环境科学》2002年第12期。

支付能力不足、破产、关闭或者根本无法确定侵权责任人等原因导致污染受害者无法得到赔偿的现象的发生,另一方面也消除了个别污染者对因巨额赔偿而破产的情形的焦虑,使企业专注于市场竞争与自身发展。

三、污染土壤再开发中的保险制度

在讨论土壤污染问题时,本书绝大部分内容着眼于污染的治理及治理责任的分配。土壤污染治理责任负担较重,污染土壤风险管控与修复的成本较高且有很强的不确定性,因而需要建立多元化的资金筹措机制。[1] 若考虑到污染土壤的再开发,则更需要关注社会化的救济机制。如前文所述,在特定情况下,风险和修复名录中的污染场地和农用地污染场地的污染治理可以寻求基金的支持,但未来可能会发生的土壤污染、土壤污染责任和无法满足基金扶助条件的污染场地,并不能得到较好的社会化救济。特别地,由于土壤污染的出现是高度工业化的产物,伴随着我国的经济转型和区域调整,可能会出现区域经济和基础建设的衰败现象,进而出现为数众多遭到遗弃、效率低下、不再被利用的工业地以及特定的商业及其他用地。

因此,污染土壤的治理不能仅关注风险管控和修复责任的追究和救济,也要关注土地的再开发和再流通。例如,美国在2002年通过《小规模企业责任减轻和棕色地块振兴法》,该法规定,一般地,"棕色地块"是指被已经存在的、严重的或潜在的有害物质、污染物影响其扩展、再开发和再利用的不动产。棕色地块包括居住的、商业的以及工业的不动产,如工业用地、加油站、废弃的可能含有危险物质的居住地,甚至包括遗弃矿区,等等。为此,美国国家环保局以及州环保当局等相关机构采取了各种措施,如在联邦的防治计划中,以联邦资助为基础,示范工程、责任与清理问题的认定、伙伴关系和就业培训等内容。就整个联邦来看,已经基本上形成了以联邦棕色地块防治计划为先导,以州和地方政府的志愿清洁计划为补充,充分考虑公众参与,各利益相关者都有所作为的局面。除此之外,还通过了相关的法律,这对棕色地块问题的防治发挥了积极的作用。

然而,在棕色地块的再开发中,相关法律规定了严格的、可追溯的、连带的和分别的责任,对象是任何可能的责任者。这种严厉的责任赔偿和惩罚措施,构成

---

[1] 王岚:《个体环境责任制度与环境责任社会化的互补——以土壤污染修复费筹措机制为视角》,《甘肃政法学院学报》2016年第3期。

了对棕色地块清理和再开发的障碍,使得许多潜在的投资者不愿到这些地块去投资,而是选择郊区甚至乡村地区相对"安全"的"绿色地块"去投资,否则他们就有可能被追究责任,承担巨额的清理费用,而他们不论是不是损害行为的实施者。大量的棕色地块处于"超级基金法案"的规范范围,进一步加剧了问题的严重性。因此,开发者一直都面对着高风险、不确定性等负担。风险管理,更确切地说,风险向他人的转移,是开发者通常要考虑的问题。类似地,我国也应该完善相关的环境责任保险制度,促进土壤污染责任风险的充分承担,鼓励修复和开发污染风险相对可以被接受的地块。

四、适用于土壤污染治理的险种

针对污染区域治理投资中的风险和不确定性,可以设计最为直接的四种保险,以及一些与之相关、可以发挥各自作用的其他险种。投资者须针对不同的情况和要求选择最合适的险种。

(一)污染责任险

本险种通常承保的时间较长,需要投保者从较多的原因条款中选择。因此,即使可能存在潜在的危险,这种保险在不断易主中依然可以维持其价值。本险种的承保范围通常包括三种风险:(1)尽管获得了再开发的许可,仍然可能存在的第三方身体和财产损害的责任。(2)由于新证据的发现,管理者要求对原来的应对措施进一步改进,由此带来的任何补正和相关费用。(3)基于前两种风险的相关法律费用。

(二)最低成本险

本险种针对的主要是棕色地块治理中可能出现的超出成本的情况,通常是短期险种,因为其主要承保的期间是棕色地块治理的期间。因此,部分治理措施,如种植树木等绿色植物以吸收空气中的有毒物质,就要寻求更长期的险别。

保险费通常是预估治理费用的一定百分比,如果出现了额外的治理费用,承保方就要予以支付,通常也是基于预定的比例。然而这种险种费用较高,对于成本较小的单独治理对象而言便比较不划算。针对这种情况,可以设计一些投资组合的险种,由地方的公共团体或者非营利性的开发组织提供设计方案。

(三)贷方险

通常,为土壤污染的治理寻求财政支持是比较困难的,本险种可以使在财政上支持土壤污染治理者获益,从而使得开发者更容易获得贷款。贷方险设计的目的就是减少贷款方的风险,促使他们更愿意为开发者提供贷款,或提供更优惠的条件。如果借方由于污染问题未能还款,保险人就会提供贷方补偿。本险种同样包括第三者责任险。银行或者其他贷方可以投保,并将成本转移到借方,或者由借方直接投保,以此作为借贷的必要条件。

但是,贷方险并不能保护开发者或者可能承受污染不动产的新购买者。因此,贷方险通常和其他的保险险种相结合,以提供对主要当事方的全面保护。

(四)有限风险险

本险种与上述最低成本险类似,都是对治理措施的成本承保。然而,本险种仅针对已经列入计划的将来成本,而非用于现在的治理活动。由保险人承担治理措施的成本可能高于预期的部分。

一般来讲,只有同时满足以下条件时,有限风险险才可以适用:治理的成本较高;项目持续的时间较长;已经开展对项目的评估;被保险人有能力支付至少一部分的预期治理成本。正如其他险别,本险也可以进行不同的组合,以满足项目不同的需要。它最大的特征之一是保险人和被保险人之间利益的重新分配。

(五)其他险种

除上述保险种类之外,还有其他险种适用于土壤污染的治理。

1. 缔约者污染责任险

主要承保一般的合同当事方,负责污染物收集、运输、处理的当事方,在合同履行过程中第三方的财产人身伤害,以及环境清理责任。当然,这些都要与土壤污染的治理相关。

2. 专业人员责任险

主要适用于工程师、律师、供询者、检测者及其他专业方,为治理棕色地块提供服务和咨询意见时由于谬误可能产生的责任。

五、土壤污染治理中保险的作用

有效的保险意味着参与方通过自认为必需的手段和可接受的价格换取了风险的转移。环境保险通过降低污染土地供方和需方的风险,活跃了受污染土地所处的地方市场,促进了污染土壤的治理。

对土地的需方而言,任何可以减少土壤污染治理的不确定性、确定成本、帮助开发者简化计算成本的措施,对于污染土地的开发都是有利的,虽然这经常被忽视。最低成本险是将风险量化的有效途径之一,对治理中的不确定性进行管理,是针对未发现污染的预先保险。贷方险实际上是土壤污染治理中借贷的担保,确保贷款方不因借款方的治理行为而承担额外的损失。污染责任险可以减少瑕疵土地的不确定性,以受污染土地触发的责任赔偿最大限度地补偿受害者,进而得到公众对土壤污染治理的赞同。

对于土地的供方而言,各种不同的保险可以把瑕疵土地引入市场,为土地所有者带来潜在收入,并且使公众因土壤污染的治理而获益。最低成本险可以促使土地所有者在把土地投放市场之前通过先行治理获得更大的收益,并且可以使公众增进对污染土地的了解,二者都可以通过对治理成本的量化实现。污染责任险是一种较长期的险种,部分出卖者有成为责任方的可能,因而这会在无形中促使卖方确定合理价格,并减少卖方在可能的土地利用中的限制力。

综上所述,土壤污染风险管控和修复基金主要用于农用地土壤污染防治和土壤污染责任人或者土地使用权人无法认定时的风险管控和修复。由于基金的有限性和土壤污染治理的高成本,基金难以覆盖全部的土壤污染治理成本。对于潜在责任人而言,借助环境责任保险的风险分散机制,可以提高其对抗环境责任风险的能力。另外,对土壤污染防治基金涵盖范围之外的污染场地,亦可借助环境责任保险降低生产经营活动的风险,促进有效风险控制与管理的实施,从而保障人体健康和环境保护目标的实现。

结　　论

如今,我国已经进入经济和社会发展的新阶段,社会经济结构转型和民众对良好环境的追求已成为"美丽中国""健康中国"等社会主义生态文明建设的重要推动力。尽管《固体废物污染环境防治法》《水污染防治法》《大气污染防治法》《危险化学品安全管理条例》《农药管理条例》等法律、法规从排放源的角度规范了污染物的排放,但显然,我国土壤污染的预防并不成功,土壤污染的严重后果已然造成。可以说,在经济高速发展的近几十年内,我国为了追求经济高速发展,在国际贸易或市场上取得更具竞争力的位置,牺牲了部分环境利益,采取了比较宽松的管制思路。土壤是几乎所有类型的污染物主要的最终容纳地,多污染源的控制是土壤污染控制的题中应有之义。然而,土壤污染治理是多环节、高科技和较复杂的过程,需要专门的立法予以规范。经过十多年的努力,以《土壤污染防治法》的颁布与生效为标志,我国的土壤污染防治立法取得了重大进展。若以环境要素为视角,可以说,该法的颁布填补了各环境要素保护的"最后一块拼图"。

至此,我国的土壤污染治理责任制度也从《国务院关于印发土壤污染防治行动计划的通知》和若干部门规章搭建的基本框架过渡到系统性的规定。然而,作为一个系统工程,我们已有的土壤污染的治理责任制度仍有进一步完善、细化的空间,或存在责任制度的重要性与条文配置之间的失衡,暴露了规范创设过程中未对关于土壤污染治理与修复巨额成本的纠纷的多发有清醒的预估,或过于原则性,对相关规范的理论基础缺乏充分、科学的研究和论证。

为了解决上述问题,本书首先以厘清目前立法、司法及理论研究中的问题和不足作为切入点;其次,在对土壤污染治理责任的基本范畴、责任性质、正当性基础的理论研究的基础上,着重提出以责任原则、责任主体、责任范围、减/免事由、责任继受、附属责任为主要结构的责任制度;最后,研究了土壤污染治理责任制度在我国立法、执法和司法领域的实现路径。

在研究过程中,笔者发现,在完善我国土壤污染治理责任制度时,应关注如下重点。首先,如何结合我国国情,构建本土化的土壤污染治理责任制度。事实上,责任制度是整个土壤污染防治法律制度体系中最具本土性的领域。它与我国的特有土地制度、环境保护法治化进程、企业制度、农业结构与耕作模式、矿产资源开发中的特有方式等紧密相关。因此,在细化和落实责任制度时,应考虑如何既借鉴别国的立法和经验,又剥离与我国基础性法律制度和理论不符之处。其次,如何选择合理的责任制度目标并确定目标间的优先序列。在已有责任框架下,责任制度构建目标和目标间的优先序列选择将塑造土壤污染治理责任制度的真正样态,并影响相关土壤污染防治立法的目的实现和实施效果。及时、充分的场地修复,污染者负担原则的贯彻,不过分阻碍土地的再开发与流通等目标互相牵制。应将不同的目标综合考虑,并依照优先序列平衡责任制度的设置。再次,如何构建基于不同用地类型的土壤污染责任制度。威胁农产品安全的农用地污染、威胁人居环境健康的污染场地、威胁生态环境的矿业用地污染等土壤污染类型,因污染原因、土地权属、土地流转与功能置换、土地未来的关注度、寻找责任者的难易程度等而有所差异。因此,应基于分级分类管理的思想,界定不同的责任者,分配不同的修复或风险管控的责任。

最后,需要说明的是,我们大致涉及了土壤污染治理责任中的核心问题,为相关立法、执法、司法实践提供了一定的建议,并对已有理论做了一定的推进。然而,对该领域的一些较为细化的问题,我们未能一一探究。譬如,我国应建立何种减免责制度,发展出针对特殊责任者,如小微责任者、市政垃圾处理与运输者、地方政府、无力承担责任者、经由地下水流动扩散污染物发生土壤污染者、普通房产所有者等的减免责规则?再如,对于《土壤污染防治法》中设立的自愿性修复协定制度下的责任应如何分配与减免,以更好地建立责任者乃至非责任者主动、自愿地开展污染土壤修复的模式和路径,引进协商管制的精神,防止僵化、截断式的命令控制可能带来的管制者与被管制者间的抗争?类似的理论问题仍值得进一步的研究。

参 考 文 献

著作

中文著作

1. 陈慈阳:《环境法总论》,中国政法大学出版社,2003年。
2. 陈生洛:《中国国有企业的产权变革与党的领导》,韦伯文化国际出版有限公司,2004年。
3. 龚宇阳:《污染场地管理与修复》,中国环境科学出版社,2012年。
4. 谷庆宝等:《基于风险的土壤环境分级分区方法与应用》,科学出版社,2018年。
5. 李发生等:《有机化学品泄漏场地土壤污染防治技术指南》,中国环境科学出版社,2012年。
6. 李静云:《土壤污染防治立法国际经验与中国探索》,中国环境出版社,2013年。
7. 柳华平:《中国政府与国有企业关系的重构》,西南财经大学出版社,2005年。
8. 罗清泉等主编《〈中华人民共和国土壤污染防治法〉释义》,中国民主法制出版社,2018年。
9. 吕贻忠、李保国主编《土壤学》,中国农业出版社,2006年。
10. 生态环境部法规与标准司:《〈中华人民共和国土壤污染防治法〉解读与适用手册》,法律出版社,2018年。
11. 史培军等:《综合风险防范:全球变化与环境风险关系及其适应性范式》,科学出版社,2016年。

12. 孙国华、朱景文主编《法理学》,中国人民大学出版社,2004年。
13. 孙晓红:《法的溯及力问题研究》,中国法制出版社,2008年。
14. 汪劲:《日本环境法概论》,武汉大学出版社,1994年。
15. 王金安主编《金融风险管理》,中国财政经济出版社,2014年。
16. 王伟:《农产品产地土壤污染防治立法研究》,中国法制出版社,2015年。
17. 杨登峰:《新旧法的适用原理与规制》,法律出版社,2008年。
18. 章迪诚:《中国国有企业改革编年史 1978—2005》,中国工人出版社,2006年。
19. 张瑜:《建立我国国有土地地产权制度的探讨》,载《土地管理专题知识汇编》,改革出版社,1993年。
20. 赵东荣、乔均:《政府与企业关系研究》,西南财经大学出版社,2000年。
21. 赵小波:《日本土壤污染防治立法研究》,法律出版社,2018年。
22. 中国社会科学院财贸所:《中国城市土地使用与管理》,经济科学出版社,1992年。
23. 中国社会科学院语言研究所词典编辑室:《现代汉语词典》,商务印书馆,2005年。
24. 竺效:《生态损害的社会化填补法理研究》,中国政法大学出版社,2007年。
25. 朱新立:《行政法基本原理》,浙江大学出版社,1995年。

译作

1. [英]H.L.A.哈特:《惩罚与责任》,王勇等译,华夏出版社,1989年。
2. [德]费里德里希·卡尔·冯·萨维尼:《法律冲突与法律规则的地域和时间范围》,李双元等译,法律出版社,1999年。
3. [德]乌尔里希·贝克:《风险社会》,何博闻译,译林出版社,2004年。
4. [日]美浓部达吉:《公法与私法》,黄冯明译,中国政法大学出版社,2003年。
5. [日]南博方:《行政法》(第六版),杨建顺译,中国人民大学出版社,2009年。
6. [美]富勒:《法律的道德性》,郑戈译,商务印书馆,2005年。

外文著作

1. C. Paul Nathanail and R. Paul Bardos, *Reclamation of Contaminated Land* (Chichester: Wiley, 2004).
2. Elizabeth Brandon, *Global Approaches to Site Contamination Law* (Dordrecht: Springer, 2013).
3. Frank A. Swartjes, *Dealing with Contaminated Sites* (Netherlands:

Springer, 2011).

4. Johann Dupuis and Peter Knoefel, *The Politics of Contaminated Sites Management* (Cham: Springer, 2015).
5. Thomas W. Church and Robert T. Nakamura, *Cleaning up the Mess: Implementation Strategies in Superfund* (Cambridge: Brookings Institution Press, 1993).
6. W. Friedmann, *Law and Social Change in Contemporary Britain* (Arvada: Stevens & Sons, 1951).
7. Xiaobo Zhao, *Developing an Appropriate Contaminated Land Regime in China: Lessons Learned from the US and UK* (Heidelberg: Springer-Verlag, 2013).

论文

中文期刊论文

1. 安树民:《环境保险在中国的可行性探讨》,《重庆环境科学》2002年第12期。
2. 卞正富、王俊峰:《欧美工商业废弃地再开发对中国城市土地整理的启示》,《中国土地科学》2008年第9期。
3. 蔡守秋:《论环境标准与环境法的关系》,《环境保护》1995年第4期。
4. 蔡守秋、李建勋:《土壤污染防治法论纲》,《河南省政法管理干部学院学报》2008年第3期。
5. 曹曦:《论我国土壤污染防治制度的完善》,《光华法学》2014年第9辑。
6. 常纪文:《环境标准的法律属性和作用机制》,《环境保护》2010年第9期。
7. 陈聪富:《环境污染责任之违法性判断》,《中国法学》2006年第5期。
8. 陈德敏、薛婧媛:《中国土壤污染现状与法律责任解读》,《重庆大学学报(社会科学版)》2008第1期。
9. 陈海嵩:《中国环境法治中的政党、国家与社会》,《法学研究》2018年第3期。
10. 陈科皓:《中国农用地土壤污染现状及安全保障措施》,《农村经济与科技》2017年第23期。
11. 陈能阳:《"镉米"背后的土壤污染》,《中国经济报告》2013年第7期。
12. 陈卫平等:《欧美发达国家场地土壤污染防治技术体系概述》,《土壤学报》2018年第3期。

13. 陈正根:《环保秩序法上责任人之基础与界限》,《中正大学法学集刊》2008 年第 25 期。
14. 杜辉:《环境司法的公共治理面向——基于"环境司法中国模式"的建构》,《法学评论》2015 年第 4 期。
15. 段华波等:《土壤有机物污染控制标准制定的方法学研究》,《土壤污染与防治》2007 年第 1 期。
16. 范颖洁:《完善我国土壤污染法律责任的构想》,《中国环境管理干部学院学报》2015 年第 3 期。
17. 方志权:《农村集体经济组织产权制度改革若干问题》,《中国农村经济》2014 年第 7 期。
18. 冯汝:《论我国土壤污染防治基金制度的构建——以我国台湾地区土壤及地下水污染整治基金制度为鉴》,《山西农业大学学报(社会科学版)》2017 年第 16 期。
19. 巩固:《公法责任视角下的土壤修复——基于〈土壤污染防治法〉的分析》,《法学》2018 年第 10 期。
20. 巩固:《环境民事公益诉讼性质定位省思》,《法学研究》2019 年第 3 期。
21. 巩固:《自然资源国家所有权"非公权说"检视》,《中国法律评论》2017 年第 4 期。
22. 巩固:《绿色发展与环境立法新思维——兼评〈土壤污染防治法〉》,《法学论坛》2018 年第 6 期。
23. 谷庆宝:《我国土壤污染防治的重点与难点》,《环境保护》2018 年第 1 期。
24. 谷宝庆、颜增光、周友亚等:《美国超级基金制度及其污染场地环境管理》,《环境科学研究》2007 年第 1 期。
25. 古小东:《土壤环境保护立法中的民事责任机制》,《学术研究》2015 年第 8 期。
26. 贺桂珍、吕永龙、张磊、Mol Arthur P.J.、冯嫣:《中国政府环境信息公开实践效果评价》,《环境科学》2011 年第 11 期。
27. 贺栩栩:《法的时间效力界限与法的稳定性——以德国民法为研究视角》,《环球法律评论》2011 年第 5 期。
28. 侯佳儒:《生态环境损害的赔偿、转移与预防:从私法到公法》,《法学论坛》2017 年第 3 期。
29. 胡健淼、杨登峰:《有利法律溯及原则及其适用中的若干问题》,《北京大学学报(哲学社会科学版)》2006 年第 6 期。
30. 胡静：《关于我国〈土壤环境保护法〉的立法构想》，《上海大学学报(社会科学版)》2012 年第 6 期。
31. 胡静：《污染场地修复的行为责任和状态责任》，《北京理工大学学报(社会科学版)》2015 年第 6 期。
32. 胡静：《我国环境行政命令体系探究》，《华中科技大学学报(社会科学版)》2017 年第 6 期。
33. 黄春雷等：《土地质量档案建立方法研究》，《上海地质》2010 年第 31 卷。
34. 柯坚：《论污染者负担原则的嬗变》，《法学评论》2010 年第 6 期。
35. 李建良：《行政法中"裁罚性不利处分"的概念意涵及法适用上之若干基本问题——"制裁性不利处分"概念之提出》，《月旦法学杂志》2010 年第 181 期。
36. 李挚萍：《环境修复法律制度探析》，《法学评论》2013 年第 2 期。
37. 李挚萍：《生态修复案件中的责任承担和法律适用——以广州市白云区鱼塘污染公益诉讼案为例》，《环境保护》2015 年第 8 期。
38. 李挚萍：《生态环境修复责任法律性质辨析》，《中国地质大学学报(社会科学版)》2018 年第 2 期。
39. 李挚萍：《土壤修复制度立法探讨》，《环境保护》2015 年第 15 期。
40. 李志涛、翟世明、王夏晖、陆军：《美国"超级基金"治理案例及其对我国土壤污染防治的启示》，《环境与可持续发展》2015 年第 4 期。
41. 梁剑琴：《世界主要国家和地区土壤污染防治立法模式考察》，《法学评论》2008 年第 3 期。
42. 林华、谭圣忠、杨海英：《如何做好国土资源档案的管理与利用》，《资源与人居环境》2011 年第 7 期。
43. 林三钦：《行政法令变迁与信赖保护——论行政机关处理新旧法秩序交替问题之原则》，《东吴大学法律学报》2011 年第 1 期。
44. 林昱梅：《论溯及性法规之合法性问题——从土石采取法"环境维护费收费基准"之时间效力谈起》，《东吴法律学报》2012 年第 4 期。
45. 刘长兴：《环境损害赔偿法的基本概念和框架》，《中国地质大学学报(社会科学版)》2010 年第 3 期。
46. 刘功文：《论我国土壤污染防治法的基本制度》，《求索》2009 年第 1 期。
47. 刘静：《预防与修复：荷兰土壤污染法律责任及资金保障机制评析》，《法学评论》2016 年第 3 期。

48. 路婕、李玲、吴克宁、赵华甫、黄勤:《基于农用地分等和土壤环境质量评价的耕地综合质量评价》,《农业工程学报》2011 年第 2 期。

49. 罗吉:《我国土壤污染防治立法研究》,《现代法学》2007 年第 6 期。

50. 罗丽:《日本土壤环境保护立法研究》,《上海大学学报(社会科学版)》2013 年第 3 期。

51. 罗丽:《论土壤环境的保护、改善与风险防控》,《北京理工大学学报(社会科学版)》2015 年第 6 期。

52. 吕忠梅:《"生态环境损害赔偿"的法律辨析》,《法学论坛》2017 年第 3 期。

53. 吕忠梅、窦海阳:《修复生态环境责任的实证解析》,《法学研究》2017 年第 3 期。

54. 梅宏:《生态损害——风险社会背景下环境法治的问题与思路》,《法学论坛》2010 年第 6 期。

55. 吕忠梅:《环境司法理性不能止于"天价"赔偿:泰州环境公益诉讼案评析》,《中国法学》2016 年第 3 期。

56. 蒙莉娜:《发达国家污染场地再开发实践经验对北京市的启示》,《资源与产业》2007 年第 9 期。

57. [以色列]摩西·科恩-埃利亚、易多波·拉特:《比例原则与正当理由文化》,刘权译,《南京大学法律评论》2012 年秋季卷。

58. 蒲民等:《推动污染场地修复须先确定污染责任》,《环境保护》2012 年第 Z1 期。

59. 戚名琛:《国有土地划拨的过去现在未来》,《中外房地产导报》1995 年第 1 期。

60. 秦天宝、赵小波:《论德国土壤污染立法中的"状态责任"及其对我国相关立法的借鉴意义》,《中德法学论坛》2010 年第 8 辑。

61. 秦天宝:《德国土壤污染防治的法律与实践》,《环境保护》2007 年第 5B 期。

62. 邱秋:《东亚、东南亚土壤污染防治法评析》,《当代法学》2008 年第 3 期。

63. 沈百鑫、付璐:《德国污染场地治理的法律基础及启示》,《中国环境法治》2011 年卷(下)。

64. 宋华琳:《制度能力与司法节制——论对技术标准的司法审查》,《当代法学》2008 年第 1 期。

65. 宋静:《制定我国污染场地土壤风险筛选值的几点建议》,《环境监测管理与技术》2011 年第 3 期。

66. 苏力:《关于能动司法与大调解》,《中国法学》2010年第1期。
67. 孙飞翔、李丽平、原庆丹、徐欣:《台湾地区土壤及地下水污染整治基金管理经验及其启示》,《中国人口、资源与环境》2015年第4期。
68. 孙笑侠:《司法权的本质是判断权——司法权与行政权的十大区别》,《法学》1998年第8期。
69. 唐洪霞:《论土壤污染侵权责任的责任认定》,《黑龙江省政法管理干部学院学报》2014年第6期。
70. 王国庆等:《土壤环境质量指导值与标准研究:国际动态及中国的修订考虑》,《土壤学报》2005年第4期。
71. 王欢欢:《城市历史遗留污染场地治理责任主体之探讨》,《法学评论》2013年第4期。
72. 王欢欢、蔡守秋:《完善我国土壤污染治理责任制度的思考》,《中州学刊》2016年第5期。
73. 王江、黄锡生:《我国生态环境恢复立法析要》,《法律科学》2011年第3期。
74. 王岚:《个体环境责任制度与环境责任社会化的互补》,《甘肃政法学院学报》2016年第3期。
75. 王明远:《论我国环境公益诉讼的发展方向:基于行政权与司法权关系理论的分析》,《中国法学》2016年第1期。
76. 王树义:《关于制定〈中华人民共和国土壤污染防治法〉的几点思考》,《法学评论》2008年第3期。
77. 王曦:《〈土壤污染防治法〉中政府土壤污染防治职责分析》,《环境保护》2018年第18期。
78. 王曦、胡苑:《美国的污染治理超级基金制度》,《环境保护》2007年第10期。
79. 汪再祥:《中国土壤污染防治立法述评》,《法学评论》2008年第3期。
80. 魏永胜、常庆瑞、刘京:《土壤信息系统的形成发展与建立》,《西北农业科技大学学报(社会科学版)》2002年第3期。
81. 翁孙哲、曹赞刚:《美国土壤污染修复立法中的公民诉讼条款及其启示》,《华东理工大学学报(社会科学版)》2018年第3期。
82. 翁孙哲、张福强:《美国土壤污染损害诉讼中公司的责任边界研究》,《华中农业大学学报(社会科学版)》2015年第3期。
83. 吴健、陈青:《从排污费到环境保护税的制度红利思考》,《环境保护》2015年第16期。

84. 吴鹏:《最高法院司法解释对生态修复制度的误解与矫正》,《中国地质大学学报(社会科学版)》2015 年第 4 期。
85. 吴卫星:《棕地再开发中的环境风险规制》,《南京大学法律评论》2012 年秋季卷。
86. 吴贤静:《土壤环境风险的法律规制》,《法商研究》2019 年第 3 期。
87. 夏家淇、洛永明:《我国土壤环境质量研究几个值得探讨的问题》,《生态与农村环境学报》2007 年第 1 期。
88. 徐猛等:《不同国家基于健康风险的土壤环境基准比较研究与启示》,《环境科学》,2013 年第 5 期。
89. 徐祥民、邓一峰:《环境侵权与环境损害:兼论环境法的使命》,《法学论坛》2006 年第 2 期。
90. 徐以祥、周晓然:《论环境民事公益诉讼目的及其解释适用——以"常州毒地"公益诉讼案一审判决为切入点》,《中国人口、资源与环境》2017 年第 27 卷第 12 期。
91. 徐友宁:《矿山地质环境调查研究现状及展望》,《地质通报》2008 年第 8 期。
92. 徐志、马慧莉:《浅谈如何加强国土资源档案管理工作》,《档案与建设》2013 年第 12 期。
93. 杨登峰:《何为法的溯及既往?在事实或其效果持续过程中法的变更与适用》,《中外法学》2007 年第 5 期。
94. 杨登峰、韩兵:《法不溯及既往的地位和适用的例外》,《金陵法律评论》2009 年春季卷。
95. 幸红、林鹏程:《论广东省土壤污染修复法律机制的完善——基于美国超级基金制度之启示》,《江西理工大学学报(社会科学版)》2016 年第 6 期。
96. 鄢斌、王玥:《论状态责任人的土壤污染修复责任》,《中国土地科学》2017 年第 11 期。
97. 姚慧娥:《美国〈超级基金法〉中环境法律责任分析及对我国环境立法的启示》,《能源与环境》2008 年第 3 期。
98. 姚莉:《当代中国语境下的"能动司法"界说》,《法商研究》2011 年第 1 期。
99. 易崇燕:《我国污染场地生态修复法律责任主体研究》,《学习论坛》2014 年第 7 期。
100. 岳小花:《土壤污染防治信息公开与公众参与的立法保障》,《中国政法大学学报》2018 年第 3 期。

101. 周淑清、崔广平:《论农地产权制度改革与生态环境保护》,《当代法学》2009年第2期。
102. 张百灵:《中美土壤污染立法比较及对中国的启示》,《山东农业大学学报(社会科学版)》2011年第1期。
103. 张海星:《开征环境税的经济分析与制度选择》,《税务研究》2014年第2期。
104. 张辉:《论环境民事公益诉讼的责任承担方式》,《法学论坛》2014年第6期。
105. 张辉:《土地储备环节污染场地治理与修复责任》,《重庆理工大学学报(社会科学版)》2019年第1期。
106. 张翔:《财产权的社会义务》,《中国社会科学》2012年第9期。
107. 张晏:《科学的限度:环境标准制定中的合法性危机》,《清华法治论衡》2012年第16辑。
108. 张晏、汪劲:《中国环境标准制度存在的问题及对策》,《中国环境科学》2012年第1期。
109. 张忠民:《论环境公益诉讼的审判对象》,《法律科学》2015年第4期。
110. 郑玉歆:《我国土壤污染形势令人堪忧》,《科学》2012年第4期。
111. 周国华等:《土壤环境质量标准的制定原则与方法》,《地质通报》2005年第8期。
112. 周启星等:《环境基准值的科学研究与我国环境标准的修订》,《农业环境科学学报》2007年第1期。
113. 朱力宇:《关于法的溯及力问题和法不溯及既往原则的若干新思考》,《法学杂志》2003年第3期。
114. 朱芒:《论行政规定的性质——从行政规范体系角度的定位》,《中国法学》2003年第1期。
115. 竺效:《反思松花江水污染事故行政罚款的法律尴尬——以生态损害填补责任制为视角》,《法学》2007年第3期。
116. 竺效:《论环境污染赔偿责任的特殊要件》,《政治与法律》2009年第12期。
117. 竺效:《论环境污染责任保险法律体系的构建》,《法学评论》2015年第1期。

外文期刊论文

1. A. Dan Tarlock, "Environmental Law: Then and Now," *Washington University Journal of Law and Policy* 32, No. 1 (2010): 1-32.
2. Alexandra B. Klass, "From Reservoirs to Remediation: The Impact of CERCLA on Common Law Strict Liability Environmental Claims," *Wake

Forest Law Review 39, No. 4 (2004): 903-970.
3. Antonia Layard, "The Europeanisation of Contaminated Land," *Environmental Law Review* 6, No. 2 (2004): 97-110.
4. Bernard Vanheusden, "Brownfield Redevelopment in the European Union," *Boston College Environmental Affairs Law Review* 34, No. 3 (2007): 559-575.
5. Bruce Howard, "A New Justification for Retroactive Liability in CERCLA: An Appreciation of the Synergy between Common and Statutory Law," *Saint Louis University Law Journal* 42, No. 3 (1998): 847-864.
6. Colin Ferguson, Joop Vegter, and Harald Kasamas, "Assessing Risks from Contaminated Sites: Policy and Practice in 16 European Countries," Land Contamination & Reclamation 7, No. 2 (1999): 33.
7. Curtis Travis and Carolyn B. Doty, "Superfund: A Program Without Priorities," *Environmental Science and Technology* 23, No. 11 (1989): 1333-1334.
8. E. Edinger, "Retrospectivity in Law," *University of British Columbia Law Review* 29, No. 5 (1995): 25.
9. Eddy Bauw, "Liability for Contaminated Land: Lessons from the Dutch Experience," *Netherlands International Law Review* 43, No. 2 (1996): 127-141.
10. Elizabeth Ungar Natter, "How Clean is Clean—Hazardous Waste/Hazardous Substance Cleanup Standards under Kentucky Law: An Overview," *Northern Kentucky Law Review* 18, No. 2 (1991): 295-314.
11. Evelyn F. Heidelberg, "Parent Corporation Liability under CERCLA: Toward a Uniform Federal Rule of Decision," *Pacific Law Journal* 22, No. 3 (1991): 854-934.
12. Frédéric Coulon et al, "China's Soil and Groundwater Management Challenges: Lessons from the UK's Experience and Opportunities for China," *Environment International* 91 (2016): 196-200.
13. George Clemon Freeman, Jr., "Inappropriate and Unconstitutional Retroactive Application of Superfund Liability," *The Business Lawyer* 42, No. 1 (1986): 215-248.

14. H. Kobayashi, "Japanese Law for Remediation of Soil Contamination," *Asia Pacific Journal of Environmental Law*, No. 7(2002): 25-49.
15. Hila J. Alderman, "The Ghost of Progress Past: A Comparison of Approaches to Hazardous Waste Liability in the European Community and the United States," *Houston Journal of International Law* 16, No. 2 (1993): 311-342.
16. Howard F. Chang and Hilary Sigman, "The Effect of Joint and Several Liability under Superfund on Brownfields," *International Review of Law and Economics* 27, No. 4 (2007): 363-384.
17. J. P. Sean Maloney, "A Legislative History of Liability under CERCLA," *Seton Hall Legislative Journal* 16, No. 2 (1992): 517-550.
18. Jeroen Provoost, Christa Cornelis, and Frank Swartjes, "Comparison of Soil Clean-up Standards for Trace Elements Between Countries: Why Do They Differ?" *Journal of Soils and Sediments* 6, No. 3 (2006): 173-181.
19. Jo-Anne E. Cavanagh and Kathryn O'Halloran, "Overview of International Soil Criteria and Derivation of Numeric Values," Conference Proceedings for the 14th Annual WASTMINZ Conference, November 6-8, Rotorua, New Zealand.
20. Joel B. Eisen, "Brownfields at 20: A Critical Reevaluation," *Fordham Urban Law Journal* 34, No. 2 (2007): 721-756.
21. Joel Surber, "Back on Track: The Reversal of *United States v. Olin* and the Continuation of Retroactive Interpretation of CERCLA," *Environmental Law and Policy Journal* 20, No. 2 (1997): 24-39.
22. John J. Lyons, "Deep Pockets and CERCLA: Should Superfund Liability Be Abolished," *Stanford Environmental Law Journal* 6 (1986-1987): 271-344.
23. John K. McNulty, "Corporations and the Intertemporal Conflict of Laws," *California Law Review* 55, No. 1 (1967): 12.
24. Karen S. Danahy, "CERCLA Retroactive Liability in the Aftermath of *Eastern Enterprises v. Apfel*," *Buffalo Law Review* 48, No. 2 (2000): 509-564.
25. L. De-Wayne Layfield, "CERCLA, Successor Liability, and the Federal

Common Law: Responding to an Uncertain Legal Standard," *Texas Law Review* 68, No. 6 (1990): 1237-1272.

26. Lynda J. Oswald, "Strict Liability of Individuals under CERCLA: A Normative Analysis," *Boston College Environmental Affairs Law Review* 20, No. 4 (1993): 579-638.

27. Martha L. Judy; Katherine N. Probst, "Superfund at 30," *Vermont Journal of Environmental Law* 11, No. 2 (2009): 191-248.

28. Michael J. Gergen, "The Failed Promise of the Polluter Pays Principle: An Economic Analysis of Landowner Liability for Hazardous Waste," *New York University Law Review* 69, No. 3(1994): 624.

29. Paul N. Williams, et al., "Occurrence and Partitioning of Cadmium, Arsenic and Lead in Mine Impacted Paddy Rice: Hunan, China," *Environmental Science and Technology* 43, No. 3 (2009): 637-642.

30. Ping Zhuang, et al, "Heavy Metal Contamination in Soils and Food Crops Around Dabaoshan Mine in Guangdong, China: Implication for Human Health," *Environmental Geochemistry and Health* 31, No. 6(20009): 707-715.

31. Qishi Luo, Philip Catney, and David Lerner, "Risk-Based Management of Contaminated Land in the UK: Lessons for China?" *Journal of Environmental Management* 90, No.2(2009): 1123-1134.

32. Robert L. Glicksman, "Pollution on the Federal Lands IV: Liability for Hazardous Waste Disposal," *UCLA Journal of Environmental Law and Policy* 12, No. 2 (1994): 233-344.

33. Robert V. Percival, Katehrine H. Cooper, and Matthew M. Gravens, "CERCLA in a Global Context," *Southwestern Law Review* 41, No. 4 (2012): 727-772.

34. Stanley A. Millan, "Contemporary CERCLA: Reversals of Fortune and Black Holes," *Fordham Environmental Law Review* 16, No. 2 (2005): 183-222.

35. Stefanie Sommers, "The Brownfield Problem: Liability for Lenders, Owners, and Developers in Canada and the United States," *Colorado Journal of International Environmental Law and Policy* 19, No. 2 (2008): 259-292.

36. Stephen R. Munzer, "Retroactive law," *The Journal of Legal Studies* 6, No.2 (1977): 373-397.

37. Steven Semeraro, "Toward an Optimal System of Successor Liability for Hazardous Waste Cleanup," *Stanford Environmental Law Journal*, No. 6(1986): 226.

38. Terry C. Clarke, "A Practitioner's View of the National Priorities List," *Environmental Lawyer* 2, No. 1 (1995): 57-100.

39. Thomas C. L. Roberts, "Allocation of Liability under CERCLA: A Carrot and Stick Formula," *Ecology Law Quarterly* 14, No. 4(1987): 601-638.

40. W. David Slawson, "Constitutional and Legislative Considerations in Retroactive Lawmaking," *California Law Review*, No. 48(1960): 216.

41. William N. Hedeman, Jonathan Z. Cannon, and David M. Friedland, "Superfund Transaction Costs: A Critical Perspective on the Superfund Liability Scheme," *Environmental Law Reporter*, No. 21(1994): 10413.

42. Yuhong Zhao, "Land Contamination in Urban China—Developing a National Cleanup Legal Regime," *Hong Kong Law Journal* 39, No. 3 (2009): 627-648.

会议论文

1. 窦小利:《日本〈土壤污染对策法〉及其对我国立法的启示》,载《环境法治与建设和谐社会——2007年全国环境资源法学研讨会(年会)论文集》,2007年。

2. 何莹、尹吉、莫斯敏:《民事公益诉讼与行政公益诉讼的程序衔接问题研究》,载《深化依法治国实践背景下的检察权运行——第十四届国家高级检察官论坛论文集》,2018年。

3. 李求轶:《土壤污染与民事责任》,载《2015年全国环境资源法学讨论会论文集》,2015年。

4. 李挚萍:《美国土壤污染治理的若干法律机制探讨——以〈超级基金法〉为中心》,载《环境法治与建设和谐社会——2007年全国环境资源法学研讨会(年会)论文集》,2007年。

5. 戚名琛、胡文政:《改革开放前土地产权状况的研究及意义》,载《中国土地学会1992年学术年会论文集》,中国土地学会,1992年。

6. 王欢欢:《美国城市土壤污染治理法律免责制度比较研究》,载《环境法治与建设和谐社会——2007年全国环境资源法学研讨会(年会)论文集》，2007年。
7. [比]L.Lavrysen:《比利时土壤污染立法——以弗拉芒地区为例》，赵小波译，载《环境法治与建设和谐社会——2007年全国环境资源法学研讨会(年会)论文集》，2007年。

报纸及网页新闻

1. 《武汉污染土地上建起经适房，土壤中毒将贻害百年》，《新京报》2010年11月30日。
2. 袁端端、谢丹:《"不能说"的土壤普查秘密》，《南方周末》2012年12月13日。
3. 杜鹃:《广氮地块将建28栋安置房》，《广州日报》2012年12月21日。
4. 朱宁宁:《"最强"法律保障群众吃得放心住得安心 解读土壤污染防治法》，中国人大网,http://www.npc.gov.cn/npc/c22815/201810/f4d05c4d683641679462e233c1d5c300.shtml。
5. 宫靖:《镉米杀机》，《新世纪》2011年第6期封面报道。
6. 成希:《湖南问题大米流向广东餐桌?》，《南方日报》2013年2月27日第A13版。
7. 马喜生、成希、晏磊:《广州抽检餐饮环节:44.4%大米及米制品镉超标》，《南方日报》2013年5月16日。
8. 曲冬梅:《检察机关提起环境公益诉讼体现司法担当》，《检察日报》2015年2月25日第3版。
9. 李艳洁:《土壤修复标准研究进入"政府日程"》，《中国经营报》2013年3月8日第A03版。
10. 吕忠梅:《为生态损害赔偿制度提供法治化方案》，《光明日报》2017年12月22日第2版。
11. 张杰、童克难:《设立土壤污染防治基金有何思路?》，《中国环境报》2017年3月17日第6版。
12. 董战峰、璩爱玉、王夏晖、逯元堂、王金南:《设立国家土壤污染防治基金研究》，《观察》2018年7月10日。

附　　录

附录一　《土壤污染防治法》立法大事记

时间	行动	主要内容
2005年12月3日	《国务院关于落实科学发展观加强环境保护的决定》(国发〔2005〕39号)	以防治土壤污染为重点,加强农村环境保护,开展全国土壤污染状况调查和超标耕地综合治理
2006年	成立立法起草研究小组	环保部着手启动土壤污染防治立法研究工作,组织开展相关调研活动
2008年6月6日	环境保护部《关于加强土壤污染防治工作的意见》(环发〔2008〕48号)	提出了土壤污染防治的主要目标、主要原则、重点领域和工作措施
2012年11月14日	土壤环境保护法规起草工作领导小组第一次会议在京召开	成立土壤环境保护法规起草工作领导小组、工作组和专家组
2013年9月	土壤污染防治法列入十二届全国人大常委会立法规划第一类项目	由全国人大环境与资源保护委员会负责牵头起草和提请审议
2014年3月5日	土壤环境保护法规起草工作领导小组第二次会议在京召开	起草专家组汇报了土壤环境保护法草案汇报稿起草过程和主要内容,并就有关事项作了说明
2014年8月18日—22日	全国人大常委会副委员长沈跃跃率领的全国人大常委会土壤污染防治专题调研组调研	赴湖南就土壤污染防治开展实地调研和监督检查
2014年11月	土壤环境保护法规起草工作领导小组第三次会议召开	研究讨论土壤污染防治法草案建议稿,按计划向全国人大环资委提交立法材料
2014年12月	草案建议稿提交全国人大环资委	全国人大环资委正式接手法律草案的起草工作,土壤立法开始进入快车道
2016年5月28日	国务院发布《土壤污染防治行动计划》,要求推进土壤污染防治立法	要求推进土壤污染防治立法

(续表)

时间	行动	主要内容
2017年6月22日	提交十二届全国人大常委会第二十八次会议第一次全体会议一审	全国人大环资委副主任委员罗清泉作关于土壤污染防治法草案议案的说明
2017年7月	《污染地块土壤环境管理办法(试行)》	要求加强污染地块环境保护监督管理,防控污染地块环境风险
2017年12月22日	提交十二届全国人大常委会第三十一次会议第一次全体会议二审	全国人大法律委员会副主任委员谢经荣作关于土壤污染防治法草案修改情况的汇报
2018年8月27日	提交十三届全国人大常委会第五次会议举行第一次全体会议	全国人大宪法和法律委员会副主任委员胡可明作关于《中华人民共和国土壤污染防治法(草案)》审议结果的报告
2018年8月31日	十三届全国人大常委会第五次会议	全票通过《中华人民共和国土壤污染防治法》

附录二 土壤污染治理责任典型案例

案例名称	受理时间	受理法院	诉讼请求	判决内容	法律依据	备注	来源
苏州市吴江区震泽镇人民政府与上海沪光汽车运输有限公司环境污染责任纠纷	2014年	苏州市吴江区人民法院	请求判令被告沪光公司赔偿环境污染事故处置费用及损失合计5 882 589元,另产生专家评审费用42 000元	上海沪光汽车运输有限公司赔偿原告苏州市吴江区震泽镇人民政府因环境污染造成的各项损失719 866元	《侵权责任法》第7条、第65条、第68条	这次仅以"土壤污染"为关键词,发现2014年的相关案例大多是装有危险物质的运输车辆因为交通事故倾覆而导致周边地块的土壤污染与当地政府双方一般与当地政府诉讼,保险公司有时也会参与进来	http://wenshu.court.gov.cn/website/wenshu/181107ANFZ0BXSK4/index.html?docId=5ec84f1a63414317b8311c48ffff1d7c
中华环保联合会与谭耀洪、方运双环境污染责任纠纷	2014年	广州市白云区人民法院	要求谭耀洪、方运双恢复鱼塘原状	判决生效之日起6个月内,谭耀洪共同修复广州市白云区钟落潭镇白土村集体共同修复广州市白云区钟落潭镇白土村集体鱼塘(土名:月角地)到本次污染事件发生之前的状态和功能(标准由环保部门审核);逾期未修复的,由人民法院选定具有专业清污资质的机构代为修复,修复费用由谭耀洪、方运双共同承担,并互负连带责任。修复费用,由谭耀洪承担80%,方运双承担20%。如谭耀洪、方运双支付超过自己应承担的部分,有权向另一方追偿	《侵权责任法》第8条、第14条、第65条、第66条《最高人民法院关于审理环境侵权责任纠纷案件适用法律若干问题的解释》第1条、第13条、第14条	本案的特殊之处在于方运双作为涉案鱼塘的承租人私自将涉案鱼塘租给课题洪日放任污染行为,他们二人的共同侵权行为应当如何分责	http://wenshu.court.gov.cn/website/wenshu/181107ANFZ0BXSK4/index.html?docId=3069b2b2805f48dfb8182176cc3dd9b
原告石文友诉被告盐边县祥黎工贸有限责任公司、攀钢集团钒钛资源股份有限公司、攀钢集团钒钛有限公司土壤污染责任纠纷	2015年	四川省盐边县人民法院	要求三被告连带赔偿污染土地修复费用地费366 194元、土地恢复期间的耕种损失费292 004.16元、鉴定费128 000元,合计786 198.16元	攀钢集团钒钛资源股份有限公司、盐边县祥黎工贸有限责任公司在本判决生效之日起10日内,连带赔偿原告石文友土地修复费366 194元、鉴定费128 000元,合计494 194元	《民法通则》第124条《固体废物污染环境防治法》第86条《侵权责任法》第8条	祥黎工贸租借原告场地堆放攀钢集团钒钛资源生产的货物导致土地污染。攀钢资源明知祥黎工贸没有处理货物的能力仍将污染物交给其处理,也要负责	http://wenshu.court.gov.cn/website/wenshu/181107ANFZ0BXSK4/index.html?docId=03895822920d4fa8c404f6e4310ce61

(续表)

案例名称	受理时间	受理法院	诉讼请求	判决内容	法律依据	备注	来源
开封县刘店乡中王庄村3组诉郑州众诚水产养殖专业合作社土壤污染责任纠纷	2015年	河南省开封市祥符区人民法院	要求众诚水产立即停止侵权,将土地质量恢复原状,并赔偿经济损失100 000元	一个月内将原告开封县刘店乡中王庄村3组的土地质量恢复原状,10日内赔偿原告开封县刘店乡中王庄村3组经济损失70 000元	《侵权责任法》第65条、第66条		http://wenshu.court.gov.cn/website/wenshu/181107ANFZ0BXSK4/index.html?docId=03e061bc7bf14fe7865193 3c945d83c5
精河县汇达矿产资源有限公司与梁尤德拉土壤污染责任纠纷	2015年	新疆维吾尔自治区博尔塔拉蒙古自治州精河县人民法院	赔偿损失(一审未找到)	赔偿梁尤德经济损失274 291.5元并支付梁尤德鉴定费2 587.2元	《民法通则》第153条《侵权责任法》第29条、第66条	2015—2016年,出现了大量关于精河县汇达矿产资源有限公司的案例,该公司将粉尘污染物排放至洪水池,因降雨发生洪水,冲向厂房处,致使洪水漫没污染池、池中污染物(石油类)溢出,顺势下泄,致使精河县某村的承包土地及户村民的承包土地及地中农作物污染	http://wenshu.court.gov.cn/website/wenshu/181107ANFZ0BXSK4/index.html?docId=bd40487746648ba901d df4be389ab5
张锦辉与广州市全盛工贸有限公司土壤污染责任纠纷	2015年	广东省广州市南沙区人民法院	要求全盛赔偿经济损失275 808元,承担土壤修复费220 800元	一次性赔偿280 768元给原告张锦辉	《侵权责任法》第2条、第15条、第19条、第65条、第66条	本案与上案类似,大雨导致污染物冲到村农田中,导致了原告的损失	http://wenshu.court.gov.cn/website/wenshu/181107ANFZ0BXSK4/index.html?docId=e68f171cd42398fa3d024 225d3bfa6

(续表)

案例名称	受理时间	受理法院	诉讼请求	判决内容	法律依据	备注	来源
河南省企业社会责任促进中心与铜仁市铜鑫矿业有限公司、内蒙古伊东集团东兴化工有限责任公司环境污染责任纠纷案	2016年	河南省洛阳市中级人民法院	铜鑫公司立即排除危害，将其非法倾倒任意水源公司院内的危险废物依法安全转移或承担相应的代履行费用。铜鑫公司消除其非法倾倒现场的环境污染风险，或承担相应的代履行费用。铜鑫公司对受损环境修复原状，或承担相应的生态修复费用，铜鑫公司赔偿因非法倾倒危险废物造成的全部经济损失，包括已发生的30万元和即将发生的春护费等费用。铜鑫公司承担本案支出的律师费、调查费等实际费用共计10万元	铜鑫公司于本判决生效后3个月内将案涉污染及损害区域恢复原状，消除影响，并依法进行处置，对受污染土壤采用客土法修复方式完成。如应立即对上述期限内未履行该义务，则应向原审法院指定账户支付环境修复费用48.288万元，作为代履行费用。铜鑫公司于本判决生效后10日内向社会责任促进中心支付专家费5万元。铜鑫公司于本判决生效后10日内向原审法院指定账户支付环保部门为防止损失扩大支出的必要费用5.58万元，毛艳强、范林业、洛宁县环境保护局、东兴公司的3万元。铜鑫公司于本判决生效后10日内向社会责任促进中心支付给洛宁县环境保护局的3万元。铜鑫公司于本判决生效后10日内向社会责任促进中心支付律师费10万元。本判决第1项、第2项、第3项、第4项连带承担责任	《侵权责任法》第8条、第13条、第65条、第66条《环境保护法》第58条《最高人民法院关于审理环境民事公益诉讼案件适用法律若干问题的解释》第18条、第20条、第21条和第22条《最高人民法院关于审理环境侵权责任若干问题的解释》第2条、第13条第22条	可以说2016年以来，公益诉讼的数量逐渐上升，土壤修复的这一诉请也逐渐出现	http://wenshu.court.gov.cn/website/wenshu/181107ANFZ0BXSK4/index.html?docId=65fb12191fe9475ba754a839012df6df
北京市人民检察院第三分院与赵国赞环境污染责任纠纷案	2017年	北京市第三中级人民法院	依法判令赵国赞将其污染损害的电镀厂场地内土壤恢复原状，如赵国赞不履行恢复修复义务，判令其承担生态环境修复费用81 624元	赵国赞赔偿生态环境修复费用81 624元，用于本案所涉及的生态环境修复	《环境保护法》第64条《侵权责任法》第65条、第66条、第68条《最高人民法院关于审理环境民事公益诉讼案件适用法律若干问题的解释》第6条第1款、第15条、第18条、第20条《最高人民法院关于审理环境侵权责任纠纷案件适用法律若干问题的解释》第8条		http://wenshu.court.gov.cn/website/wenshu/181107ANFZ0BXSK4/index.html?docId=2fa6bda8590a4dd9a975a94c0011981b

（续表）

案例名称	受理时间	受理法院	诉讼请求	判决内容	法律依据	备注	来源
山东省聊城市人民检察院与许玉珍、刘水又环境污染责任纠纷	2017年	山东省淄博市中级人民法院	依法判令被告许玉珍、刘水又、许桂芳对涉案地残留污染危害物及时处置并消除已造成的危害结果。依法判令被告路荣太对涉案地受污染土壤进行治理并恢复原状，判令其承担涉案地受污染土壤治理及生态修复的相关费用	许玉珍、刘水又、许桂芳在本判决生效后10日内，将污染及生态修复费60 000.00元，支付至山东省生态环境损害赔偿资金账户	《人民法院审理人民检察院提起公益诉讼案件试点工作实施办法》第1条		http://wenshu.court.gov.cn/website/wenshu/181107ANFZ0BXSK4/index.html?docId=6cb84583d09046a38475a9c40180d464
安徽省环保联合会与王晓杰、高一、许士罟等环境污染责任纠纷	2016年	安徽省淮南市中级人民法院	依法判令被告赔偿因排污、环境污染而造成的经济损失525 407.33元。判令被告就污染环境的行为通过省级媒体向社会公众公开赔礼道歉。判令被告支付本案律师代理费2万元	王晓杰、高一、许士罟、詹军、陈景明、盛祝杰、许广雨、詹效香、阜阳市永浩再生资源有限公司于本判决生效之日起10日内赔偿因排污、环境污染而造成的经济损失492 557.33元。被告桐乡市乌镇人民政府、桐乡市濮院镇人民政府、桐乡市梧桐街道办事处、浙江省桐乡经济开发区管委会对上述经济损失承担连带赔偿责任。被告王晓杰、高一、许士罟、詹军、陈景明、盛祝杰、许广雨、詹效香、阜阳市永浩再生资源有限公司于本判决生效之日起10日内就其环境侵权行为在安徽日报连续三期向社会公开赔礼道歉，赔礼道歉的内容须于登报前交法院审核。被告王晓杰、高一、许士罟、詹效香、陈景明、盛祝杰、许广雨、詹军、桐乡市乌镇人民政府、桐乡市濮院镇人民政府、桐乡市梧桐街道办事处、浙江省桐乡经济开发区管委会支付安徽省环保联合会聘请律师费用2万元	《侵权责任法》第8条、第65条《环境保护法》第58条款、第6条第2款《固体废物污染环境防治法》第23条《民事诉讼法》第55条《最高人民法院关于审理环境民事公益诉讼案件适用法律若干问题的解释》第1—5条、第18—22条	本案是非法倾倒所导致的土壤污染案例，值得注意的是政府相关部门明知转运协议违反法律强制性规定仍然将污染物交由王晓杰等人转运，应当承担连带责任	http://wenshu.court.gov.cn/website/wenshu/181107ANFZ0BXSK4/index.html?docId=2534352978364975 8062a8660153b230

（续表）

案例名称	受理时间	受理法院	诉讼请求	判决内容	法律依据	备注	来源
聊城市人民检察院与河南省濮阳市盛源石油化工有限公司、杨恩照、邵景印土壤、地下水污染责任纠纷	2016年	山东省聊城市中级人民法院	依法判令三被告对瑞达公司厂区内残留的危险废物及时处置、消除危险；依法判令三被告及时修复被污染的土壤、恢复原状，如不能恢复原状、赔偿因污染造成的生态环境损害费用182.4万元以及相关鉴定评估费用10万元	杨恩照、邵景印、河南省濮阳市盛源石油化工有限公司于判决生效之日起90日内在莘县环保局的监督下，按照危险废物处置要求对莘县瑞达化工有限公司院内残留的酸性液体364.8吨进行处置，消除危险；并对莘县瑞达化工有限公司院内受污染的土壤和生产治理制定修复方案并进行修复，达到保护生态环境社会公共利益标准。如被告杨恩照、邵景印、河南省濮阳市盛源石油化工有限公司逾期不能对危险废物进行处置、消除危险并制定修复方案进行修复达到保护生态环境社会公共利益标准的，赔偿因污染造成的生态环境损害费用1 824 000元，通过山东省非税收入征收入财税收入征收系统上缴省级国库。杨恩照、邵景印、河南省濮阳市盛源石油化工有限公司于判决生效之日起30日内赔偿鉴定评估费用100 000元，通过山东省非税收入征收入财税收入征收系统上缴省级国库	《环境保护法》第6条、第64条《固体废物污染环境防治法》第17条《侵权责任法》第4条第1款、第65条、第66条《民事诉讼法》第55条《最高人民法院关于审理环境侵权责任纠纷案件适用法律若干问题的解释》第18条、第20条《危险废物经营许可证管理办法》第2条		http://wenshu.court.gov.cn/website/wenshu/181107ANFZ0BXSK4/index.html?docId=0d7095dfc4d4a8e92eea953017d11e6
中国生物多样性保护与绿色发展基金会（以下简称绿发会）与宁夏蓝丰精细化工有限公司（以下简称蓝丰公司）土壤、地下水污染责任纠纷	2016年	宁夏回族自治区中卫市中级人民法院	蓝丰公司停止非法污染环境的行为。蓝丰公司对造成环境污染风险的危险予以消除。蓝丰公司恢复环境或成立沙漠环境修复专项基金并委托具有相应资质的第三方进行修复。针对第一、二项诉讼请求，由法院、绿发会、环保法律专家、人大代表或政协委员组成验收主体共同进行验收	被告宁夏蓝丰精细化工有限公司环保局履行修复地下水污染池的素发地下水污染修复职责，直至达到修复目标。当地相关行政主管部门和原告基金会对被告宁夏蓝丰精细化工有限公司修复过程及结果进行验收。被告宁夏蓝丰精细化工有限公司自2018年1月份开始对原告中国生物多样性保护与绿色发展基金会提出的第三方出具的修复效果检测报告上载监督。如被告宁夏蓝丰精细化工有限公司未能按原告中国生物多样性保护与绿色发展基金会对本院认可的木院强制执行。由当地相关行政主管部门委托第三方负责恢复修复		本案比较特殊。原案被裁定不予受理再审，最高院指定宁夏中卫市中级人民法院审理，后由中卫中院法院已经在环保局的督办下开始修复环境，三者法院的调解下达成了调解协议并予以公示	http://wenshu.court.gov.cn/website/wenshu/181107ANFZ0BXSK4/index.html?docId=b90a913b59349e0a4c1aae00985323

(续表)

案例名称	受理时间	受理法院	诉讼请求	判决内容	法律依据	备注	来源
			蓝丰公司赔偿环境修复前生态功能损失。蓝丰公司在全国性媒体上公开赔礼道歉。蓝丰公司承担本案鉴定费、差旅费、律师费等支出。蓝丰公司承担本案诉讼费用	方案对地下水进行修复,所产生的修复费用由被告宁夏蓝丰精细化工有限公司承担,修复费用标准按305 100元/月确定,被告宁夏蓝丰精细化工有限公司应就修复方案确定的未修复期间的费用一次性支付至中卫市中级人民法院执行账户。被告宁夏蓝丰精细化工有限公司承担112万元用于本地环境服务功能修复,于调解书生效后10日内支付至中卫市中级人民法院执行账户。被告宁夏蓝丰精细化工有限公司承担原告中国生物多样性保护与绿色发展基金会因本案产生的专家咨询费、律师代理费等合理费用共计16万元,于调解书生效后10日内支付至中卫市中级人民法院执行账户			
中国生物多样性保护与绿色发展基金会与宁夏大漠药业有限公司土壤污染责任纠纷	2016年	宁夏回族自治区中卫市中级人民法院	大漠公司停止非法污染环境的行为。大漠公司对造成环境污染风险的危险予以消除。大漠公司恢复生态环境或成立沙费生态环境修复专项基金并委托具有资质的第三方进行修复。针对第二项和第三项诉讼请求,由法院、曼发会、环保技术专家、环保法律专家、人大代表或协会协同委员组成验收主体共同进行验收。	被告宁夏大漠药业有限公司承担46万元费用,用于本地环境服务功能修复,于调解书生效后10日内支付至中卫市中级人民法院执行账户。被告宁夏大漠药业有限公司因其环境污染行为向社会公众公开赔礼道歉。被告宁夏大漠药业有限公司承担原告中国生物多样性保护与绿色发展基金会因本案产生的专家咨询费、差旅费、律师代理费等合理费用共计16万元,于调解书生效后10日内支付至中卫市中级人民法院执行账户		与上案类似直接适用了调解的方法相似的案例还有中国生物多样性保护与绿色发展基金会与宁夏中卫市鑫三元化工有限公司土壤污染责任纠纷案	http://wenshu.court.gov.cn/website/wenshu/181107ANFZ0BXSK4/index.html?docId=25cc741560164bcdb149aaae00985lc4

（续表）

案例名称	受理时间	受理法院	诉讼请求	判决内容	法律依据	备注	来源
			大渡公司赔偿环境修复前生态功能性损失。大渡公司在全国性媒体上公开赔礼道歉。大渡公司承担鉴发会为维权而支出的鉴定费、差旅费、律师费等合理费用。判令大渡公司承担本案诉讼费用				
中盐重庆长寿盐化有限公司等与重庆市长寿区珍心鲜农业开发有限公司环境污染责任纠纷	2016年	重庆市第一中级人民法院	被告立即停止侵害，恢复被污染土地原状。被告赔偿原告2012年6月1日至2017年6月1日止的农产品损失（以7 000元/亩的标准按照受污染面积计算）129.92万元，土壤修复期间损失6.494万元	中盐重庆长寿盐化有限公司、四川盐业地质钻井大队于判决生效之日起30日内采取措施恢复重庆市长寿区珍心鲜农业开发有限公司被污染的37.12亩土地原状，如中盐重庆长寿盐化有限公司、四川盐业地质钻井大队逾期未采取恢复措施，则由重庆市长寿区珍心鲜农业开发有限公司在期限届满之日起三十日内采取恢复原状、中盐重庆市长寿区盐化有限公司支付重庆市长寿区珍心鲜农业开发有限公司土壤修复费用3.94万元、四川盐业地质钻井大队支付重庆市长寿区珍心鲜农业开发有限公司土壤修复费用5.908万元。中盐重庆长寿盐化有限公司支付重庆市长寿区珍心鲜农业开发有限公司在土壤修复期间的产出农产品减产损失8.476万元及农产品恢复原状，从2012年6月1日起计算至2017年6月1日止（以每年农产品产出损失不超过以2012年6月1日及农产品恢复原状时止，但以不超过2012年6月1日为上限）；四川盐业地质钻井大队支付重庆市长寿区珍心鲜农业开发有限公司修复期间的产出农产品减产损失2.338万元及农产品减产损失7.628万元及农产品修复标准，从2012年6月1日起计算至重庆市长寿区珍心鲜农业开发有限公司土壤修复期间的产品减产损失，2017年6月1日止（以每年农产品产出损失不超过以2012年6月1日及农产品恢复原状时止，但以不超过2012年6月1日为上限）（此为二审结果）	《侵权责任法》第12条、第65条、第66条《最高人民法院关于审理环境侵权责任纠纷案件适用法律若干问题的解释》第14条		http://wenshu.court.gov.cn/website/wenshu/181107ANFZ0BXSK4/index.html?docId=4cd385109732946b738a92200ba1711

(续表)

案例名称	受理时间	受理法院	诉讼请求	判决内容	法律依据	备注	来源
北京市朝阳区自然之友环境研究所、中国生物多样性保护与绿色发展基金会与江苏常隆化工有限公司、常州市常宇化工有限公司等环境污染责任纠纷	2016年	江苏省常州市中级人民法院	请求判令三被告消除其污染对原告厂址及周边区域的土壤、地下水等生态环境的影响,并承担相关生态环境修复费用(具体数额以损害评定评估确定生态环境修复方案确定的金额为准、生态修复费用无法实施修复的,判令三被告实施赔偿,用于替代修复。请求判令三被告对其造成的土壤、地下水污染等生态环境损害行为,在国家级、江苏省级和常州市级媒体上向公众赔礼道歉。请求判令三被告承担本案原告因本诉讼支出的生态环境损害调查费用、污染检测费用、鉴定费用、律师费、差旅费、制证费用、调查取证费、专家咨询费、案件受理费等	江苏常隆化工有限公司、常州市常宇化工集团有限公司、江苏华达化工集团有限公司在本判决生效后15日内,在国家级媒体上刊登其污染行为向社会公众赔礼道歉。江苏常隆化工有限公司、常州市常宇化工集团有限公司、江苏华达化工集团有限公司在本判决生效之日起10日内,共同向北京市朝阳区自然之友环境研究所支付本案律师费与差旅费230 000元,向中国生物多样性保护与绿色发展基金会支付本案律师费、差旅费230 000元	《环境保护法》第64条,《中华人民共和国侵权责任法》第65条,《最高人民法院关于审理环境民事公益诉讼案件适用法律若干问题的解释》第18条、第22条	常州毒地案	http://wenshu.court.gov.cn/web site/wenshu/181 107ANFZ0BXS K4/index.html? docId=63c6e713 e94b4c14b5c9a7 2300a1991a http://wenshu.court.gov.cn/web site/wenshu/181 107ANFZ0BXS K4/index.html? docId=775020b 10941450489 2ca 9c401a5b0b
兰州市西固区人民检察院诉被告兰州市西固区环境卫生管理局(以下简称西固环卫管理局)不履行法定职责	2017年	兰州铁路运输法院	确认被告设立西固区礼马台白崖沟垃圾填埋场的行政行为违法。判决被告依法履行法定职责,对西固区礼马台白崖沟垃圾填埋场进行无害化处理,修复区域生态环境	确认被告兰州市西固区环境卫生管理局设立西固区礼马台白崖沟垃圾填埋场的行政行为违法。责令被告兰州市西固区环境卫生管理局在本判决生效后6个月内依照《环境保护法》《水污染防治法》《大气污染防治法》《固体废物污染环境防治法》等相关规定,对礼马台白崖沟垃圾填埋场履行监管和管理职责,修复区域生态环境	《环境保护法》第41条、第44条第1款《固体废物污染环境防治法》第13条、第41条、第46条《水污染防治法》第49条《大气污染防治法》第49条	行政公益诉讼案件,政府违规建筑垃圾填埋场,后由检察院起诉,与之类似的还有清远市清新区人民检察院诉清远市清新区浸潭镇人民政府、天门市检察院诉天门市拖市镇人民政府一案	http://wenshu.court.gov.cn/web site/wenshu/181 107ANFZ0BXS K4/index.html? docId=4033cfa6 44274275 9eeda8 ab007ec9e5

(续表)

案例名称	受理时间	受理法院	诉讼请求	判决内容	法律依据	备注	来源
江苏省新沂市人民检察院诉新沂市环境保护局、新沂市政府合沟镇人民政府不履行法定职责	2017年	徐州铁路运输法院	确认被告新沂市环保局、合沟镇政府对于案涉环境污染行为未依法履行环境监管职责违法。判令二被告就案涉环境污染行为依法履行环境监管职责，恢复环境	终结诉讼		本案中在公益诉讼起诉人新沂市检察院向被告新沂市环保局、合沟镇政府发出督促履行法定职责的检察建议并对其提起行政公益诉讼后，合沟镇政府、环保局，履行职责积极处理，采取终结诉讼的方式。与之类似的还有兴化市人民检察院诉兴化市环境保护局不履行危险废物处置法定职责一案、平遥县人民检察院诉晋中市生态环境局平遥分局、第三人平遥县福利洗煤有限公司、平遥县琪隆晟建材发展有限公司不履行环保监督管理职责一案	http://wenshu.court.gov.cn/website/wenshu/181107ANFZ0BXSK4/index.html?docId=fd1b57dcc2194bad963baa1c00ad4a53
浙江省开化县人民检察院与衢州瑞力杰化工有限公司环境污染责任纠纷	2017年	浙江省开化县人民法院	请求判令被告赔偿因生态环境受到2016年12月20日期间服务功能损失181 700元。请求判令被告支付修复开化县华埠镇小龙坞山坳生态环境的费用1 240 050元。请求判令被告承担本案本鉴定评估费98 000元、检测费27 045元，共计125 045元	衢州瑞力杰化工有限公司赔偿生态环境受该损害期间的服务功能损失费181 700元(该款项用于修复开化县华埠镇小龙坞山坳的生态环境)。衢州瑞力杰化工有限公司支付修复开化县华埠镇小龙坞山坳生态环境的费用1 240 050元(该款项用于修复开化县华埠镇小龙坞山坳的生态环境)。本案鉴定评估费98 000元、检测费27 045元，共计125 045元，由被告衢州瑞力杰化工有限公司负担	《侵权责任法》第15条第6项、第65条《最高人民法院关于审理环境民事公益诉讼案件适用法律若干问题的解释》第18条、第21条、第22条《最高人民法院关于审理环境侵权责任纠纷案件适用法律若干问题的解释》第1条、第10条	"功能损失"与"生态环境修复"费用逐渐开始在裁判文书中呈现	http://wenshu.court.gov.cn/website/wenshu/181107ANFZ0BXSK4/index.html?docId=1d1f7848b96042 7cb87fa96800d3f3fe

（续表）

案例名称	受理时间	受理法院	诉讼请求	判决内容	法律依据	备注	来源
德清县禹越镇西港村村民委员会、沈国良、姜国其等土壤污染责任纠纷	2018年	浙江省德清县人民法院	请求判令十被告共同赔偿原告各项损失共计493 958元	被告沈国良、姜国其分别于本判决生效之日起10日内赔偿恢复环境费用损失146 801.1元，民委员会恢复环境费用损失之日起十日内赔偿原告德清县禹越镇西港村村民委员会恢复环境费用损失78 293.92元。被告王定松于本判决生效之日起十日内赔偿原告德清县禹越镇西港村村民委员会恢复环境费用损失39 146.96元。被告末恩永、汪晓健、张玉彪分别与沈国良和姜国其互负连带赔偿责任	《侵权责任法》第8条、第12条《固体废物污染环境防治法》第17条《最高人民法院关于审理环境侵权责任纠纷案件适用法律若干问题的解释》第1条、第15条	本案也是非法倾倒处理所导致的土壤污染，法院根据"实际用于运输垃圾的运输车数量"对十个被告酌定责任	http://wenshu.court.gov.cn/website/wenshu/181107ANFZ0BXSK4/index.html?docId=cb7024ef3d8149069 5dba905009fbb24
中国生物多样性保护与绿色发展基金会与大冶市环境保护局环境保护行政管理（环保）行政公开案件	2018年	湖北省大冶市人民法院	确认被告未履行政府信息公开职责违法。判令被告限期履行政府信息公开申请书的政府信息公开，并对原告作出复回原告关于政府信息公开的政府信息	被告大冶市环境保护局在本判决生效后15日内向原告中国生物多样性保护与绿色发展基金会履行政府信息公开法定职责	《行政诉讼法》第72条	本案是有志愿者举报大冶市有色金属集团控股有限责任公司致使周边地区中国稻米和稻米受到重金属污染所导致的行政公开案件	http://wenshu.court.gov.cn/website/wenshu/181107ANFZ0BXSK4/index.html?docId=e2f4cc1a395442a58035a9b301305d6e
泸水市环境保护局与泸水县康辉实业有限公司、何立水土壤污染责任纠纷	2018年	云南省泸水市人民法院	要求二被告连带承担应急处置费用	驳回原告泸水市环境保护局的起诉	《民事诉讼法》第119条第4项、第154条第1款第3项《最高人民法院关于适用〈中华人民共和国民事诉讼法〉的解释》第208条第3款	行政部门起诉污染者要求相关费用，法院认为环保局有权依照相关法律法规，对相对人作出行政处罚，不属于法院受理范围	http://wenshu.court.gov.cn/website/wenshu/181107ANFZ0BXSK4/index.html?docId=340c2f9f8a3243ae8126a9b4014adf5a

（续表）

案例名称	受理时间	受理法院	诉讼请求	判决内容	法律依据	备注	来源
陕西省西安市人民检察院与肖兆红、周河工土壤污染责任纠纷	2017年	西安铁路运输中级法院	判令二被告肖兆红、周河工同连带恢复被其违法排放电镀废水污染的土壤，恢复原状。诉讼过程中，公益诉讼起诉人增加诉请：如被告肖兆红、周河工不能修复污染土壤，判令二被告承担4 487 200元的土壤修复治理费用	被告肖兆红赔偿生态环境修复费用3 659 200元。被告周河工对548 880元生态环境修复费用承担连带赔偿责任	《侵权责任法》第15条、第65条《最高人民法院关于审理环境侵权责任纠纷案件适用法律若干问题的解释》第1条、第13条《最高人民法院关于审理环境民事公益诉讼案件适用法律若干问题的解释》第18条、第20条、第22条、第23条	本案是小电镀厂导致的土壤污染。与本案类似的还有陕西省西安市人民检察院与被告刘凯强，随州高攀环境科纺环境土壤污染责任民事公益诉讼一案、山东省日照市人民检察院与被告目振江土壤污染民事公益诉讼一案	http://wenshu.court.gov.cn/website/wenshu/181107ANFZ0BXSK4/index.html?docId=714af1bf3d0640cc9271aa6f00b71ecd
中山市环境科学学会与被告李日祥、万荣均、胡锦勇、苏洪新、胡胜栋、中山市慈航农业投资有限公司环境污染民事公益诉讼一案	2017年	广东省广州市中级人民法院	判令六被告在一个月内共同连带赔偿生态环境受到损害至恢复原状期间服务功能损失费2 052 086.4元。判令六被告共同连带在三个月内对中山市南朗镇横门西三围感至地表水第Ⅲ类标准（土壤、土壤部门审核为准）。判令六被告共同连带处置本饮环境事件产生的检测费、鉴定评估费129 560元。判令六被告共同连带赔偿原告诉讼保支付的律师费11 986元	被告李日祥、万荣均、胡锦勇、苏洪新、胡胜栋、中山市慈航农业投资有限公司共同赔偿生态环境受到损害至恢复原状期间服务功能损失费2 052 086.4元(该费用上缴中山市地方国库或支付至环保公益金账户，用于修复被损害的生态环境)。被告李日祥、万荣均、胡锦勇、苏洪新、胡胜栋、中山市慈航农业投资有限公司于本判决发生法律效力之日起3个月内将涉案地块土壤修复为水第Ⅲ类水质标准，逾期未修复的，由人民法院选定具有专业资质的机构代为修复，修复费用由李日祥、万荣均、胡锦勇、苏洪新、胡胜栋、中山市慈航农业投资有限公司共同承担。被告李日祥、万荣均、胡锦勇、苏洪新、胡胜栋、中山市慈航农业投资有限公司于本判决发生法律效力之日起15日内向原告支付其利所支出的检测费、环境损害鉴定评估费289 806元	《环境保护法》第58条第1款《侵权责任法》第65条《最高人民法院关于审理环境民事公益诉讼案件适用法律若干问题的解释》第14条第2款、第18条、第20条第1款、第21条、第22条、第24条		http://wenshu.court.gov.cn/website/wenshu/181107ANFZ0BXSK4/index.html?docId=0f6b4ae055de42f925ea95e0c3de30

(续表)

案例名称	受理时间	受理法院	诉讼请求	判决内容	法律依据	备注	来源
				被告李日祥、万荣均、胡锦勇、苏洪新、胡胜栋、中山市慈航农业投资有限公司于本判决生效之日起 15 日内向原告中山市环境科学学会支付其所支出的律师费 129 560 元。被告李日祥、万荣均、胡锦勇、苏洪新、胡胜栋、中山市慈航农业投资有限公司于本判决生效之日起 15 日内向原告中山市环境科学学会支付其所支出的诉讼保全担保费 11 986 元			
中山市围垦有限公司与苏洪新、李日祥、万荣均、胡锦勇、胡胜栋、中山市慈航农业投资有限公司土壤污染责任纠纷一案	2017 年	广东省中山市第一人民法院	六被告连带清偿围垦公司因委托第三方清运、处理涉案的违法倾倒的固体废物以及打井钻探取样、检测支付的费用共计 1 028 700 元。六被告连带恢复涉案污染土地原状并实施涉案土地的土壤修复，周边水体的净化处理，事实为清理违法倾倒的固体废物，原告委托清远绿由环保科技有限公司对涉案的固体废物进行加工处理，并支出处理费 498 000 元；委托广东汇堃环保科技有限公司对固体废物进行清运，并支付清运服务费 486 000 元；委托中山富绿宝环保工程有限公司进行钻探和打井支付的费用 28 700 元；委托广东利诚检测技术有限公司对土壤及地下水检测费用支付 16 000 元	驳回原告中山市围垦有限公司的全部诉讼请求	《最高人民法院关于审理环境民事公益诉讼案件适用法律若干问题的解释》第 29、30 条《最高人民法院关于适用〈中华人民共和国民事诉讼法〉的解释》第 90 条	与上一个案例是相关案例，围垦公司认为自己有权利要求修复土壤的费用	http://wenshu.court.gov.cn/website/wenshu/181107ANFZ0BXSK4/index.html?docId=5896f8b50bca48d0b770ab8000a80081

(续表)

案例名称	受理时间	受理法院	诉讼请求	判决内容	法律依据	备注	来源
重庆市人民检察院第五分院与重庆市永川区杰顺防水材料厂、陆支杰环境污染责任纠纷	2019年	重庆市第五中级人民法院	判令被告杰顺承担生态环境修复费用379 800元。判令被告杰顺承担司法鉴定费53 551元。判令被告杰顺厂在省级以上新闻媒体公开赔礼道歉。判令被告陆支杰就第一、二项诉请求在杰顺厂财产不足时以个人财产承担无限责任。	被告重庆市永川区杰顺防水材料厂赔偿生态环境修复费379 800元,合计433 351元。在抵扣已缴纳的生态修复金100 000元后,应支付333 351元至本判决指定的司法生态修复费专款账户。被告重庆市永川区杰顺防水材料厂应于本判决生效之日起10日内支付判决书数额于109 511元,并于2020年12月30日前、2021年6月30日前、2021年12月30日前分期支付生态修复费的20%和司法鉴定费(83 940元)、30%(83 940元)、30%(55 960元)。若被告重庆市永川区杰顺防水材料厂的财产不足以承担本判决第一、二项确定的赔偿又无限责任的,由陆支杰以其个人其他财产承担责任。重庆市永川区杰顺防水材料厂在本判决生效之日起30日内在重庆市市级以上媒体向社会公众赔礼道歉。	《侵权责任法》第25条、第34条第1款、第65条《个人独资企业法》第31条《民事诉讼法》第55条第2款《最高人民法院关于审理环境民事公益诉讼案件适用法律若干问题的解释》第8条《最高人民法院关于审理检察民事公益诉讼案件适用法律若干问题的解释》第18条、第22条、第24条《最高人民检察院关于检察公益诉讼案件适用法律若干问题的解释》第13条	考虑到这是一家个人独资企业,并且实现保护生态环境的动态平衡,促进经济发展的方式,采取了分期的方式,并且个人也要承担无限责任	http://wenshu.court.gov.cn/website/wenshu/181107ANFZ0BXSK4/index.html?docId=a13c1350cc3a4aefbe8bab8e010e3faf
中华环保联合会与朱宏根、谭相会环境污染责任纠纷	2018年	江苏省苏州市中级人民法院	请求判令朱宏根、谭相会将昆山市周市镇陆杨新阳西路124号西侧厂房外衣田土壤进行修复,使得铜含量低于100 mg/kg,如两被告不履行修复义务,则应承担土壤修复费用10 000元及回填土壤费用3 000元,专家审查费用3 000元,涉案土壤修复具体指将昆山市	朱宏根、谭相会在判决生效后10日内在昆山市环保机关的监督管理下对昆山市周市镇陆杨新阳西路124号西侧厂房外开挖装袋的约7.5吨土壤进行无害化处理,到期未履行土壤修复义务的,则应当在10日之内支付生态环境修复费用21 000元。朱宏根、谭相会承担本次环境污染事件产生的生态服务功能损失费10 000元、专家咨询费3 000元、律师费3 000元,合计人民币37 000元,于判决生效后10日内支付	《环境保护法》第64条《侵权责任法》第65条、第66条《最高人民法院关于审理环境民事公益诉讼案件适用法律若干问题的解释》第21条、第22、第23条	同样是电镀小作坊导致的土壤污染,已经引入了生态服务功能损失费用	http://wenshu.court.gov.cn/website/wenshu/181107ANFZ0BXSK4/index.html?docId=e86af701a3a347c9972fab9200f9e6ef

(续表)

案例名称	受理时间	受理法院	诉讼请求	判决内容	法律依据	备注	来源
			周市镇陆杨新阳西路124号西侧厂房外开挖装袋的约7.5吨受污染的土壤进行无害化处理。判令被告朱宏根、谭相会承担本案律师费3 000元。判令被告朱宏根、谭相会承担本案专家咨询费3 000元。判令被告朱宏根、谭相会赔偿生态环境受到损害至恢复原状期间服务功能损失费用21 000元	上述款项支付至昆山市环境保护公益金专用账户			
泰安市人民检察院与被告李秋生、崔长玉、徐西水、郝连增、徐勤付土壤污染责任纠纷	2019年	山东省泰安市中级人民法院	判令五被告承担生态环境修复费用和高热电废液（渗滤液）处置费用1 527万元，鉴定评估费用15万元，共计1 542万元。庭审中诉讼请求变更为：判令五被告承担生态环境修复费用和高热电废液（渗滤液）处置费用338 000元、鉴定评估费用14 891 538.7元，共计15 229 538.7元。五被告承担连带赔偿责任	被告李秋生、崔长玉、徐西水、郝连增、徐勤付连带赔偿土壤修复费用338 000元、鉴定评估费14 891 538.7元，共计15 229 538.7元。于本判决生效之日起30日内将上述款项支付至山东省生态环境损害赔偿资金账户	《侵权责任法》第4条第1款、第8条、第65条、《最高人民法院关于审理生态环境损害赔偿案件的若干规定（试行）》第11条、第14条第1款、第12条第2款、第14条第1项、第2项		http://wenshu.court.gov.cn/website/wenshu/181107ANFZ0BXSK4/index.html?docId=ce95230de3ed435b8600ab9901806577
中国石油化工股份有限公司胜利油田分公司油气集输总厂王寿美土壤污染责任纠纷	2019年	山东省东营经济技术开发区人民法院	依法判令被告油气集输总厂赔偿原告房屋及附属设施拆除、重置费用1 273 887.63元。依法判令被告向原告支付房屋及附属设施拆除后材料无害化处理费用（具体数额待鉴定论证）	被告中国石油化工股份有限公司胜利油田分公司油气集输总厂王寿美拆除重建费用273 350元，鉴定费18 000元，租赁损失22 890元，共计314 240元	《侵权责任法》第7条、第10条、第19条、第65条、第68条《民法通则》第117条第2款《最高人民法院关于审理环境侵权责任纠纷案件适用法律若干问题的解释》		http://wenshu.court.gov.cn/website/wenshu/181107ANFZ0BXSK4/index.html?docId=5a9e90a406ee4d2fae7bab20017e2dae

(续表)

案例名称	受理时间	受理法院	诉讼请求	判决内容	法律依据	备注	来源
			具体变更。依法判令被告将原告宅基地范围内环境恢复至污染发生前的原状，并确定被告不履行上述义务时应当承担的环境修复费用为1 961 789.27元。依法判令被告向原告支付房屋、院落因污染无法使用期间造成的经济损失（具体数额待鉴定结论出具后变更）。本案的诉讼费、鉴定费等费用由被告承担		用法律若干问题的解释》第1条、第5条第3款第13条、第14条第1款		
重庆市人民检察院第一分院诉被告谭旸波环境污染责任纠纷民事公益诉讼	2019年	重庆市第一中级人民法院	判令被告赔偿因违法排放电镀废水产生的应急处置费228 258.24元。判令被告承担调查评估费用49 000元。判令被告向社会公众赔礼道歉	被告谭旸波赔偿因其违法排放电镀废水产生的应急处置费228 258.24元。被告谭旸波赔偿调查评估费用49 000元。被告谭旸波经本院审核认可的媒体向社会公开发表经重庆市区级或以上媒体向社会公开发表经本院审核认可的赔礼道歉声明	《环境保护法》第42条第4款、第64条《侵权责任法》第4条、第65条《民法总则》第179条第1款第8项、第11项、第3款《最高人民法院关于审理环境侵权责任纠纷案件适用法律若干问题的解释》第8条、第13条《最高人民法院关于审理环境民事公益诉讼案件适用法律若干问题的解释》第18条、第22条	污染者已经被刑事惩罚的前提下，检察院作为公益起诉人要求相关修复费用	http://wenshu.court.gov.cn/website/wenshu/181107ANFZ0BXSK4/index.html?docId=ba91500f63e3457691lfab0200f69631

247

（续表）

案例名称	受理时间	受理法院	诉讼请求	判决内容	法律依据	备注	来源
湘潭生态环境保护协会与被告湘潭市金鑫矿业有限公司环境污染责任纠纷	2018年	湖南省湘潭市中级人民法院	判令被告在判决生效60日内将矿井口、治理边坡、恢复地貌和植被，防止污染物继续排放。如被告未按期履行上述行为，原告有权委托第三方机构实施至被告承担。 判令被告赔偿生态环境修复费用654万元。 判令被告承担原告因本案支付的合理费用，包括检测鉴定费40 000元、专家论证费8 000元、律师费236 300元。 判令被告承担本案全部诉讼费用	被告湘潭市金鑫矿业有限公司在本判决生效之日起立即启动生态环境污染防治工作，在判决生效后60日内填实矿井所有井口，完成治理边坡、恢复地貌和植被、防止污染物继续排放等工作；在判决生效后180日内完成恢复和植被，依被告未按期履行上述行为，原告有权委托有资质的第三方机构实施，相关费用由被告湘潭市金鑫矿业有限公司承担。 被告湘潭市金鑫矿业有限公司赔偿生态环境修复费用654万元，该款支付至湘潭市生态环境保护协会在银行开立的生态环境修复专户。 被告湘潭市金鑫矿业有限公司向原告生态环境保护协会支付检测经费40 000元、专家论证费8 000元、律师费10 000元，以上合计58 000元	《侵权责任法》第65条 《环境保护法》第42条第1款 《最高人民法院关于审理环境民事公益诉讼案件适用法律若干问题的解释》第18条、第19条、第20条、第22条、第23条	数额较大	http://wenshu.c ourt.gov.cn/web site/wenshu/181 107ANFZ0BXS K4/index.html? docId=fd19c30e bccb4c5ea145ab0 40183f1d9
山东利丰达生物科技有限公司与上诉人山东省生态环境厅生态环境损害赔偿合同纠纷	2019年	山东省济南市中级人民法院	判令利丰达公司继续履行《生态环境损害赔偿合同书》，向章丘区人民政府和章丘区人民政府支付剩余生态环境损害赔偿款项482.89万元。 判令利丰达公司向省生态环境厅逾期支付的违约金支付至2018年7月15日，小计372.32469万元，实际计算至支付之日为准。 判令利丰达公司承担生态环境修复权而承担的律师费16.79万元。 诉讼费用由利丰达公司承担	山东利丰达生物科技有限公司偿还山东省生态环境厅赔偿款482.89万元（截至2018年10月16日），于判决生效之日起10日内履行完毕。 山东利丰达生物科技有限公司偿还山东省生态环境厅违约金（分别为以150万元为基数，自2017年8月31日起至实际给付之日止；以150万元为基数，自2017年12月20日起至实际给付之日止；以182.89万元为基数，自按年利率24%计算），于判决生效之日起10日内履行完毕	《最高人民法院关于审理民间借贷案件适用法律若干问题的规定》第26条 《最高人民法院关于适用〈中华人民共和国合同法〉若干问题的解释（二）》第29条 《合同法》第8条、第114条	本案中案涉公司实际已经按照环保部门签订了相关协议，本欣诉讼实际上是案涉公司不履行协议所导致的	http://wenshu.c ourt.gov.cn/web site/wenshu/181 107ANFZ0BXS K4/index.html? docId=d9f2d747 417b42088decaa b800918979

（续表）

案例名称	受理时间	受理法院	诉讼请求	判决内容	法律依据	备注	来源
鞍钢集团矿业有限公司、孙廷忠土壤污染责任纠纷	2017年	辽宁省鞍山市铁东区人民法院	请求法院判令矿业分公司、矿业公司赔偿自2016年开始至2033年12月31日止各项损失合计10万元	鞍钢集团矿业有限公司一次性赔偿孙廷忠损失57 000元	《侵权责任法》第15条第1款第6项、第19条、第25条、第65条、第66条	矿业公司管道破裂导致农户的损失，案情比较简单，出现次数较多故整理至表格	http://wenshu.court.gov.cn/website/wenshu/181107ANFZ0BXSK4/index.html?docId=20c3a577b50c4d89ac14ab0700272d33
聊城市人民检察院与被告王纪新、李风忠土壤污染责任纠纷	2018年	山东省聊城市中级人民法院	依法判令两被告及时修复被污染的土壤，如不履行修复义务，承担生态环境损害修复费用16.2万元。依法判令两被告承担本案的调查评估费用5万元	被告王纪新、李风忠于本判决生效之日起60日内在聊城市环境保护局的监督下，修复被污染的土壤（达到环保要求）；如被告王纪新、李风忠在上述期限内不履行修复义务，应于上述义务期满之日起10日内赔偿因污染造成的生态环境损失人民币162 000元，通过山东省非税收入征收与财政票据管理系统上缴国库。被告王纪新、李风忠于本判决生效之日起10日内赔偿评估费用50 000元，通过山东省非税收入征收与财政票据管理系统上缴国库	《环境保护法》第6条第64条《侵权责任法》第65条、第66条《固体废物污染环境防治法》第17条、第57条《最高人民法院关于审理环境公益诉讼案件适用法律若干问题的解释》第18条、第20条、第22条《最高人民检察院关于检察公益诉讼案件适用法律若干问题的解释》第7条		http://wenshu.court.gov.cn/website/wenshu/181107ANFZ0BXSK4/index.html?docId=4a93756ffa69411db09caaea0052368
郑州市人民检察院与被告刘彦民环境污染公益诉讼一案	2018年	河南省郑州市中级人民法院	判令被告刘彦民将被污染土壤恢复至基线水平，或该款项用于涉案场地土壤修复的治理，给付被污染土壤的治理、修复费用119.35万元，其中场地生态恢复工程项目估算费用为40.73万元，污染土壤的处理处置费用为67.42万元；现场残	被告刘彦民赔偿土壤修复费用1 193 500元。该款项用于涉案场地土壤修复的修复。被告刘彦民赔偿涉案鉴定费用250 000元。被告刘彦民于判决生效后10日内提交环境污染警示文稿，对其非法经营行为导致生态环境遭到破坏、损害社会公共利益的侵权行为向社会公众发布污染警示，该文稿经本院和公益诉讼起诉人郑州市人民检察院共同审	《环境保护法》第5条《侵权责任法》第15条、第65条、第66条	要求"环境污染警示文稿"而不是单纯的"道歉"	http://wenshu.court.gov.cn/website/wenshu/181107ANFZ0BXSK4/index.html?docId=0e8d475e6403450bb36daa7b01291791

(续表)

案例名称	受理时间	受理法院	诉讼请求	判决内容	法律依据	备注	来源
			留液体处理费用为11.2万元。判令被告刘彦民承担土壤环境损害鉴定评估费25万元。判令被告刘彦民在省级媒体上发布污染警示	核后,由被告刘彦民于30日内在省级媒体要版面上公布,如果被告拒不履行,本院将把判决主要内容在省级媒体重要版面予以公布,所需费用由被告刘彦民负担			
青海省海东市人民检察院诉被告金昌顺中高纯金属材料有限责任公司(以下简称金昌顺中公司)、平安鑫海资源开发有限公司(以下简称平安鑫海公司)环境污染民事公益诉讼	2019年	青海省海东市中级人民法院	判令被告金昌顺中公司依法赔偿对环境造成污染的修复费用36.23万元。被告平安鑫海公司承担连带责任。判令被告金昌顺中公司排除妨害,消除危险,依法在四个月内处置平安鑫海公司厂区中存储的工业水,被告平安鑫海公司停止侵害,消除危险,限期在两个月内治理厂北区排污口和厂南门处的沉淀池。判令被告平安鑫海公司承担鉴定费用15万元	被告金昌顺中高纯金属材料有限责任公司依法赔偿对环境造成污染的修复费用36.23万元,自本判决生效后十五日内履行,被告平安鑫海资源开发有限公司承担连带责任。被告金昌顺中高纯金属材料有限责任公司排除妨害,消除危险的民事责任,自本判决生效后六个月内处置平安鑫海资源开发有限公司厂区内3、4、5、6号浓密池中存储的工业水,被告平安鑫海资源开发有限公司停止侵害,消除危险,自本判决生效后四个月内治理厂北区排污口和厂南门处的沉淀池。被告金昌顺中高纯金属材料有限责任公司承担鉴定费用15万元	《侵权责任法》第9条第1款、第10条、第15条第1、2、3、6项、第65条《最高人民法院关于审理环境民事公益诉讼案件适用法律若干问题的解释》第18条、第19条第1款、第20条第2款		http://wenshu.court.gov.cn/web site/wenshu/181 107ANFZ0BXSK4/index.html? docId=f77c8aa6 2645419c935baa 4d00fd61de

附录三　土壤污染防治政策、法规、标准一览表

类型	日期	名称	发布机构
法律	2019年1月1日实施	《土壤污染防治法》(主席令第8号)	全国人大常委会
规章	2016年8月1日实施	《土壤污染防治专项资金管理办法》(财建〔2016〕601号)	财政部、原环境保护部
	2017年7月1日实施	《污染地块土壤环境管理办法(试行)》(环境保护部令第42号)	原环境保护部
	2017年11月1日实施	《农用地土壤环境管理办法(试行)》(原环境保护部、农业部令第46号)	原环境保护部、农业部
	2018年8月1日实施	《工矿用地土壤环境管理办法(试行)》(生态环境部令第3号)	生态环境部
	2020年1月17日实施	《土壤污染防治基金管理办法》(财资环〔2020〕2号)	财政部、生态环境部、农业农村部、自然资源部、住房和城乡建设部、国家林业和草原局
	征求意见稿	《建设用地土壤污染责任人认定办法(试行)》	生态环境部
	征求意见稿	《农用地土壤污染责任人认定办法(试行)》	生态环境部
政策	2012年12月27日发布	《关于保障工业企业场地再开发利用环境安全的通知》(环发〔2012〕140号)	原环境保护部、工业和信息化部、国土资源部、住房和城乡建设部
	2013年1月23日发布	《国务院办公厅关于印发近期土壤环境保护和综合治理工作安排的通知》(国办发〔2013〕7号)	国务院办公厅
	2016年5月28日实施	《国务院关于印发土壤污染防治行动计划的通知》(国发〔2016〕31号)	国务院
标准	2006年11月1日实施	《农田灌溉水质标准》(GB 5084—2005)	原环境保护部
	2018年12月29日实施	《污染地块风险管控与土壤修复效果评估技术导则》(HJ 25.5—2018)	生态环境部
	2019年6月1日实施	《农用污泥污染物控制标准》(GB 4284—2018)	国家市场监督管理总局、国家标准委
	2019年6月18日实施	《污染地块地下水修复和风险管控技术导则(试行)》(HJ 25.6—2019)	生态环境部
	2019年9月1日实施	《地块土壤和地下水中挥发性有机物采样技术导则》(HJ 1019—2019)	生态环境部
	2019年12月5日实施	《建设用地土壤污染状况调查技术导则》(HJ 25.1—2019)	生态环境部

(续表)

类型	日期	名称	发布机构
标准	2019年12月5日实施	《建设用地土壤污染风险管控和修复监测技术导则》(HJ 25.2—2019)	生态环境部
	2019年12月5日实施	《建设用地土壤污染风险评估技术导则》(HJ 25.3—2019)	生态环境部
	2019年12月5日实施	《建设用地土壤修复技术导则》(HJ 25.4—2019)	生态环境部
	2019年12月5日实施	《建设用地土壤污染风险管控和修复术语》(HJ 682—2019)	生态环境部

图书在版编目(CIP)数据

土壤污染治理责任研究/王欢欢著. —上海:复旦大学出版社,2020.12
ISBN 978-7-309-15364-4

Ⅰ.①土… Ⅱ.①王… Ⅲ.①土壤污染-污染防治-环境保护法-中国 Ⅳ.①D922.683

中国版本图书馆 CIP 数据核字(2020)第 190445 号

土壤污染治理责任研究
王欢欢 著
责任编辑/方毅超

复旦大学出版社有限公司出版发行
上海市国权路 579 号　邮编: 200433
网址: fupnet@fudanpress.com　http://www.fudanpress.com
门市零售: 86-21-65102580　团体订购: 86-21-65104505
外埠邮购: 86-21-65642846　出版部电话: 86-21-65642845
江苏凤凰数码印务有限公司

开本 787×960　1/16　印张 16.25　字数 283 千
2020 年 12 月第 1 版第 1 次印刷

ISBN 978-7-309-15364-4/D·1064
定价: 68.00 元

如有印装质量问题,请向复旦大学出版社有限公司出版部调换。
版权所有　侵权必究